소통과 교류의 땅 신의주

소통과 교류의 땅 신의주

엄성용·서인범 외 지음

2007년 7월 31일 초판 1쇄 발행

펴낸이 · 오일주
펴낸곳 · 도서출판 혜안
등록번호 · 제22-471호
등록일자 · 1993년 7월 30일

⊕ 121-836 서울시 마포구 서교동 326-26번지 102호
전화 · 3141-3711~2 / 팩시밀리 · 3141-3710
E-Mail hyeanpub@hanmail.net

ISBN 978-89-8494-315-5 93910
값 17,000 원

소통과 교류의 땅 신의주

엄성용·서인범 외 지음

혜안

국경은 정치지리학 혹은 국제법의 견지에서 중요한 의미를 지니고 있습니다. 무엇보다도 근대사의 산물인 국민국가시대에 들어와 국경이 차지하는 비중은 거의 절대적이라고 해도 결코 지나친 말이 아닐 것입니다. 그런 까닭으로 역사학에서는 국경사라고 부를 수 있는 전문적인 연구영역을 개발할 필요가 있지 않을까 하는 논의가 줄곧 제기되고 있는 실정입니다.

반드시 국경에 한정하지 않고 중앙에서 멀리 떨어진 변경지방에 대한 이해는 근래 한국 역사학계에서도 중시하는 연구과제가 되어 있습니다. 사실 역사는 어찌 보면 선진적인 중앙과 후진적인 지방 간의 격차 문제를 둘러싸고 서로 대립과 갈등을 되풀이하면서 차츰 일정한 방향으로 수렴되어 가는 면이 농후합니다. 한국사에서의 왕조교체가 번번이 지방 신흥세력에 의한 중앙의 제압이라는 형태를 띠고 전개된 것은 그 뚜렷한 증좌입니다. 신라의 정치·사회적 구조에서 수도 집중 현상은 당연한 귀결이었습니다만, 말기에 들어가 반세기 간의 내란 끝에 서북변경지대에 인적 기반을 갖고 있던 반란국가인 고려에 의해 혼란이 수습되었다는 것은 다 아는 사실입니다. 또한 고려 말의 극심한 내우외환 속에서 왕조를 찬탈하여 조선을 건국한 주도세력은 무장들과 이를 추종한 관료들이었습니다만, 그 중 핵심 무장세력의 기반을 살펴보면, 그 뿌리는 몽골족(원나라)의 직속령으로 편입되어 있던 고려 동북면의 쌍성총관부 시절에 이미 배태되어 고려조정에 귀부(歸附)한 뒤 급속히 성장해 갔던 것을 알 수가 있습니다.

압록강 하류 바로 남쪽에 인접한 의주는 조선왕조시대 이래 현재에 이르기까지 한국의 대표적인 국경도시입니다. 물론 그 이전부터 의주는 한국사의 전개에서 매우 중요한 위치를 차지했습니다. 즉 압록강 하구의 비옥한 삼각주지대를 무대로 하여 해안선을 따라 요동반도와 자연스레 연결되었고, 해상으로 산동반도와도 직접 교통하여 일찍부터 중국 대륙의 선진문화와 접할 수 있는 기회가 많았습니다. 북한 역사학계에서는 비파형동검과 미송리형토기가 사용되기 시작한 서기전 11~10세기경에 고조선이 건국된 것으로 보고 있습니다. 그런데 밖으로 벌어진 긴 목을 가진 이 항아리가 나온 미송리는 바로 의주읍에 속해 있습니다. 이 밖에도 미송리에서는 요령(遼寧)식 동검문화유적에서 많이 나오는 부채꼴 모양의 도끼[扇形銅斧]가 출토되어 요동지방과 같은 문화권에 속해 있었음이 다시금 확인되었습니다. 그러니까 요동과 서북한 지방을 지배영역으로 한 고조선시대에 의주는 두 지역을 연결하는 고리 역할을 했었음을 알 수 있습니다. 이는 고조선의 옛 땅을 고스란히 차지하게 된 고구려시대에 들어와서도 변함이 없었습니다.

　신라는 삼국을 통일한 뒤 대동강 이남의 고구려 영토를 확보하는 데 그쳤으므로, 의주는 한때나마 한국사에서 제외되고 말았습니다. 고려 초기에 북진정책을 추진하여 청천강 이남까지 확보했다가 다시 북중국의 최강자인 거란족(遼나라)의 침입을 계기로 고려는 오히려 압록강 동쪽에 대한 역사적 영유권을 주장하고 이를 관철시키는 데 성공하여 여섯 고을[江東六州]을 설치했습니다. 이 때 거란은 의주(당시 명칭은 保州)에 국경무역을 할 수 있는 이른바 각장(榷場)을 설치하여 고려로부터 필요한 물자를 확보하려고 애썼습니다. 이윽고 거란이 쇠약해지고 그 대신 여진족(金나라)이 대두할 무렵인 12세기 초에 의주지방은 고려의 통치권 속으로 완전히 편입되어 의주 방어사가 설치되는 등 국경도시로서의 면모를 거의 갖추게 되었습니다. 여진족의 금나라 및 남송(南宋)을 정복하여 중국을 통일한 몽골족의 원나라가 이윽고 쇠퇴의 길에 접어들고 새로이 명(明)나라가 등장할 무렵, 한 발 먼저 요동지방을 차지하기 위해 출동했던 고려 군대가 의주를 통과하여 압록강 한복판에 있는 위화도까지 진군했다가 무단히 회군하여 결국 고려왕조를 뒤엎은 것은 다 아는 사실입니다.

조선시대에 들어와 의주는 외교와 국방의 최일선 기지로 성장했습니다. 그것은 명나라가 요동지역에 도합 25개의 군사적 거점을 설치하여 여진족(만주족)과 몽골족의 동향을 삼엄하게 감시하는 한편 조공·책봉 관계로 맺어진 조선에 대해서까지 시종 의혹을 품고 이런저런 트집을 잡으면서 국경문제를 제기했기 때문입니다. 한편 임진왜란이 일어나자 서울의 왕궁을 버리고 북쪽으로 피난길에 오른 선조가 머문 곳도 다름아닌 의주였습니다. 그 때문에 의주는 목(牧)에서 부(府)로 승격되었습니다. 왜란이 끝난 뒤 새로이 일어난 여진족의 후금(後金, 뒤에 淸으로 고침)이 중원으로 쳐들어가기에 앞서 먼저 조선을 제압할 목적으로 두 차례에 걸쳐 침입했을 때, 의주는 적군의 첫 번째 공격목표가 되어 많은 피를 흘렸습니다. 1627년의 정묘호란 때 의주를 지키다가 순국한 부윤 이완(李莞)은 노량해전에서 숙부인 충무공의 곁에 있었던 인물입니다. 또한 1636년 병자호란 때의 의주 부윤이 저 유명한 임경업(林慶業)입니다만, 이 때 청나라 태종은 조선군이 철통같이 지키고 있는 의주 백마산성을 우회하여 곧장 서울로 쳐들어

와서 인조의 항복을 받아낸 것입니다.

조선후기 의주는 청나라와의 국경무역으로 크게 활기를 띠었습니다. 당시 의주의 자유상인을 만상(灣商)이라고 불렀습니다만, 이는 의주의 고려 때 행정 명칭인 용만현(龍灣縣)에서 유래한 것입니다. 압록강 난지도에서 중강개시(中江開市)가 열려 물자의 교역이 대대적으로 이루어졌을 때, 이를 주도한 것이 만상과 더불어 송상(松商, 개성 상인)이었습니다. 19세기 전반기 인삼무역에 종사하여 큰 부를 축적한 임상옥(林尙沃)은 바로 대표적인 만상이었습니다. 그러나 19세기 말부터 일제 침략이 노골화되면서 상황은 크게 달라졌습니다. 즉 1904년 러시아를 상대로 전쟁을 일으킨 일본은 주요 전쟁터인 '만주'(현재의 공식 명칭은 중국 '동북' 지방)로 병력과 군수물자를 신속하게 운반할 요량으로 부산에서 서울을 경유하여 의주에 이르는 한반도 종단 철도를 서둘러 완성했습니다. 1905년 경의선 종착역이 의주 서쪽 압록강가의 넓은 벌판에 만들어지면서 이른바 '신'의주가 탄생하게 된 것입니다. 일제는 한국을 강제로 병합한 이듬해에 신의주와 '만주'의 안동(安東, 현재의 명칭은 丹東)을 잇는 압록강 철교를 가설하여 바야흐로 '만주' 진출의 교두보를 확보했습니다. 그리고 1923년 신의주는 평안북도 도청 소재지가 되어 해방 당시까지 명실공히 행정·경제·군사의 일대 중심 역할을 했습니다. 1945년 소련군이 점령한 북한지역에서 한국 최초의 기독교 정당이 결성된 곳도 신의주였고, 역시 북한에서 최초의 학생반공의거가 일어난 곳도 신의주였습니다.

이 책은 몇 해 전 북한 당국이 개혁·개방정책의 일환으로 신의주를 경제특별행정구로 지정하여 세계의 이목을 집중시켰을 때 한국사와 중국사를 전공하는 우리 학교 사학과의 일부 교수·강사 들이 정기적으로 모여 워크샵 형식으로 진행한 국경도시 의주·신의주 역사를 한국사 체계에 맞춰 검토한 성과물입니다. 비록 그 뒤 북한의 방침이 바뀌어 당초 계획을 포기함에 따라 본 연구도 시의(時宜)를 잃고만 느낌입니다만, 국경의 역사를 통해 한국사의 본류(本流)에 육박할 수 있다는 변경사관의 참신한 취지마저 퇴색되는 것은 아니라고 굳게 믿고 있습니다. 얼마 전 집필자를 대표한 서인범 교수로부터 이 책의 출간이 임박했다는 기쁜 소식을 듣고 본인은 이를 경축하는 미의(微意)에서 이처럼 두서없는 머리말을 쓰게 된 것입니다.

2007년 벽두에 이기동(동국대학교 사학과 교수) 識

차 례

11

신의주, 사람과 생활 | 주성지

신의주는 일제가 한반도를 수탈하기 위해서 또 만주침략의 일환으로서 경의선을 개설하면서 만들어진 신도시이다. 그래서 일제가 경의선을 놓기 이전에 신의주는 지명으로조차 존재하지 않았다. 다만 조선의 관문이며 중국과의 육로교통 및 사신접대 등 다른 어느 곳보다도 정치적·지리적으로 비중있는 지역이었던 의주(義州)의 서쪽 압록강 가에 자리잡은 광활한 벌판일 뿐이었다. 그래서 1905년 이전의 신의주를 역사 속에서 찾는 것은 그렇게 쉬운 일만은 아니다. 다만 신의주가 속해 있던 곳 즉 의주에 대한 역사적 의미를 되새긴다면 신의주를 밝혀낼 수 있을 것이다. 역사 속에서의 의주를 찾으려면, 무엇보다도 먼저 정사류(正史類) 및 각종 사서(史書) 등 여러 전적(典籍)을 살펴보아야 한다.

1905년 4월 28일 의주의 서쪽에는 새롭게 세워진 역사(驛舍)가 말끔하게 단장된 채 서 있다. 멀리서 기적소리와 함께 증기기관의 터빈소리가 들리기 시작하였고, 이윽고 기차가 플랫폼으로 미끄러져 들어왔다.

이것이 신의주(新義州)가 탄생하는 순간이다. 신의주는 일제가 한반도를 수탈하기 위해서 또 만주침략의 일환으로서 경의선을 개설하면서 만들어진 신도시이다. 그래서 일제가 경의선을 놓기 이전에 신의주는 지명으로조차 존재하지 않았다. 다만 조선의 관문이며 중국과의 육로교통 및 사신접대 등 다른 어느 곳보다도 정치적·지리적으로 비중있는 지역이었던 의주(義州)의 서쪽 압록강 가에 자리잡은 광활한 벌판일 뿐이었다.

그래서 1905년 이전의 신의주를 역사 속에서 찾는 것은 그렇게 쉬운 일만은 아니다. 다만 신의주가 속해 있던 곳 즉 의주에 대한 역사적 의미를 되새긴다면 신의주를 밝혀낼 수 있을 것이다. 역사 속에서의 의주를 찾으려면, 무엇보다도 먼저 정사류(正史類) 및 각종 사서(史書) 등 여러 전적(典籍)을 살펴보아야 한다. 그렇지만 여기서는 여러 전적류 가운데 '지리지(地理志)'에만 한정하여 의주의 역사와 문화, 사회 등을 찾아보려고 한다. '지리지'야말로 당시 특정 지역의 지리적 상황을 비롯하여 연혁, 경제, 사회, 문화, 인물 등을 자세하게 알려주는 백과사전이기 때문이다. 따라서 이 글에서는 지리지에 나타난 의주의 역사와 연혁을 비롯하여 의주사람들이 살았던 삶과 그 의미를 되새기고자 한다.

의주는 언제부터 우리 역사에 포함되었을까?

　의주에서 사람이 살기 시작한 때는 언제였을까? 지금의 개념으로 보면 의주는 당연히 우리 역사의 일부분으로 생각된다. 그러나 지리지를 통해서 고려·조선시대를 살펴보면, 의주는 고려전기가 되어서야 우리 역사의 일부로 인식되었다. 다시 말해서 1117년(예종 12)에 거란이 대거 고려에 투항하자 이에 대대적인 이주정책으로 이 지역이 본격적으로 고려의 영향력 아래에 들어간 이후부터이다. 이것이 의주 지역의 영유권에 대한 지리지의 기록이다. 지리지에는 기록되지 않았으나 이 지역이 고려시대 이전 우리 역사에 포함되었다는 분명한 사실이 있다. 고조선－고구려로 이어지는 고대사회에서 의주 지역은 압록강의 하구로서 정치적·지리적으로 중요한 지역이었다는 사실이 바로 그것이다.

　1959년 의주에서 동북쪽으로 약 10km 정도 떨어진 곳에 있는 석회암 동굴에서 선사시대의 유적이 발굴되었다. 이 유적은 B.C. 8세기~B.C. 7세기경의 것으로 추정되는 미송리 유적인데, 대체로 신석기에서 청동기시대에 이르는 시기로 판명되었다. 여기에서는 소위 '미송리형 토기'가 발굴되었다. 미송리형 토기는 마치 조롱박의 윗부분을 잘라버린 듯한 형태를 하고 그릇의 허리 부분에 고리형 또는 꼭지형 손

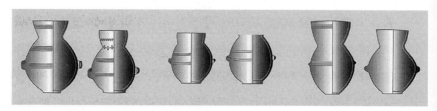

미송리형토기 | 조롱박처럼 생긴 독특한 형태의 단지

잡이가 달린 질그릇이다. 이 토기는 한반도 북부를 비롯하여 요동반도 등지에서 발견되고 있어 압록강 하류지역을 중심으로 고조선 문화권을 설정하는 표준유물에 해당한다.

또한 잘 아는 바와 같이 고구려는 요동지방과 만주를 포함한 동북아시아에 걸쳐 대제국을 형성한 국가였다. 그 초기 행정중심지는 압록강 중상류지역의 국내성·환도성이었다. 당시 고구려가 행정중심지에서 밖으로 뻗어 나가는 방법은 육로와 더불어 압록강의 수운(水運)이 있었다. 그렇다면 압록강 하류에 위치한 의주는 고구려가 압록강을 거쳐 바다로 나아가는 출발지에 해당하게 된다. 다시 말해서 고구려가 바다로 출발하는 거점의 역할을 하였다.

이와 같이 고조선과 고구려시대를 지나면서 의주는 독특한 문화권을 형성하고, 압록강의 하구로서 그 중요성을 인정받아왔다. 그렇기 때문에 이 지역이 우리의 역사에서 배제될 수 없는 것이다.

그러면 고대 우리 민족의 범주를 어디까지로 봐야 할까? 고구려가 요동과 만주를 호령하던 당시에는 우리가 흔히 북방 야인(野人)으로 알고 있는 여진(女眞)·거란(契丹)·말갈(靺鞨)이 모두 고구려의 백성이었다. 거의 700여 년을 고구려의 지배를 받고 그 백성으로 살아왔던 북방민족이 고구려가 멸망했다고 하루아침에 이민족이 될 수는 없을 것이다. 그 이후에도 국경지역에 섞여 살면서 어떤 때는 적(賊)으로 어떤 때는 속민으로 우리나라의 역사에 꾸준히 간섭해 왔다. 1959년 위화도의 북부에서 발견된 상단리 고려시대 집터에서는 구들시설, 철제 병장기류와 함께 11·12세기경의 동전인 부상통보(祥符通寶)·숭령중보(崇寧重寶)·대정통보(大定通寶)가 발견되었다. 출토유물과 유

숭령중보 · 대정통보 | 위화도 상단리 유적에서 출토

적으로 보아 적어도 12세기 이후에는 고구려의 전통인 온돌시설을 사
용하고 철제병장기를 가진 집단이 위화도 북쪽에 거주하였다는 것을
알 수 있다. 그렇다면 의주 지역에는 어떠한 형태로든 사람이 살고
있었다는 것이다. 또한 12세기 초반에는 이 지역이 이미 고려의 직접
적인 지배력 아래에 들어가기 때문에, 이들이 어떤 민족이었든 고려의
백성이었다는 것을 말한다. 북방민족은 고조선, 고구려, 발해를 지나
고려와 조선시대에 이르기까지 우리 민족의 역사에 깊이 관여하여 살
아왔던 민족임에 틀림없다. 소위 북방민족이 더불어 살았던 지역인
의주의 역사를 되새겨 보면서 이들에 대한 언급을 회피할 수 없어서
여기에 밝히는 바이다.

의주에서 신의주로

『동국여지승람(東國輿地勝覽)』(1481)을 비롯한 대부분의 지리지에

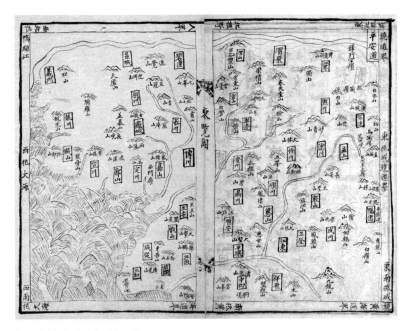

『동국여지승람』에 실린 평안도 지도

서 의주는 고려시대 용만현(龍灣縣) 또는 화의(和義)라고 불렸다고 한
다. 물론 의주가 고대사회부터 우리의 영토였다는 것은 분명한 사실이
지만, 이에 대한 기록이 지리지에는 남아있지 않은 것은 안타까운 현
실이다. 아무튼 의주는 신라가 나당전쟁 이후 대동강 이남을 그 영역
으로 획정하면서부터 우리의 역사기록에서 점차 떨어져 나가고, 야인
으로 불리는 거란과 여진 등 북방민족이 섞이게 되었다.

사료를 통해서 살펴보았을 때 의주 지역이 본격적으로 우리나라의
영역에 포함되기 시작한 것은 고려시대부터이다. 『고려사』를 보면,
993년(고려 성종 12) 서희(徐熙)가 거란의 소손녕(蕭遜寧)과 담판하여
이듬해 강동 6주를 고려의 영역 아래 두었다고 하는데, 그 중 흥화진

(興化鎭)이 의주의 남쪽에 있었다. 1033년(덕종 2)에는 압록강의 석성(石城)에서 동해안에 이르는 천리장성을 축조하였다. 그럼에도 불구하고 12세기 전반까지 고려는 이 지역에 대한 완전한 지배권을 확보하지 못하고, 여전히 거란과 여진이 섞여서 살고 있었다. 거란은 압록강 동쪽 기슭에 성을 쌓고 보주(保州)라 하였으며, 또 문종 때(1047~1083) 궁구문(弓口門)을 설치하고 포주[抱州, 일명 파주(把州)]라 하였다. 그런데 1117년(예종 12)에 여진이 금(金)을 세우자, 거란이 내원성(來遠城)과 포주를 들고 고려에 투항함으로써 의주 지역이 완전하게 고려의 통치권 내로 들어왔다. 이에 고려에서는 의주방어사(義州防禦使)를 두어 이 지역의 치안과 통치를 담당하게 하였는데, 이 때부터 의주라는 지명이 사용된 것이다.

1221년(고종 8) 윤장(尹章)의 반역으로 한때 의주에서 함신(咸新)으로 강등되었다가 곧 다시 복귀되었다. 1366년(공민왕 15)에는 목(牧)으로 승격되었고, 1369년(공민왕 18) 만호부(萬戶府)를 두었다. 그리고 위화도는 1388년(우왕 14) 요동정벌 때 이성계(李成桂)가 회군을 단행하여 조선을 개창하는 계기를 마련하였던 곳이다.

조선시대에 들어와서 1402년(태종 2)에 판관(判官)을 두었고, 정주(靜州)와 위원진(威遠鎭)을 속하게 하였다. 세조 때에는 진(鎭)을 설치하였는데, 철산과 용천을 관할 하에 두었다. 1592년(선조 25) 임진왜란으로 선조가 의주에까지 몽진(蒙塵)을 왔고, 이를 계기로 이듬해에 목(牧)에서 부(府)로 승격되었다. 1634년(인조 12)에는 의주부윤이 청북방어사(淸北防禦使)를, 그리고 1641년(인조 19)에는 양서운향사(兩西運餉使)를 겸직하였다.

20

이와 같은 의주는 1905년 경의선이 개설됨과 동시에 신의주의 탄생이라는 새로운 전기를 맞는다. 같은 해에 우정국(郵政局)이 들어서고, 이듬해인 1906년에는 일본의 한·만(韓滿) 침략 선봉이 될 세관(진남포세관 신의주지서)이 설치되었다가 1910년 신의주세관으로 승격되었다. 1908년 부청(府廳)과 영림창(營林廠)[1]이 세워졌다. 같은 해 8월에는 개항장(開港場)으로 지정됨으로써 급속도로 발전하였다. 1909년에는 치안유지를 위한 평양감옥 신의주분감이 설치되었다가 일제강점기에 들어서 1920년 신의주감옥으로, 다시 1923년 신의주형무소로 승격되면서 서북지방에 대한 일제의 통치권 보존차원에서 운영되었다. 1910년 영림창이 영림청으로 확대되었고, 역시 일제강점기인 1925년 6월에 신의주영림서로 확대 개편되면서 압록강 일대의 삼림 채벌과 뗏목정리, 제재·원목판매 등을 독점하여 착취의 수단으로 전락되었다. 1914년에는 행정구역 개편으로 부제(府制)를 실시하여 의주부를 신의주로 옮겨와 신의주부로 승격되었고, 1923년에 이르러서 의주로부터 평안북도 도청이 옮겨오게 되어 평안북도 내에서의 정치·사회·문화·교통의 중심지로 발돋움 했다.

산업시설로는 1917년 조선제지주식회사가 들어서면서부터 신의주의 경제를 이끌게 되었다. 1923년 6개년 사업으로 추진된 시가지정비 및 제방공사로 신의주의 행정구역이 확대되고 산업부지 또한 넓어졌다. 상공회의소가 설립된 1927년부터는 본격적으로 신의주의 산업과 경제 부문에서 활력을 갖게 되었다.

한편 1919년 3·1운동의 여파로 신의주에서는 30일에 만세운동이

---

1) 각 관할지역 내 국유 삼림을 관리하는 삼림지방행정기구.

전개되었다. 집회횟수가 총 3회이며, 모두 5,300여 명이 참가하고 954명이 투옥되었다고 한다. 1918년 당시 신의주의 인구가 총 6,269명이고 그중 외국인을 제외하면 조선인은 1,776명에 불과하였다. 그런데 집회에 무려 5,300여 명이 참가하였다는 것은 인근지역의 저항운동이 결집되었다는 것을 의미하며 또한 신의주가 저항정신의 중심지가 되었다는 의미를 갖는다. 이것은 이듬해에 전개된 '신의주역 호텔 투탄 의거'에서도 잘 나타난다. 이 의거는 같은 해 8월 중국시찰을 온 미국 국회의원단에게 독립군의 결의를 보여주려는 목적으로 정인복 등 1명이 신의주호텔에 폭탄을 투척하여 건물의 일부를 폭파한 것을 말한다. 신의주는 일제에 의해 만들어진 신도시이지만, 일제의 강점에 저항하는 민족정신이 투철한 곳이었다.

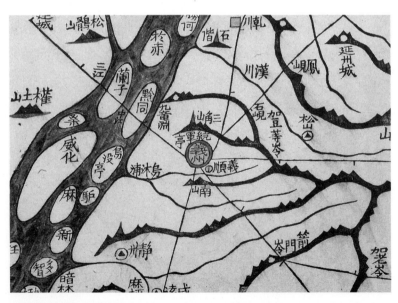

대동여지도에 나타난 의주부

의주의 위치와 지리 그리고 풍속

의주는 동쪽으로 삭주(朔州)와 116리, 구성부(龜城府)와는 82리 떨어졌다. 남쪽으로는 용천부(龍川府)와 60리, 양책관(良策館)과 76리, 철산부(鐵山府)와 79리의 거리에 있다. 서쪽으로는 압록강과 불과 14리 정도이며, 북쪽으로는 동강(同江)과 2리 정도의 거리로 가깝다. 서울과는 1,186리의 거리에 있으며 조선시대 당시 12일 정도에 도착할 수 있었다.

의주는 이와 같은 주변지역과 연결되는 사통팔달의 도로망을 갖추고 있었다. 동대로(東大路)는 판막령(板幕嶺)을 통하여 삭주까지 이르며 총 120리이고, 남대로(南大路)는 양책(良策)의 경계까지 76리에 이른다. 서대로(西大路)는 용천(龍川)의 경계에 있는 배다리[舟橋, 船橋]까지 이르며 100리이다. 북대로(北大路)는 압록강까지 10리에 불과하지만, 중국으로 향하는 긴요한 길이었다. 동남대로(東南大路)는 극성령(棘城嶺)을 통하여 구성(龜城, 귀주)에까지 100리이다. 이러한 대로는 의주가 조선의 관문으로서 주변 여러 지역으로 연결되는 도로망의 핵이었음을 말한다. 뿐만 아니라 동북중로(東北中路)·서북소로(西北小路)는 각각 건천보에 이르는 20리의 길과 위화도에 이르는 30리의 길을 가리키는 것으로서, 주요 군사시설에 연결되는 도로망이다. 이와 같은 도로망을 뒷받침이라도 하듯 의주에는 교량도 상당수 있다. 석교(石橋)와 오목교(烏沐橋)를 비롯하여 모두 14개의 다리가 설치되어 있다고 『관서읍지(關西邑誌)』(1871)에 전하고 있다. 뿐만 아니라 역원(驛院) 역시 한양에서 의주로 향하는 길의 중요지역에 자리잡고 있다. 의순역, 소곶역(所串驛) 등의 역과 월화리원, 마미원, 저개원, 판막원 등의 원 그리고 체마참, 대하참, 지경참, 오강참, 청성참 등의 참(站)이 설치되어 잘 정비된 역참제도를 갖추었다.

그런데 『조선지지(朝鮮地誌)』(1918)에 보면 의주는 해상교통의 요충지라고도 한다. 압록강의 수운을 타고 내려온 물산이 의주에 집결하였다가 다시 바다를 통하여 여러 곳으로 나아가기 때문이다. 그래서 의주에는 압록강 하구를 중심으로 운량포(運粮浦)·운향포(運餉浦) 등 조운(漕運)에 관련된 포구가 발달하여 있으며, 진선(津船)도 구비하고 있었다.

해상교통의 요충지라 지적된 만큼 지리지에는 선박의 이름과 숫자도 보인다. 대선(大船)은 10척으로 대체로 조운에 사용되었다. 마상선(馬尙船)은 10척이 있는데, 이것은 평안도와 함경도의 하천 등에서 사용하는 배이며 특히 압록강에서 많이 사용되었다. 주로 군대의 이동, 곡물의 운반 그리고 기타 잡용에 쓰인 다용도 배이다. 마상선은 새로 건조하는데 100냥이 소요된다고 하여 대선이 300냥인 것에 비하면 적은 비용으로 높은 효과를 볼 수 있는 배이다. 19세기 중반 임상옥(林尙沃, 1779~1855)이 2,000냥을 출연하여 건조하게 하였다는 기록이 흥미롭다. 역시 만상 거부 임상옥의 활동을 엿볼 수 있는 대목이다. 그리고 균역선(均役船)이 18척 있었다고 하는데, 균역선은 영조때(1725~1776) 실시된 균역법에 의하여 양역(良役)을 대신한 세액을 균역청으로 옮기는 배였다.

한편 각종 지리지를 통해서 의주의 형세를 보면 주로 산하(山河)에 대한 이야기가 많다. 『택리지(擇里志)』(1751)에서는 청천강(淸川江)을

疆域 附俟地
大邊門

義州府獨鎮東至朝州界一百二十里龜城界一百里
南至海八十里龍川界六十五里良策舘七十里西至
中江十里北至鴨綠江五里東距京師一千七十里監
營五百四十里兵營三百四十里西距柵門一百二十里
西北距熊京二千三十里里鳳凰城至靉陽邊門一百
五十里至戲廠邊門二百里至汪清邊門二百里至興
額邊門一百五十里至咸遠堡邊門一百八十里

建置沿革

本高麗龍灣縣又名和義初契丹置城于鴨綠江東岸稱
保州文宗朝契丹又設弓口門稱抱州 一云 睿宗十二年
遼刺史常孝孫與都統耶律寧等避金人兵泛海而遁移
文我寧德城以遠城及抱州歸我我兵八其城收拾兵
仗錢穀王悅改為義州防禦使抱州南界人戶以實之於是
復以鴨綠為界關防仁宗四年金亦以州歸仁 高宗八
年以叛逆降稱咸新尋置古界王十五年陞為牧十八
年置萬戶府設左精右精忠信義勇四軍各差上副千戶
管之本朝 太宗二年始置判官 口管二郡 龍山
世祖朝置鎮 宣祖二十五年壬辰駐

『관서읍지』용만지(1871년)

중심으로 남쪽은 청남(淸南)이라 부르며 북쪽은 청북(淸北)이라고 하였다. 또 평안도의 동쪽은 고개와 산이 많아서 평야가 적으며, 또 관개(灌漑)시설을 구축할 만한 수량(水量)이 부족하기 때문에 논이 적고 밭곡식이 많다고 하였다. 반면에 서쪽 바다와 가까운 곳은 제방을 쌓아서 조수를 막아 논을 만든 곳이 적지 않다고 하였으나, 병자호란 이후 농경지가 황폐해져서 유망민이 많이 발생하였다고 전한다. 이러한 지적에 따르면 평안도의 서쪽에 위치한 의주는 평야가 비교적 발달하였고, 또 동쪽으로는 산악지형을 동시에 가지고 있다. 그래서 『신증동국여지승람(新增東國輿地勝覽)』(1530)에서는 압록강이 천연의 도랑[天塹]을 이루고 있다고 하였고, 『관서읍지』용만지에서는 중국인 장은(張殷)이 통군정에 올라 의주를 내려다보면서 '마치 날아오르는 학과 같다'고 한 말을 기록하였다. 이렇듯이 의주의 지세는 산악과 하천으로 둘러싸여, 압록강이 북동쪽에서 남서쪽으로 흐르고 있고, 동쪽에는 금강산이 그리고 남쪽에는 백마산이 둘러 위요(圍繞)하고 있다.

그리고 의주 사람들에 대해서 평하기를 주로 말타기와 활쏘기를 잘한다고 하였다. 또한 사냥[畋獵]을 좋아한다고 여러 지리지에서 공히 지적하고 있다. 이와 같이 의주사람들이 호전적이며 전투적인 것은 이 지역이 옛 고구려 백성들의 습속(習俗)을 그대로 이어받았기 때문으로 생각된다. 즉 농사를 짓는 곳이 주변지역 보다 많고 농업생산물 또한 다양하지만, 전통적인 상무·숭무(崇武)정신은 조선시대에까지 이어졌던 것으로 보인다. 그렇지만 이중환은『택리지』에서 청북지역에 사는 사람들의 상무정신을 낮게 평가하기도 하였다. 아마 조선시대를 통해서 꾸준하게 지배사상으로 자리매김하였던 성리학의 영향이 컸기 때문에, 숭문(崇文)의 전통은 의주사람들이 가지고 있었던 상무정신을 폄하시켰을 것이다. 그럼에도 불구하고 의주사람들은 품행과 생활에 대해서 좋은 평을 받고 있었다.『관서읍지』용만지에 전하는 사실에 따르면 의주사람들은 '품성이 유순하고 검소하며, 충의를 존중하는 생활을 하였다'고 한다.

의주부와 행정구역

조선시대 의주는 1593년을 기점으로 목(牧)에서 부(府)로 승격되었다.『신증동국여지승람』을 통해서 의주목의 행정체제를 보면, 목사(牧使)와 판관(判官)·교수(敎授)가 각각 1명씩이고, 토관(土官)이 여럿 있었다고 한다. 의주 지역은 지방 향리가 지방행정을 담당하는 것이 아니라 관찰사가 임명한 토관이 의주의 행정과 군사를 담당하였다.

토관은 고려시대 말부터 조선초기까지 평안도·함경도·제주도 등지의 토착인에게 부여하였던 특수 관직이다. 『신증동국여지승람』에서는 의주에 토관이 있고 함경도 경원부와 같다고 하였다. 조선시대에 들어와서 토관은 평안도의 영변·의주·강계, 함경도의 길주·경성·회령·부령·종성·온성·경원·경원·경흥 등지에 설치되었다. 토관조직은 동반(東班)과 서반(西班)으로 나뉘어졌는데, 동반(文班)은 지방행정의 실무를 담당하고 서반(武班)은 군사를 담당하였다. 그러나 15세기 말에는 정치적·군사적 성격이 재정립되면서 지방 향리로 대체되어 사라졌다. 일반적인 토관의 품계와 관직은 다음과 같다.

표 | 토관의 품계와 관직 (『대전회통』)

구 분	동반(문반)		서반(무반)	
	품 계	관 직	품 계	관 직
정5품	통의랑(通議郞)	도무(都務)	건충대위(建忠隊尉)	여직(勵直)
종5품	봉의랑(奉議郞)	장부(掌簿)	여충대위(勵忠隊尉)	부여직(副勵直)
정6품	선직랑(宣職郞)	교부(校簿)	건신대위(建信隊尉)	여과(勵果)
종6품	봉직랑(奉職郞)	감부(勘簿)·도할(都轄)	여신대위(勵信隊尉)	부여과(副勵果)
정7품	희공랑(熙功郞)	전사(典事)	돈의대위(敦義隊尉)	여정(勵正)
종7품	주공랑(注功郞)	장사(掌事)	수의도위(守義徒尉)	부여정(副勵正)
정8품	공무랑(功務郞)	관사(管事)	분용도위(奮勇徒尉)	여맹(勵猛)
종8품	직무랑(職務郞)	급사(給事)	효용도위(效勇徒尉)	부여맹(副勵猛)
정9품	계사랑(啓仕郞)	참사(參事)	여력도위(勵力徒尉)	여용(勵勇)
종9품	시사랑(試仕郞)	섭사(攝事)	탄력도위(彈力徒尉)	부여용(副勵勇)

위의 표와 같이 토관은 정5품 이하의 체아직(遞兒職)으로 임명되는

것이 원칙이며, 중앙의 관품을 받을 때는 1품씩 낮추어서 받았다고 한다. 의주 토관도 위의 표에서 지적된 동반과 서반의 관직을 받았다. 『신증동국여지승람』에 나타난 의주의 토관을 정리하면 다음과 같다.

표 | 의주목의 토관

부서	토관직
도할사(都轄司)	도할·전사 각1명
전례서(典禮署)	감부·급사·섭사 각1명
융기서(戎器署)	장사·섭사 각1명
사창서(司倉署)	장사·섭사 각1명
전주국(典酒局)	급사·섭사 각1명
사옥국(司獄局)	섭사 1명
진강위(鎭江衛)	여과·부여과·여정·부여정 각1명, 여맹 2명, 부여맹 3명, 여용 4명, 부여용 5명

여기에서 보면, 도할사·전례서·융기서·사창서·전주국·사옥국은 모두 동반의 관직을 가진 토관이 임명되었으며 종6품이 최고였다. 서반의 경우는 진강위에 소속된 관직을 갖고 있는데, 동반과 달리 정6품이 최고위였다. 토관에 임명된 관리의 수 역시 동반직 12명, 서반직 18명으로 서반이 수치상으로 우위에 있었다. 이와 같은 최고관직과 관리 수의 차이는 의주가 국경도시인 만큼 국방의 중요성이 강조되었기 때문으로 생각된다.

그러나 15세기 말에 들어서 토관이 사라지면서 의주에서도 향리가 그 자리를 대신하였고, 1593년 의주부로 승격된 다음부터는 부윤(府尹)·판관·교수·훈도(訓導)·역학(譯學)이 1명씩 임명되었다. 이중 판관과 교수는 혁파와 복구를 되풀이 하였지만 1871년 『관서읍지』가 편찬될 때는 모두 혁파되었다. 역학은 통역관으로 사역원(司譯院)에서 파견되어 30개월의 임기를 마치면 다시 교대되는데, 각각 만주어와 중국어를 구사하는 청학(淸學)과 한학(漢學)으로 구분되었다.

한편 19세기 말까지 남아있는 공공건물로는 부청(府廳), 별청(別廳), 중영(中營), 훈련청(訓鍊廳), 연감청(煙監廳), 연무당(鍊武堂), 배지청(陪持廳), 연청(宴廳), 청마랑(淸馬廊), 진변헌(鎭邊軒), 용만관(龍灣館), 래선각(來宣閣), 응향당(凝香堂), 연춘당(延春堂), 청심당(淸心堂), 비장청(裨將廳), 충호당(忠護堂), 백마산성호국당(白馬山城護國堂), 소곶참관(所串站館), 취승당(聚勝堂), 의순관(義順館) 등이 있다.

현재 신의주는 평안북도 신의주라는 행정구역명을 가지고 있지만, 조선시대에는 평안도 의주부 서쪽의 양하면(楊下面) 지역이었다. 『여지도서(輿地圖書)』(1757~65)와 『대동지지(大東地志)』(1866), 『관서읍지』 용만지에서는 18·19세기 당시 의주 행정구역 현황과 그 변화 양상을 알 수 있다. 먼저 『여지도서』와 『대동지지』에는 주내(州內), 송장(松長), 월화리(月化里), 양하, 고성(古城), 수진(水鎭), 미라산(彌羅山), 소곶, 옥상(玉尙), 양상(楊上), 고군(古郡), 관리(館里), 위원, 비현(枇峴), 광화(光化), 진리(津里), 가산(加山), 청수(靑水), 고읍(古邑), 광성(光城), 고영삭(古寧朔) 등 21개의 방(坊)으로 이루어졌다고 하였다. 그러나 19세기말에 편찬된 『관서읍지』 용만지에서는 양서(楊西), 위화 등 2개의 면(面) 이름이 더 보이고 있어서 총 23개의 면으로 늘었음을 알 수 있다. 그런데 『여지도서』와 『대동지지』의 편찬연대가 약 100여 년 정도 차이가 있음에도 행정구역의 수는 똑같이 나타나고 있다. 이것은 김정호(金正浩, ?~1867)가 『대동지지』를 편찬할 때 당시의 여러 전적(典籍)을 참고하여 일부분을 그대로 옮겼기 때문으로 생각된다. 사실 『대동지지』와 『관서읍지』 용만지의 편찬연대 차이가 5년 정도에 불과한데 그 사이에 2개의 면이 늘어났고, 또한 방(坊)에서면(面)으로 행정구역 명칭이 변경되었다고 보기도 어렵다. 그래서 『대동지지』가 편찬된 1866년 이전에 행정구역의 변동이 있었고, 그것이 『관서읍지』 용만지에 반영되어 23개 면으로 기록되었을 것이다.

한편 의주의 행정구역은 위에서 말한 것처럼 19세기말이 되면 2개의 면이 증가하였는데도 불구하고 인구가 무려 32,226명이 줄어든다는 점은 특이한 현상이다. 요즘 행정구역을 개편할 때는 대체로 인구가 많고 적음을 고려하여 통폐합하는 것이 일반적인데, 당시에는 인구의 증감보다는 정치적·지리적·군사적 비중이 더 컸던 것 같다.

인구의 변화

의주에 얼마나 많은 사람이 살았는지를 살펴보자.

먼저 『관서읍지』 용만지에 나타난 의주의 각 면별 호수를 살펴보자.

표를 보면 주내면의 호구가 2,234호(7,550명)로 가장 많다. 주내면에 인구가 가장 많았던 요인은 이곳이 읍치가 있는 곳으로 의주 지역에서도 가장 중심지였기 때문이다. 주내면을 제외하고 나머지 22개 면은 평균 460호(1,455명) 정도이다. 그런데 흥미로운 점은 국경지역에 위치한 수진면, 가산면, 청수면, 양하면, 광성면의 인구가 모두 평균을 상회한다는 점이다. 다만 위화면의 경우는 압록강 상에 있는 섬[島]이라는 특성을 감안한다면 논외로 해도 무방할 것이다. 이렇게 국경지역에 인구가 집중되어 있는 것은 국경을 중심으로 진보(鎭堡)와 같은 군사시설이 설치되었던 이유와, 압록강변의 충적(沖積)된 토지가 비옥했던 까닭으로 생각된다.

표 | 『관서읍지』 용만지(1871)의 면별 구 현황

면	호	면	호
주내면	2,234	비현면	610
송장면	660	고읍면	371
소곶면	258	양상면	306
수진면	538	양하면	512
가산면	473	양서면	433
고영삭면	579	광성면	730
청수면	674	진리면	296
옥상면	590	위원면	389
고성면	508	미라산면	299
관리면	310	광화면	408
고군면	421	위화면	247
월화리면	499	합계 / 평균	12,345 / 536.7

다음으로 조선시대에 편찬된 각종 지리지를 통해서 의주 지역의 호
구수 변화를 비교하면 다음의 표와 같다.

표 | 각종 지리지에 나타난 의주 지역의 호구수 변화

지리지	호	인구	1호 당 인구	비고
『세종실록』지리지(1454)	531	1,498	2.82	
『여지도서』(1757~65)	17,322	75,119	4.33	남 35,938, 여 39,181
『호구총수』(1789)	19,995	89,970	4.49	남 45,887, 여 44,083
『대동지지』(1866)	11,483	40,024	3.48	남 23,589, 여 16,435
『관서읍지』용만지(1871)	12,680	42,893	3.38	남 23,421, 여 19,472

위의 표에서 보면 『세종실록』지리지에 편재된 호구는 상당히 적게

나온다. 조선초기의 호의 개념이 법정호(法定戶)였지 자연호(自然戶)가 아니었기 때문에 조선후기의 호구수보다 상대적으로 적게 표현된 것이 현실이다. 게다가 세종 때 김종서(金宗瑞)가 개척한 4군 6진은 당시 국경분쟁이 빈번하였던 점과 그 지역이 아직 정치적 안정기에 들어서지 못했음을 의미한다. 물론 의주가 4군 6진에 포함되어 있지는 않지만 국경지역에 위치하였으니 만큼 이와 같은 분위기는 공유되었을 것으로 생각된다. 그러한 의미에서 『세종실록』지리지 의주목조에서의 호구가 유달리 적은 것은 이러한 시대상황이 반영되었기 때문이다.

또한 의주의 인구변화 중 관심의 대상이 되는 것은 『여지도서』·『호구총수』와 『대동지지』·『관서읍지』 용만지 등에서 보이는 호구의 차이이다. 물론 이들 지리지는 각각 18세기 중후반과 19세기 후반이라는 시간적 차이를 갖고 편찬되기는 했지만, 인구가 절반정도로 급격히 줄어드는 기현상을 보이고 있다. 더욱이 『여지도서』 단계보다 『관서읍지』 단계에서 행정구역상으로 2개의 면이 늘어남에도 불구하고, 인구가 줄어드는 기현상은 상당히 설명하기 어렵다. 그러나 18세기 후반부터 19세기 중후반까지의 역사를 살펴보면, 대략 인구감소의 원인을 추정할 수 있겠다.

그 첫 번째로는 자연재해를 인구감소의 원인으로 생각할 수 있다. 1810년(순조 10) 7월 14일 평양감사 이만수(李晩秀)가 의주부에서 홍수가 발생하여 민가 1,877호가 유실되었고 사망자가 263명에 이르렀다고 보고하였으며, 1845년(헌종 11)의 관서 대홍수로 인하여 청북(淸北)의 여러 고을이 유실되어 4,000여 호, 500여 명의 피해가 있었다고 『순조실록(純宗大王實錄)』에 기록되었다. 이와 같은 홍수가 아니라도 헌종대(1835~1850)와 철종대(1850~1863)에는 의주에서 화재로 소실된 가호가 상당 수 있었다고 전한다. 또 다른 자연재해로는 한해(旱害)로 인한 기근이 있다. 18세기 말엽 대규모의 한발로 인하여 전국에 산재한 6,000여 개의 수리시설이 기능마비의 상태가 되는 등, 17세기 중엽부터 19세기 중엽(현종~철종)에 이르는 200여년 동안 큰 규모의 기근이 모두 52회나 기록되고 있어서 홍수와 함께 기근은 백성들의 삶을 도탄에 빠지게 한 요인이었다. 자연재해가 호구를 줄이는 직접적인 원인이 되었지만, 또 이로 인하여 생활기반을 잃은 백성은

홍경래의 난 | 홍경래군을 공격하는 관군(신미년 정주성 공위도)

호적에서 빠져나가 유망하게 되는 결과를 낳기도 하였다.

　두 번째 호구감소의 원인으로 민란을 생각해 볼 수 있다. 민란은
대체로 전정(田政), 군정(軍政), 환곡(還穀) 등 이른바 '삼정의 문란'으
로 대표되는 관리의 학정과 착취를 견디지 못한 백성들에 의하여 일어

났던. 18세기 후반 이후 자연재해나 기근으로 인한 농촌의 피폐에도 불구하고 중앙의 징세 액(額)은 변함없이 유지되었는데, 그 과정에서 지방관과 아전(衙前)의 착취가 늘어났다. 이들의 착취는 중앙에 실제 호구 보다 적게 보고하면서 보고하지 않은 호구에 대해서도 똑같이 징세하여 착복하는 등 누락호를 발생시켰다. 이러한 이들의 착취와 착복이 곧 삼정의 문란으로 나타났고, 여기에 힘겨워한 백성들은 벌떼처럼 일어나 소위 '봉기(蜂起)'하게 되었다. 특히 반정부·반봉건의 기치로 발생한 1811년(순조 11)의 홍경래난은 서북지역의 사회적 현실을 반영한다. 홍경래의 난은 유망민이 대거 참여한 서북지역의 대표적인 민란이다. 민란이라는 것이 유망한 백성들을 중심으로 일어나며 또 진압되는 과정에서도 민간의 손실이 크기 때문에, 민란의 발생은 바로 호적 이탈자의 속출과 호구의 감소를 의미한다고 해도 좋을 것이다. 그리고 1860년대 이후에는 민란의 열풍이 전국을 휩쓸고 지나가게 되는데 여기에서도 유망민과 호적 이탈자가 대거 양산되었다.

또한 1854년(철종 5) 8월 14일에 의주부에서는 국경을 넘은 사람(장첨길[張添吉])을 효수(梟首)하여 경계하게 하였는데, 이전부터 빈번히 발생하던 월경자(越境者)에 대하여 경고하는 의미였다. 그리고 1860년(철종 11) 전 의주부사였던 이삼현(李參鉉)을 유배에 처한 일이 있는데, 바로 재임시 월경자가 있었다는 이유였다. 이것은 백성들이 자연재해나 착취로 삶의 기반이 없어지고, 전국은 민란의 물결에 휩쓸리자 궁여지책으로 국경을 넘어 중국에 들어가는 사례가 빈번하였던 것을 말해주고 있다. 이와 같이 자연재해는 백성의 유망을 야기하고, 여기에 삼정의 문란과 같은 지방관의 착취는 민란의 열풍을 강하게 하였다. 이러한 과정에서 누락호와 유망민 그리고 호적이탈자들이 발생하고, 이것이 호구조사에 반영되어 감소되었을 것이다.

그럼에도 불구하고 자연재해와 민란의 발발 등을 전적으로 호구급감의 원인으로 지적하기에는 조금 미흡한 점이 없지 않다. 사실 호구라는 것은 국가의 세원으로서 그 급격한 증가나 감소는 중요한 관심의 대상이 되었다. 그래서 국가는 세원관리의 측면에서 각 지역의 장적(帳籍)을 꾸준히 식년(式年, 3년)마다 조사하여 엄격히 관리하였다. 그런데 18세기 후반에서 19세기 후반에 이르는 기간에 조사된 의주 지역의 호구는 약 절반 가까운 변동이 보였다. 그렇다면 이 내용은 어떠한 형식으로든 중앙의 기록으로 남겨져야 하는 것이 상식일 것이다. 그러나 『조선왕조실록』에서는 이러한 급감원인에 대하여 구체적으로 밝히고 있지 않은 실정이다. 막연히 자연재해와 민란으로만 호구의 손실을 모두 설명할 수는 없다. 그러면 앞에서 설명한 원인을 제외한 다른 곳에서 호구 급감의 이유를 규명해야 할 것이다. 이에 호구 변동의 원인을 호구 편제방법의 변화에 초점을 맞추어 연구한 견해가 최근 발표되어 주목된다. 19세기 후반이 되면 서구세력의 개항압력이 거세어졌는데, 고종은 각 지역의 지리지를 작성하여 내정(內政)을 정확하게 파악하려고 하였다. 고종 때의 이와 같은 의도는 호구조사에서도 그대로 나타나게 되어, 삼정의 문란 때에 조사하던 방법이었던 환과고독(鰥寡孤獨)[2]과 사망자까지 올리는 수법은 배제되고 철저하게 조사된 호구가 편제되었다는 것이다. 물론 호구의 자연감소율이나 자연재

---

2) 환과고독(鰥寡孤獨)은 홀아비(鰥), 과부(寡), 어리고 부모 없는 사람(孤), 늙고 자식이 없는 사람(獨) 등을 일컫는 말로서 외롭고 의지할 데 없는 사람을 이르는 말이다.

해·민란 역시 전혀 무시할 수만은 없지만, 호구를 편재하는 방법의 변화가 가져온 호구수의 감소도 무시할 수는 없다. 위의 표에서 보는 것처럼, 18세기의 1호당 인구수가 최고 4.5명에 가까운데, 19세기의 그것은 3.4명 정도에 그치고 있어서 약 1명의 차이가 있는 것에서도 확인할 수 있다.

표 | 신의주의 인구변화

연 도	인 구			
	한국인	일본인	외국인	총 계
1918	1,776	2,981	1,512	6,269
1930	·	·	·	45,000
1934	37,495	8,007	5,836	51,338
1940	43,298	9,431	7,712	60,441
1943	·	·	·	127,535

1905년 신의주가 탄생될 때의 인구는 얼마나 될까? 불행하게도 당시의 자료를 확인할 수 있는 길이 없어서 자세하게 알 수 없다. 다만 1918년에 편찬된 『조선지지』신의주조에 인구에 대한 내용이 기록되어 있어서 당시의 인구를 추정할 수 있다. 그에 따르면 20세기 초반 신의주의 인구는 겨우 6,269명이었다. 그중에서도 한국인은 28.3%인 1,776명에 불과하였다. 당시에 이미 신의주가 부(府)로 승격되었지만 아직까지는 인구밀도가 적었다. 게다가 1920년대에 들어서야 압록강변에 제방을 쌓아 시가지를 조성하였기 때문에 당시의 인구는 적었던 것이다. 그런데 일본인과 중국인 등 외국인의 숫자가 두드러진 점은

특이한 현상이다. 아마 신의주가 일제의 한반도·만주침탈을 위하여 조성된 경의선의 종착역이었기 때문에 일본인과 중국인의 숫자가 많았던 것으로 생각될 뿐이다. 그러나 신의주는 정치적·경제적 발달에 힘입어 꾸준히 인구가 늘어난다. 1943년에 조사된 신의주의 총인구는 127,535명으로 1918년 당시보다 무려 20여 배 늘었다. 이와 같은 인구증가는 그동안 변화된 신의주의 위상을 짐작해 볼 수 있는 근거이다.

의주사람들은 어떻게 살았을까?

지리지를 통해서 의주 지역 사람들의 생활사를 살펴보면, 주로 조선시대 사람들에 대한 것이 대종을 이룬다. 사실 조선시대는 성리학이라는 신유학(新儒學)이 정치이념으로 확고한 자리매김을 하며 사회를 지탱하는 윤리·도덕의 근간이 되었다. 그중에서도 본말사상(本末思想)은 조선시대에 삶을 살았던 사람들의 생업을 본업(本業)과 말업(末業)으로 구분하게끔 하였다. '농자천하지대본야(農者天下之大本也)'라는 말처럼 본업으로서의 농업이 강조되었다. 이러한 사회사상으로 말미암아 상업 등 말업(末業)에 속하는 산업은 좋은 대우를 받지 못하였다.

그래서 의주 역시 북부지방에 위치한 국경지역임에도 불구하고 여전히 농업이 주요한 생업이었다. 『세종실록』 지리지에 보면 15세기 당시 의주의 농경지는 모두 7,178결3)에 달하며 땅은 척박하지만 압록

---

3) 결(結)은 농토의 면적을 나타내는 단위인데, 1결의 넓이는 시대에 따라 다르다. 삼국시대에는 15,444.5m², 1444년(세종 26)에는 9,859.7m², 1634년(인

강변의 토지는 비옥하다고 하여 농경지에 대한 자세한 정보를 담고 있다. 아래의 표는 의주 지역의 농경지를 지리지의 편찬시대별로 분류한 것이다.

지 리 지	결 수			
	한전(旱田)	수전(水田)	총	비 고
『세종실록』지리지(1454)	7,158결	20결	7,178결	70,772.92km^2
『여지도서』(1757~1765)	5,578결 80부 2속	254결 47부 9속	5,832결	63,038.08km^2
『관서읍지』용만지(1871)	5,325결 3부 8속	2,113결 1부 8속	7,438결	80,397.34km^2

위의 표에서는『세종실록』지리지의 농지면적이『여지도서』의 그 것보다 7,734km^2 정도 더 많다. 사실『세종실록』이 편찬될 당시 의주 지역의 인구가 1,498명인데, 75,119명이었던『여지도서』의 농지면적 보다 더 많다는 것은 특이한 현상이다. 이렇게 16세기를 지나면서 전 답의 결수가 줄어든 원인으로는 아무래도 전란을 손꼽을 수 있겠다. 왜란과 호란을 겪으면서 조선은 전국적으로 농민이 유망하고 농경지 가 유실되는 큰 피해를 입었다. 특히 의주는 임진왜란기에는 선조의 몽진으로, 또 정묘·병자호란 때는 후금·청군(後金·淸軍)이 조선으로 들어오는 입구에 있다는 이유로 적지 않은 피해를 입었다. 그래서 인지 위의 표에서처럼 유달리 전답의 손실이 많았던 것으로 생각된다.

다음으로 의주의 전답에서 흥미가 가는 것은 수전의 증가이다. 15 세기에는 20결(197.19km^2)에 불과했던 수전이 18세기에는 254결

조 12)에는 10,809m^2, 1902년(고종 광무 6)에는 10,000m^2 즉 1ha로 변화하 였다.

(2,745.48km^2), 그리고 19세기 후반에는 무려 100여 배 정도인 2,113 결(22,839.41km^2)에 달한다. 이렇게 수전이 크게 증가하는 것은 무엇보다도 농법의 발전을 생각할 수 있다. 조선중기가 되면 종자를 직접 땅에 심는 직파법에 이어서, 모판에 심었다가 다시 모내기를 통해 수전으로 옮기는 이앙법이 보급되었다. 이앙법의 보급은 농업생산력을 크게 증대시키기 때문에 전국적으로 확대되어 갔다. 또한 수전농업에 필요한 수차(水車) 역시 15세기 말 최부(崔溥)에 의해 중국의 것이 도입된 이후 꾸준히 사용되어서 수전의 확대의 발판이 되었다. 그리고 조선후기가 되면 광작(廣作)이라는 대토지 농업경영이 진행되고 있어서 많은 인력의 손길이 필요한 수전을 운영하기에 적합하였다. 조선중기 이후 농법의 발달은 수전농업의 확대라는 전국적인 현상이 나타나게 되었는데, 의주 지역의 사정을 전하는 지리지를 통해서도 그 사실을 확인할 수 있다.

의주의 주요한 농업생산물은 대체로 벼[稻], 흑미[墨稻], 기장[粱], 기장[黍], 기장[稷], 조[粟], 대맥(大麥), 소맥(小麥), 대두(大豆), 소두(小豆), 녹두(綠豆), 동보(同菩), 능두(稜豆), 차조[秫], 기장[萄黍], 베[草麻], 검은깨[黑荏], 참깨[眞荏] 등의 곡식류이다. 이상에서와 같이 의주 지역에서는 본업인 농업이 그 속에서 삶을 영위하는 사람에게 중요한 생업이었음을 확인할 수 있다.

그런데 의주 사람들은 농업만을 그들의 생업으로 하지는 않았다. 특히 의주가 국경도시라서 사람들의 왕래가 빈번하였던 까닭으로, 주변의 자연환경에서 얻어지는 다양한 물산을 교환할 수 있는 장시(場市)가 활발하였다. 조선후기 의주에는 7개소의 시장이 정기적으로 열렸다. 모두 5일장인 의주의 시장은 읍장(邑場, 1・6일), 석교장(石橋場, 5・10일), 산성장(山城場, 4・9일), 인산장(麟山場, 2・7일), 창령장(倉嶺場, 3・8일), 마미원장(馬尾院場, 2・7일), 소곶참장(所串站場, 5・10일) 등이다. 읍장은 의주 중에서 인구밀도가 가장 높고, 부치(府治)가 있는 부내면에 개설된 장터이다. 석교장・창령장은 교통의 요지에 위치한 장터이며, 마미원장과 소곶참장은 모두 역참(驛站)에서 열린 장터로 사람들의 왕래가 빈번한 곳이다. 그리고 산성장과 인산장은 각각 백마산성과 인산진 근처에서 열리는 시장으로서 군사시설 주변에 장시가 있었다는 점은 또 하나의 특색이라 할 수 있다.

이와 같은 장시에서 매매되던 물건으로는 지리지에 기록된 토산(土産)이 포함되었을 것이다. 『신증동국여지승람』에서는 실・삼(麻)・벌꿀・누치[訥魚]・숭어・은구어(銀口魚)・쏘가리[錦鱗魚]・농어・석류황(石硫黃)・담청옥・수포석(水泡石)・백지(白芷)・궁간목(弓竿木, 화살대)・게[蟹] 등을 주요한 토산이라 하였고, 『관서읍지』 용만지에서는 내용이 더 추가되어 곡류(穀類), 채류(菜類), 과실류, 약재류, 수목류, 초류(草類), 화류(花類), 금류(禽類), 수류(獸類), 어개류(魚介類), 잡산류(잠사, 목면, 마, 염, 봉밀, 궁간목, 담청옥, 수포석, 청토, 적도, 백토) 등으로 정리되었다. 그리고 역시 『관서읍지』 용만지에서는 진공품(進貢品)으로 귤병(橘餠), 사탕(砂糖), 민강(閩薑, 남중국의 생강), 전(箋), 말[馬][4] 등이 있으며, 어전(漁箭, 어로도구)과 염부(鹽釜, 소금솥)를 생산하였다고 전한다. 이들 토산과 진공품, 그리고 각종 생활용

---

4) 의주에서 진공한 말은 복정마(卜定馬)로서 원래의 진공품의 목록에는 없지만, 추가되는 물품에 포함되어 있다.

품 등이 매매되었던 장시의 발달은 의주 지역의 상업발달을 의미하는 것이고, 이것은 바로 의주 지역을 배경으로 하는 만상(灣商)의 역동적인 활동을 의미한다. 만상은 의주상인 자체를 지칭하지만 전국적인 활동을 전개하였다. 의주의 특산을 각 지역에 팔며, 다시 다른 지역의 특산과 각종 생활용품을 의주 내의 장시를 통하여 판매하였다.

의주의 상업 중에서 특징으로 꼽을 수 있는 것은 국제무역이다. 흔히 중강개시(中江開市)로 알고 있는 중국과의 무역은 국가에서 주관하는 공무역이다. 중강은 압록강 난자도(蘭子島)에 위치한 곳으로 이곳에서 중국과의 국제무역이 시작되었다. 원래는 1592년 임진왜란 중 명나라의 군량조달을 위하여 명의 미곡과 조선의 은·동·무쇠 등을 무역한 것이 처음이었다. 중강개시는 1646년부터는 3월 15일과 9월 15일(뒤에는 2월과 8월), 일년에 두 차례에 걸쳐 교역하도록 철저히 관리되었다. 그러나 점차 이러한 규정이 해이해지고 반면 사상(私商)이 성행하여 사실상 자유무역화 되었는데 이를 중강후시(後市)라고 하였다. 이후 50여 년간 중강을 무대로 한 국제무역이 지속되었다가 1700년 마침내 그치고 말았다. 그러나 조선의 사행을 따라 중국에 간 만상과 송상(松商)은 봉황성(鳳凰城) 책문(柵門)에서 공공연하게 밀무역을 하였는데, 이를 책문후시라 한다. 이로써 국제무역의 장소가 의주부의 중강에서 중국측의 책문으로 옮겨지게 되었다. 그러나 의주가 갖는 국제무역지로서의 위상은 여전히 강하게 남아 있다.

조선시대 사람들의 생활을 살펴보면서 국역(國役)을 살펴보지 않을 수 없다. 대체로 국역이란 군역(軍役)과 직역(職役) 그리고 요역(徭役)으로 나뉜다. 그중 요역이란 원래 신분의 고하를 막론하여 모든 인정

(人丁)에게 부과되는 신역(身役)이다. 보통 국가적 사업으로 진행되는 공공사업에 투입되어 노동력을 제공하는 것을 말하는데, 의주에 사는 사람들 역시 예외는 아니었다. 『관서읍지』용만지에서는 의주사람의 요역으로 다음과 같은 것이 포함되었다고 한다. 치계(雉鷄), 청토(靑土), 백토(白土), 주토(朱土), 곤장(棍杖), 태장(笞杖), 장목(杖木), 등간목(燈竿木), 첨기목(簷機木), 칡[生葛], 곡초(穀草), 감탕나무[杻木], 소목(燒木), 춘시(春柴), 횃불[火炬], 추시(秋柴), 회(灰), 대로[官大路], 석교(石橋), 오목교(烏沐橋), 가래질[錴役], 성첩·공해 보수(城堞公廨修補), 동헌 제설제초작업(東軒掃雪除草) 등이다. 이것을 분석하면 먼저 자연환경의 특징으로 인한 것이 있다. 의주가 압록강을 끼고 있는 천혜의 자연환경을 가지고 있음은 주지의 사실이다. 특히 울창한 삼림을 가지고 있어서 그런지 나무와 관련된 요역이 많이 보인다. 첫 번째 태형(笞刑)·장형(杖刑)을 집행하는 행형(行刑)도구가 보인다. 다음으로 목재로서 등(燈)을 밝힐 때 사용하는 등간목과 용도를 정확하게 알 수 없는 첨기목이 생산되었고, 토산에서 살펴본 것처럼 화살대[弓竿木]도 있다. 그리고 의주 주변의 많은 숲에서 생산되는 땔감은 봄·가을로 공공사업에 의해서 만들어졌다. 이와 같은 나무와 관련된 것뿐 아니라, 광물도 생산되었다. 먼저 조선(造船)작업과 무덤을 만들 때 사용하는 회(灰)가 의주에서도 생산되었다. 조선시대의 회 생산지는 국가적 차원에서 관리되었는데, 회의 중요성이 그만큼 비중을 차지하기 때문이다. 그리고 청토, 백토, 주토 등도 생산되었다. 청토와 주토는 그야말로 청색과 적색의 토양을 말하는데 모두 염료로 지금까지도 사용되는 것이며, 백토는 고령토로서 그릇을 만들 때 사용하는 것

이다. 그리고 공공노역에 동원되는 경우도 제시되었다. 관청에서 관리하는 큰길이나 의주부 남쪽 40여 리에 있는 고진강에 위치한 석교(후에 木橋로 바뀜), 의주부 남쪽 10여 리 송장면에 있는 오목교 등을 정비하고 가설할 때에도 요역이 주요한 노동력 제공원이었다. 그리고 성곽보수 작업, 관공서 건물 정비, 눈이 많이 오는 지역이라서 그런지 동헌(東軒)의 제설작업도 특색있는 점 중 하나이다. 이와 같이 의주에 사는 사람들은 자신이 종사하는 생업 이외에도 국가의 부름에 맞추어 각종 노동력을 제공하였다. 그것은 의주의 특산을 생산하는 작업이기도 하였으며, 공공의 이익을 위한 작업이기도 하였다.

의주의 토산과 진공품은 위에서 살펴본 바와 같이 다양하다. 그러면 다양한 만큼 의주사람들은 여러 가지 직종에 종사하였다는 것을 알 수 있다. 이미 위에서 언급한 것과 같이 농업과 상업에 종사하는 사람이 가장 많았을 것이다. 각종 어패류를 통해서는 의주가 바다와 강에 연접해 있어서 수산업에 종사하는 사람도 있었음을 말한다. 그리고 수목류와 동물류, 광물류는 그 종류만큼 의주 지역의 뛰어난 자연환경을 배경으로 생산되는 것이다. 또한 이를 전담하여 생활을 영위하는 사람들도 있었을 것이다. 이와 같은 다양한 환경에 의하여 의주에 사는 사람들의 삶은 복잡하게 전개되었으리라. 그중에서도 염부(鹽釜)를 생산하였다는 점이 흥미롭다. 현재 소금을 생산하는 방법은 여러 종류이다. 흔히 전통적인 방법으로 염전(鹽田)을 통한 천일염을 가장 오래된 것으로 생각하기 쉬운데, 사실 염전을 통한 제염(製鹽)방법은 1900년대 이후 보편화된 제염법이다. 우리나라에서는 전통적으로 자염(煮鹽)이라는 구운 소금을 생산했다. 흔히 전오제염법(煎熬製鹽法)

의주부윤을 지냈던 임경업의 영정

이라고 불리는 방법을 통해 소금을 만드는데, 바닷물을 끓여서 물기는 증발시키고 소금만을 채취한다. 바닷물을 끓이는 방법에는 여러 가지가 있겠으나, 소금솥[鹽釜]을 사용하여 작업하는 것이 보편적이었다. 『택리지』에는 평안도지역에는 염업이 적었다고 한다. 그렇지만 의주에서는 소금솥을 제작하여 주변에 보급하였는데, 이것은 의주지역이 오래 전부터 염업을 통해 소금을 생산하고 있었기 때문이다. 따라서 의주산(産) 소금솥이 서북지역의 특산이 되었던 것이다.

의주의 인물들

앞에서 의주에 살았던 사람들의 생활을 엿보았다. 그러면 구체적으로 의주에 살았던 사람으로는 누가 있을까? 지리지에는 의주의 인물로 의주 출신 인물 혹은 의주에 파견되었던 관리, 그리고 의주를 거쳐 갔던 사람 등을 기록하고 있다.

의주의 인물 중에 가장 먼저 관심이 가는 것은 『관서읍지』 용만지의 부선생(府先生)조이다. 여기에는 의주에 파견되었던 목사(牧使)와 부윤(府尹)의 명단이 기록되어 있다. 조선왕조가 개창된 이후 의주목의 목사 28명이 기록되었고, 1593년(선조 26) 의주목이 부(府)로 승격된 이후 이 책이 편찬된 19세기 후반까지의 부윤 193명 역시 열거되고 있다. 이중 눈에 띄는 인물로는 목사 황형(黃衡)과 부윤 임경업(林慶

業)이 있다. 황형(1459～1520)은 조선전기의 무관으로 훈련원도정, 의주목사, 회령부사, 함경도병마절도사, 평안도병마절도사 등을 역임하였다. 1510년(중종 5) 삼포왜란 당시에는 방어사가 되어 왜적을 무찌르고, 1512년 평안도 변방의 야인반란을 진압하는 등 군공이 혁혁한 인물이다. 그리고 임경업(1594～1646)은 조선중기의 무관으로 1618년(광해군 10) 무과에 합격한 후, 인조반정 때 김류(金瑬)의 휘하에 있으면서 군공이 인정되어 1624년(인조 2) 진무원종공신 1등에 올랐다. 1633년(인조 11) 안변부사겸청북방어사에 임명되어 백마산성을 수축하는 등 평안도지역의 관방 정비에 힘썼으며, 1636년(인조 14) 병자호란이 발생하자 산성을 굳게 지켜 청군의 진로를 늦추기도 하였다. 의주부사 및 청북방어사로서 평안도지역의 관방정비에 힘썼다.

부선생조의 기록 중에서 주목되는 부분은 목사·부윤의 명단과 함께 이들이 문과(文科)·무과(武科) 혹은 음서(蔭敍)출신이었던 것을 부기(附記)하고 있다는 점이다. 먼저 목사는 총 28명 중에 기록이 없는 9명을 제외하고, 문과출신이 12명 무과출신이 7명으로 되어 있다. 이것은 각각 63.2%와 36.8%로 무과출신자가 열세에 놓여있는 것이지만, 임진왜란 이전 의주의 군사적 중요성이 인식되었던 이유에서인지 1593년 이후의 부윤에 비하여서는 훨씬 높은 비율이다. 부윤의 경우 총 193명 중 기록이 없는 2명을 제외하고 문과 173명 무과 15명 음서 3명으로 각각 90.5%, 7.9%, 1.6%에 해당한다. 조선시대는 잘 아는 것과 같이 문치주의로 인하여 무관이 문관에 비하여 열악한 대우를 받고 있었다. 그러한 상황이 1593년 이후 의주에 파견된 부윤에도 그대로 적용되어 나타나는 것으로 이해할 수 있다. 그러나 정묘·병자호란을 겪는 동안에는 대부분 무과출신 관리가 부윤으로 임명되고 있는 것으로 보면, 전시(戰時)체제 속에서 전략지로서의 의주가 강조되었던 것으로 생각할 수 있다.

19세기 후반에 작성된『관서읍지』용만지에 기록된 인물들은 다른 지리지에 비하여 종합적인 성격을 갖는다. 그것은 이 책이 여타의 지리지 보다 늦은 시기에 편찬되어서 이전의 자료를 망라할 수 있는 기회를 가졌기 때문이다. 여기에 나타난 방대한 인물의 정보를 일일이 분석하기는 어렵다. 그래서『관서읍지』용만지에 인물이 분류된 항목을 개략적으로 살펴보고자 한다. 그중에서도 공신에 대한 내용이 상당히 자세하게 나오는 것이 특징이다.

다음은 여기에 나타난 공신을 표로 작성한 것이다.

표에서 보면 가장 먼저 나오는 항목이 '충훈(忠勳)'이다. 바로 의주출신의 조선왕조 개국공신들로 장사길(張思吉, ?~1418)·장사정(張思靖)·장사충(張思忠)을 소개하고 있다. 이들은 모두 의무만호 열(烈,『고려사』에는 侶)의 아들이다. 이 중 장사길은 고려말 의주 지역의 만호가 되었다가 중앙에 복종하지 않고 독립적인 활동을 전개하여 이성계에게 무예를 인정받았다. 그 후 위화도 회군 당시 주도적 역할을 하여 회군공신의 반열에 오르고 조선왕조가 개창되자 개국공신 1등에 오르게 되었다. 그는 용맹하고 병략(兵略)에 능하였으며 수염이 배에까지 늘어졌다고 하나, 첩기(妾妓)를 아내로 삼아 평은 좋지 않았다.

다음으로 '정사(定社)공신'은 1398년(정종 1) 왕자의 난을 평정하여 사직을 바로 잡았던 인물로 장철(張哲, ?~1399)을 기록하였다. 장철

표 | 『관서읍지』 용만지 공신

功臣名	인원	인물
忠勳 本朝開國功臣	3	張思吉 張思靖 張思忠
定社功臣	1	張哲
扈聖功臣	100	金應龍 洪適 鄭雲鵬 張志成 張德裕 張希年 張好間 張弘濟 張世立 金彦塘 金儉 崔自業 金璜 朱行 李希彦 李希孟 張承業 張鵬翰 張德輿 張忠 張福龍 張謙 崔漢卿 崔淑 崔敏行 韓宗立 韓石柱 韓彦國 韓世平 安億弼 高有正 金殷鼎 金鳳吉 金雲鶴 金應春 金應澤 李彦倫 朱篁 任彦己 金彭壽 金能浩 金千億 金壽億 白龍瑞 崔潤德 崔崇 張志遠 張志仁 張志尹 張志行 張志立 張承武 張佑成 張仲翰 張天翼 張崙 張守貞 金侃 金伋 金士悌 崔㻐 崔好智 崔好信 崔彦倫 趙巖 趙奉天 趙順天 趙石立 白珠巖 白惟精 白惟貞 白惟德 白熙 韓宗弼 金德潤 金德雲 金弘祿 金完 李春發 李春豪 車愼軾 金孟東 白元孝 金水雲 獨孤立 軾 梁澄 梁淵 梁大海 尹永富 黃希文 洪彦誠 朴守亨 權植 崔汝支 崔天翊 朴周鶴 金應福 李華 崔彦國
壬辰立殣及 宣武功臣	16	金應祥 崔獻祥 張鴻壽 白元尹 宋世永 張承業 韓宗立 崔㻐 金儉 張志俊 權承京 權仁京 崔克儉 黃德立 崔允信 金景瑞
甲子振武功臣	5	白居簡 任義勇 金起立 白從逸 金忠立
乙未渼河殉節	11	朱熊 李萬生 金乃雲 崔弼卿 宋碩己 宋世重 趙弘亮 趙弘遠 金仁龍 金義龍 韓繼立
丁卯殉節	68	李莞 崔夢亮 金泰巖 韓春立 金弘祿 張世豪 白元義 文尙禮 獨孤立 李忠仅 獨孤成 吳忠老 李福 金慶復 崔茂崇 金德佑 李範烏 安天富 金鳳吉 崔好智 崔守儉 韓世平 洪漢根 張世立 張德亨 金德蔓 張承業 宋世永 獨孤寬 金碩 芳 張厚巡 張厚飛 韓序 朴自儉 趙大廉 金應輅 崔自業 金世傑 尹永福 高汝 冠 崔鴻 黃孝伯 崔自言 申蕵蕵 金應立 金義立 李惟攀 張弘信 白天逸 劉季 男 金永益 韓康 郭澤南 趙夢豹 金得景 金義直 林春得 李義 劉士巖 金昌益 金夢春 白雲卿 韓德貴 梁詠 金戎貞 金大業 張世永 張世允
丙子軍功	23	林慶業 金應春 金應澤 崔仲一 白光宗 白光祖 金應弘 鄭彦勇 丁大奇 文士 立 洪禮雲 田士立 金勝富 朴晉信 趙難守 趙克健 宋德璟 金光礪 金孝誠 韓德裕 梁元立 金德祿 金命生
丁丑扈聖八壯士	8	崔起仁 金汝老 張士敏 張友吉 白勝潤 金俊喆 韓景生 朴希福
辛巳殉節七義士	16	黃一皓 崔孝一 車禮亮 安克誠 張厚健 車忠亮 車忠轍 車孟胤 白大豪 白元 仁 黃後晟 崔訔 韓仕雄 黃大中 張迢 韓得仁
辛酉保社功臣	5	朴斌 朴萬英 金世鳴 金夏鳴 金儉忠
戊申揚武功臣	7	朴東樞 獨孤赫 任時侗 尹莘興 金益魯 崔信溫 金香雲

* 순서는 『관서읍지』 용만지에 게재된 순서이다.

48

은 의무만호 열(列)의 아들로서 1398년 소위 '왕자의 난' 때 이방원을 도와 정도전·남은을 죽이고 '방석의 난'을 평정한 공으로 정사공신 2등에 책록되었다.

'호성(扈聖)공신'은 임진왜란(1592) 때 선조를 의주까지 호종(扈從)한 공신으로 기록하고 있으며 김응룡(金應龍) 등 모두 100명을 나열하였다. 김응룡은 조선시대 무신으로 임진왜란 때 부사과(副司果)로 선조를 호종하고 의주까지 왔었다. 1595년(선조 28)에는 역적 송유진(宋儒眞)을 토벌하는데 공을 세우기도 하였다.

'임진입근급선무(壬辰立殣及宣武)공신'은 임진왜란 때 활약한 무신(武臣)에 내린 공신록 중 김응상(金應祥) 등 총 16명에 대한 기록이다. 김응상은 생몰년을 알 수 없으나 1578년(선조 11) 종계변무(宗系辨誣)의 임무를 띠고 종사관으로 명나라에 다녀왔다. 1583년(선조 16) 비변사에 인재천거령이 내려졌을 때 곽흘(郭屹)에 의해 선발되었고, 나중에 함경도 지역에서 여진족의 침입을 막다가 전사하였다.

'갑자진무(甲子振武)공신'은 1624년(인조 2) 이괄의 난을 진압한 인물들로 백거간(白居簡) 외 4명을 소개하였다.

'을미돌하순절(乙未湥河殉節)'은 의주 구암사(龜巖祠)에 배향된 주웅(朱熊) 등 11인의 업적을 기록하였다.

'정묘순절(丁卯殉節)'과 '병자군공(丙子軍功)'은 각각 정묘호란(1627)·병자호란(1636) 당시 순절한 부윤 이완(李莞) 등과 군공이 있는 부윤 임경업(林慶業) 등을 기록하였다. 임경업에 대해서는 이미 앞에서 살펴보았고, 이완(1579~1629)은 조선중기의 무신이다. 의주부윤으로 부임하여 정묘호란 때 의주성이 함락되자 분사(焚死)하였다.

그런데 이완은 무과에 급제하기 전인 임진왜란 때 이순신의 휘하에 종군하였다가 이순신이 죽자 그의 죽음을 알리지 않고 독전(督戰)하여 대승하는데 공을 세웠다. 또한 1599년(선조 32) 무과에 급제한 이후에는 1624년(인조 2)에 이괄의 난군을 경기도 이천에서 진압하는 등 혁혁한 무공을 세웠다.

'정축호성팔장사(丁丑扈聖八壯士)'는 봉림대군(鳳林大君 : 효종)이 병자호란 직후 소현세자와 함께 청나라에 볼모로 갔을 때 그를 호종한 의주의 여덟 장사인 최기인(崔起仁) 등 8명을 소개하였다. 최기인은 생몰년은 알 수 없지만 조선중기의 무신으로 본관은 강릉이라고 한다. 1637년(인조 15) 소현세자와 봉림대군이 청나라에 볼모로 갈 때 이들을 호위한 용만(의주)의 8장사에 뽑혀 같이 가게 되었다. 사실 최기인이 이렇게 장사로서 인정받은 것은 병자호란 당시부터이다. 후금군(後金軍)의 선봉이 압록강을 건너자 그는 정대기(丁大奇)·한경생(韓景生) 등과 함께 적진에 들어가 수백명을 죽이고 봉화를 올려 후금의 침입사실을 알렸다. 뿐만 아니라 임경업이 지키고 있던 백마산성의 수문장이 되어 성을 굳게 지키는 군공을 거듭 세웠다.

'신사순절칠의사(辛巳殉節七義士)'라는 항목은 1641년(인조 19) 병자호란 이후 명에 대한 대의명분을 지키면서 청에 항거한 부윤 황일호(黃一晧) 등을 기록한 것이다. 황일호(1588~1641)는 문신이었지만 병자호란 당시 인조를 호종하여 남한산성에 들어가서 독전어사(督戰御史)로 전공을 세웠다. 그러나 1638년 의주부윤으로 있을 때 명나라를 도와 청나라를 치고자 최효일(崔孝一) 등과 모의하다가 그 사실이 발각되어 청나라 병사에게 피살된 후 의사(義士)로서 의주사람들의 존경을 받았다.

'신유보사(辛酉保社)공신'은 1680년(숙종 6) 허견(許堅)과 이남(李柟, 福善君)의 난을 사전에 발각한 공신으로 박빈(朴斌) 등 5명을 기록하였는데, 박빈은 보사공신 3등으로 남두북(南斗北) 등과 함께 책록되었다. 그러나 1689년(숙종 15) 기사환국(己巳換局)5)으로 남인이 득세하자, 역모에 참여하였다고 하여 삭훈(削勳)되고 7차례의 형국에 시달려 결국 죽었다. 1694년(숙종 20) 갑술환국(甲戌換局)으로 다시 서인이 남인을 물리치고 재집권하자 보사공신의 훈호(勳號)를 회복하였다. 보사공신이 역모를 사전에 발각하여 내려진 훈호인 만큼 당시의 서인과 남인의 정쟁에 깊이 관여되었던 것이고, 박빈은 그 혼란의 한가운데에 있었던 인물이었다.

'무신양무(戊申揚武)공신'은 1728년(영조 4) 이인좌(李麟佐)의 난을 진압한 공신으로 박동추(朴東樞) 등 7명을 소개하였는데, 당시 박동추는 계원장(繼援將)으로 삼남지방을 두루 다니면서 난 진압의 선봉에 섰다.

이상은 공신록 중 의주출신을 중심으로 설정된 항목이라면, 다음에 설명할 항목은 일반적인 지리지의 관례와 같다. '효행(孝行)'은 굳이 별다른 설명을 하지 않더라도 잘 알고 있는 항목이다. '열행(烈行)'은 대체로 열녀(烈女)를 기록한 항목인데, 대표적인 예로 백씨(白氏)를 들수 있다. 백씨는 한서(韓序)의 부인이며 정묘호란 당시 스스로 목을 매고 자결하여 조정으로부터 정려문(旌閭門)을 하사받았다. 대체로 열

---

5) 후궁 소의장씨(昭儀張氏) 소생을 원자로 하는 문제를 계기로 서인이 축출되고 남인이 장악한 정국(政局).

행에서는 정묘·병자호란 당시 의(義)를 행하거나, 절개를 지킨 여성들에 대한 이야기를 비롯하여 일부종사(一夫從事)한 사실을 기록하고 있어서, 당시의 성리학적 질서 속에서 여성들의 사회적 지위를 엿볼 수 있다.

'과환(科宦)'에는 과거에 합격하거나 관리를 지냈던 인물을 기록하였는데, 문관(文官)·무직(武職)과 음서로 관직에 들어간 문음(門蔭)·무음(武蔭)으로 구분하였다.

그 외에 근사변장(勤仕邊將), 연방(蓮榜, 향시·회시 등 소과 합격자), 명환(名宦), 추부효열(追附孝烈) 등으로 구분하여 의주의 인물에 대하여 자세하게 기록하고 있다.

이러한 항목들이 열거된 다음에 추가로 군공(軍功)을 기록한 '병부군공(竝附軍功)'이라는 항목이 있는데 만상 출신의 임상옥이 기록되어 있다. 임상옥은 홍경래의 난(1812) 당시 관군에게 군량을 제공하였고, 곽산군수 시절 수재로 피해를 입은 백성에게 의연(義捐)의 재물을 제공하였다는 점에서 군공을 인정받았다.

그런데 의주를 소개하는 각종 지리지의 인물조에는 가장 먼저 고구려와 관련된 인물이 나타나고 있어서 흥미롭다.『동국여지승람』의주목 인물조를 보면 고구려의 국상(國相)인 을파소(乙巴素)뿐만 아니라 위나라의 유주자사(幽州刺史) 관구검(毌丘儉)의 침략시 동천왕(東川王, 209~248)이 피신할 수 있도록 도움을 준 밀우(密友)와 유유(紐由), 그리고 신대왕(新大王, ?~179) 때의 국상인 명림답부(明臨答夫) 등이 소개되었다. 이 책에서는『고려사』지리지와 병지(兵志)를 쓴 정인지(鄭麟趾)의 의견을 따라서 고구려의 수도인 국내성이 의주에 있다고 단정하고, 그에 맞추어 고적조에는 국내성을 포함시키고 인물조에는 고구려 때 인물을 배치하고 있다. 그 이후 편찬된 각종 지리지에서는 대체로『신증동국여지승람』의 견해를 그대로 답습하고 있다. 게다가 『여지도서』의주부의 지도에는 백마산성의 서쪽에 국내성이 있다고 그려져 있다. 그러나 정약용(丁若鏞)은『아방강역고』에서『통전(通典) 』과『당서(唐書)』의 내용을 통해서 국내성은 압록강 중류지역에 위치 하였다고 지적하면서『삼국사략(三國史略)』·『고려사』의 오류를 지적 하고, 이를 무비판적으로 받아들인『동국여지승람』역시 비판하였다.

주성지 | 국사편찬위원회 사료연구위원

의주의 문화유산 | 오경후

의주의 문화재는 남한의 보물급(의주남문, 통군정), 사적(의주읍성, 임천성, 고려장성, 백마산성), 천연기념물(재비둘기 번식지) 등에 해당하는 문화재가 산재해 있다.

의주일대는 압록강을 끼고 있어 고구려 때부터 요새로 중요시되었으며, 의주는 국경도시로 서북방면의 관문 역할을 하였다. 의주의 문화재는 이러한 지정학적 위치상 군사와 국방관계 유적이 대부분을 차지하고 있으며, 시대적 분포는 고려시대와 조선시대에 집중되어 나타나고 있다.

남북한의 문화재 정책

문화재는 역사적·예술적 가치뿐만 아니라 민족의 고유성을 반영하고 있어 유산(遺産)으로서의 보호가치를 지니고 있다. 현재 남한과 북한의 문화재 정책과 법령은 이념과 정치체제의 분단으로 문화적 이질성까지도 심화된 상태다. 남한의 '문화재보호법'이 국민의 문화적 향상과 인류문화의 발전에 기여함을 목적으로 하는 반면, 북한의 문화재보호관계법제는 민족적 자부심 외에 계급의식 및 사회주의적 애국주의 교양을 강화하는데 목적을 두고 있다.

북한의 문화재는 정권을 수립하기 이전인 1946년 「보물·고적·명승·천연기념물의 보존령」(1946. 4. 29)이 제정된 이후, 문화재보호와 관련된 김일성의 여러 교시(敎示)와 정령(政令)이 계속되었고, 1994년에는 「조선민주주의인민공화국 문화유물보호법」이 제정되기도 하였다. 이 문화유물보호법은 전문 총6장 53개조로 구성되었는데, 1990년에 제정된 「명승지의 보호관리 및 리용에 관한 규정」, 「천연기념물의 보호관리에 관한 규정」과 1992년의 「력사유적과 유물보호에 관한 규정」의 기본법적 성격을 갖고 있다.

문화유물보호법은 제1조에서 "문화유물보호관리에 있어서 제도와 질서를 엄격히 세우고 문화유물을 원상태로 보전하여 민족문화유산을 옳게 계승 발전시키며 인민들의 민족적 긍지와 자부심을 높여 주는데 이바지할 것"을 그 목적으로 규정하고 있다. 그 구성은 제1장 기본(제1조 내지 제9조), 제2장 문화유물의 발굴과 수집(제10조 내지 제15조), 제3장 문화유물의 평가와 등록(제16조 내지 제21조), 제4장 문화유물의 보존관리(제22조 내지 제35조), 제5장 문화유물의 복구개건

(제36조 내지 제42조), 제6장 문화유물보호에 대한 지도통제(제43조 내지 제53조)로 이루어져 있다.

표 | 남북한 문화재의 종류와 개념

남 한			북 한		
구 분	개 념		구 분		개 념
유형문화재	건조물 · 전적 · 서적 · 고문서 · 회화 · 조각 · 공예품 등 유형의 문화적 소산으로서 역사상 또는 예술상 가치가 큰 것과 이에 준하는 고고자료	문화유물		역사유적	원시유적, 성, 봉수터, 건물, 건물터, 무덤, 탑, 비석, 도자기가마터, 쇠부리터 같은 것
				역사유물	생산도구, 생활용품, 무기, 조형예술품, 고서적, 고문서, 인류화석, 유골 같은 것
무형문화재	연극 · 음악 · 무용 · 공예기술 등 무형의 문화적 소산으로서 역사상 또는 예술상 가치가 큰 것				
기 념 물	패총 · 고분 · 성지 · 궁지 · 요지 · 유물포함층 등의 사적지로서 역사상 · 학술상 가치가 큰 것, 경승지로서 학술상 · 관상상 가치가 큰 것 및 동물(서식처 · 번식지 · 도래지 등을 포함) · 식물(자생지를 포함함) · 광물 · 동굴로서 학술상 가치가 큰 것		천연기념물		오직 우리나라에만 있거나 희귀하고 독특하며 학술교양적 및 풍치상 의의가 있는 것으로서 국가가 기념물로 보호하게 되어 있는 동식물, 화석, 광천, 동굴을 비롯한 자연물
민속자료	의식주 · 생업 · 신앙 · 연중행사 등에 관한 풍속 · 관습과 이에 사용되는 의복 · 기구 · 가옥 등으로서 국민생활의 추이를 이해함에 불가피한 것		명 승 지		우리나라의 자연풍치

출처 : 한국법제연구원, 『북한의 문화재보호관계법제』, 1995, 39쪽

남한의 문화재는 크게 유형문화재 · 무형문화재 · 기념물 · 민속자료 등으로 구분하고 있다. 문화재로서의 가치와 지정기관에 따라 국가지정문화재와 시도지정문화재로 구분된다. 국가지정문화재의 경우 유형문화재는 국보와 보물로, 무형문화재는 중요무형문화재로, 기념

물은 사적·명승·천연기념물로, 민속자료는 중요민속자료로 지정하고 있다. 반면 북한의 문화유물 보호법은 문화재의 종류에 따라 별도의 규정을 두어 구분하고 있는데 크게 문화유물·천연기념물·명승지로 구분하고 있다. 문화유물은 역사적 의의와 조형예술적 가치에 따라 국보급, 준국보급, 일반 문화유물로 구분하고 있다. 그러나 이 법령은 문화유물에 대한 개념을 명확히 규정하고 있지 않다. 다만 동법 제2조에서 문화유물의 범위로서 역사유적과 역사유물로 한정하면서 남한의 문화재보호법상 규정하고 있는 무형문화재 및 기념물 등을 제외하고 있다. 또한 천연기념물과 명승지에 관해서는 「천연기념물의 보호관리에 관한 규정」과 「명승지의 보호관리 및 리용에 관한 규정」에서 각각 규정하고 있다.

한편 문화재 관리체계는 국가에서 엄격하게 관리한다는 점에서 남북한이 다르지 않다. 남한이 문화재의 지정, 관리 및 보호, 공개, 조사 등을 문화재청에서 수행한다면, 북한 또한 문화재의 발굴 및 수집, 평가와 등록, 보존관리, 복구, 지도 등에 문화예술부의 강력한 통제를 받는다.

의주의 문화재

북한소재 문화재는 그 가치등급을 기준으로 나누어 살펴보면 국보급 50점, 보물급 53점, 사적 73점, 명승지 17곳, 천연기념물은 9개도와 3개시를 합해 전체 314점에 이른다. 이 가운데 의주의 문화재는 남한의 보물급(의주남문, 통군정), 사적(의주읍성, 임천성, 고려장성, 백마산성), 천연기념물(재비둘기 번식지) 등에 해당하는 문화재가 산재해 있다.

의주일대는 압록강을 끼고 있어 고구려 때부터 요새로 중요시되었으며, 의주는 국경도시로 서북방면의 관문 역할을 하였다. 의주의 문화재는 이러한 지정학적 위치상 군사와 국방관계 유적이 대부분을 차지하고 있으며, 시대적 분포는 고려시대와 조선시대에 집중되어 나타나고 있다.

관방유적(關防遺蹟)

의주읍성(義州邑城)

이 읍성은 평안북도 의주군 의주읍에 위치하고 있다. 축성연대는 알 수 없지만, 1520년(중종 15)에 확장, 개축하였다. 『신증동국여지승람(新增東國輿地勝覽)』은 "성의 둘레가 1만 4천 83척, 성벽높이 12척, 개축 후에는 성 둘레가 2만 7천 5백 31척, 성벽높이가 13척으로 동서남북에 성문이 있다"고 하였다. 성내에는 1개소의 연못과 43개소의 우물이 있었으며, 성벽은 대부분 허물어져 있다. 남문은 '장변루' 혹은 '내훈루'라고도 하였다. 이 문은 서북지방 관문의 역할을 하였기 때문에 '해동제일관(海東第一關)'이라는 현판도 걸려 있었다. 성문의 안쪽으로부터 약 1km 떨어진 북쪽에는 의주성의 장대이며 관서 8경의 하나인 통군정(統軍亭)이 있다. 상량문에 의하면 지금의 성문은 1613년(광해군 5)에 개축하고 1744년과 1767년에 중수했다. 1849년에는 기와를 바꾸었고, 단청을 새롭게 한 다음 '장변루'라는 현판을 붙였다. 그 뒤 한국전쟁 때 파손된 것을 1957~1958년에 걸쳐 복구하였다.

남문루는 정면 3칸(1.95m), 측면 3칸(10.95m)의 2층 팔작지붕으로

보물급 문화재로 지정되어 있다. 남문의 축대는 큰 화강석으로 쌓고
그 중심부에 정교하게 다듬은 긴 장대돌과 홍예석을 서로 맞물려 길을
만들었다. 축대는 동서길이 30.96m, 남북길이는 14.75m이다. 축대
위에는 성가퀴를 돌리고 양쪽에 낸 일각문을 통하여 드나들게 했다.
홍예문 길의 너비는 4.2m, 높이는 4m이다. 축대 위에는 배흘림기둥
이 팔작지붕을 떠받들고 있는 장엄한 2층 문루가 서 있다. 문루는 1층
이 정면 3칸(14.95m), 측면 3칸(10.95m)이며, 2층이 정면 3칸, 측면
3칸으로 되어 있다. 정면과 측면에서 다같이 가운데 칸을 넓혀 중심을
강조하였다. 기둥은 겹기둥 체계로 하여 집안에 4개의 통기둥을 2층
까지 이어 세웠으며, 1층의 속 칸 안에는 한단 높게 널마루를 깔고
그 둘레에 난간을 돌렸다. 사방에 돌려세운 흘림기둥 위의 공포는 아
래층과 위층 그리고 안팎이 모두 3포로 되어 있다. 가운데 칸이 양
옆 칸에 비하여 넓고 2층에 널마루를 깔았다. 성문은 가운데가 비교적
높고 전체적으로 웅장한 느낌을 주며 다른 성문들에 비하여 문루의
2층 부분이 조금 높으면서도 넓게 되어 있다. 현재 서문인 안파문터는

무지개문과 그 위에 섰던 문루의 주춧돌이 원래 모습대로 보존되어 있으며 포루이던 환학정, 관어정의 터를 확인할 수 있다.

임천성(臨泉城)

임천성은 고관면 춘곡동에 있는 성으로 일명 고정융진성(古定戎鎭城)이라고도 하였다. 이 성은 고려가 거란과 긴장상태에 있었던 1027년(현종 20) 거란의 동경장군(東京將軍) 대연림(大延林)이 거란을 배반하고 고려에 구원을 청한 일이 있었다. 이 때 현종은 이를 거절했지만, 거란의 보복을 염려해 당시 전서북면판병마사(前西北面判兵馬使)였던 유소(柳韶, ?~1038)에게 명하여 흥화진의 서북쪽에 위원(威遠)과 정융(定戎) 두 개의 진(鎭)에 성을 쌓았다. 이 성은 옛 석벽을 수리해 토성을 쌓은 것으로 둘레는 4km이고, 성내에는 3개의 우물이 있었다. 성벽은 동·북쪽에는 석축(石築)으로 높게 쌓고, 서남쪽 일부는 흙으로 낮게 쌓았다. 동·북쪽 성벽은 4m 간격으로 폭 20m, 길이 10m되는 흠이 나 있어 주목된다.

천리장성(千里長城)

천리장성은 고려 덕종 때 거란·여진족의 침입을 막기 위하여 주요 성읍들인 흥화진·영원·운산·맹주·영흥 등 지방중심지를 서로 연결시켜 견고한 방위선을 이룬 거대한 성이다. 또한 압록강 어귀에서 동쪽으로 청천강과 대동강 상류의 산악지대를 거쳐 영흥에 이르는 장성(長城)이었다. 즉 거란족을 비롯한 북방의 이민족 침입을 막기 위해 1033년(덕종 2) 8월 평장사 유소(柳韶)에게 명해 쌓게 한 이후 1044

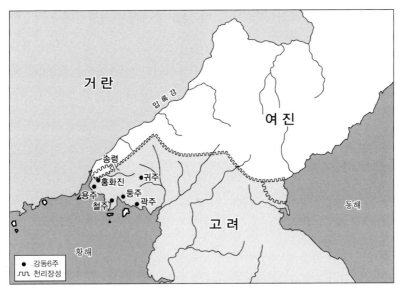

천리장성

(정종 10)년까지 약 12년 간 축성작업이 이루어졌다. 거란은 이 공사를 방해하고자 군사를 동원했지만, 당시 교위 변유(校尉 邊柔)의 방어로 이를 물리치기도 하였다.

천리장성의 기점은 성외동고성(城外洞古城)으로 축면산(縮緬山)을 끼고 의주가도(義州街道)의 의주군 고성면 연하리와 운산군·희천군을 지나 평안남도 영원군 등 14성을 거쳐 낭림산맥을 넘어 함경남도 정평(定平) 연포에 이른다. 성은 태조때는 안북부(安北府)를 설치하고, 지금의 용강(龍岡)·함종(咸從)·자산(慈山)·순안(順安) 등지에 성을 쌓았으며, 정종 2년에는 서경(西京)에 왕성(王城)을 쌓았다. 또한 서북면의 통덕(通德, 順川)·덕창진(德昌鎭, 博川) 등지에 성을 쌓고, 동북면에서는 철옹(鐵甕, 永興)에 성을 쌓았다. 광종 때 서북면의 안융진

(安戎鎭, 安州)을 쌓았다. 때문에 이 성을 고려의 만리장성이라고도 한다. 결국 여러 개의 독립적인 산성을 연결하고 일부는 기존의 성을 보수하여 그대로 장성의 거점으로 활용하였다. 성곽높이는 5~7m, 너비 2~5m, 성벽 밑의 너비 14~15m로 이루어졌다.

성벽은 방어에 유리한 지형을 이용하여 높고 가파른 산줄기를 따라 쌓았는데 대부분 돌로 쌓았고, 곳에 따라 흙으로 쌓기도 했다. 경사지에는 흙을 깎아 내어 급경사를 만들기도 하고 일부 험한 절벽은 그대로 성벽으로 이용하기도 했다. 현재 신의주시·의주군·창성군·동창군 등지에는 그 성벽의 일부가 잘 남아 있다. 중요한 성벽 구간에는 외적에 대한 효율적인 방어와 공격을 할 수 있는 여장(女墻)을 쌓았다. 성문은 교통조건이 편리한 지점에 설치하고 은폐된 지역에는 암문(暗門)을 두었다.

이 천리장성은 9개의 성이 연이어 포함되는데, 신의주시에는 성외동고성을 기점으로 해 631년(고구려 영류왕 14)에 축성된 서린동고성(西麟洞古城)·연상동고성(蓮上洞古城) 등 2개의 수성(守城)이 있다. 이 가운데 서린동고성은 고구려시대의 토기와 철제창을 비롯해 철제화살 등이 출토되었다. 또 성곽 안에는 건물의 주초석(柱礎石) 등이 그대로 남아 있어 당시의 건물구조와 크기를 알 수 있다.

거란성(契丹城)

거란성은 의주군 비현면 당후동에 있는 성으로 1018년(현종 9) 강감찬(姜邯贊, 948~1031)이 거란군과의 흥화진(興化鎭, 현재 의주군 위원면) 전투에서 승전한 것과 관련 있는 성으로 둘레는 3km이고,

형태는 소머리 모양 같으며, 남북이 길고 동서가 좁은 특징이 있는 성곽이다. 1018년 12월 거란은 10만의 대병력으로 고려를 침략했다. 고려에서는 강감찬을 서북면행영도통사(西北面行營都統使)로 총사령관격인 상원수(上元帥)로 삼아 거란군을 격파하게 했다.

거란의 침입에 대비해 고려의 20만 8천 명의 대군은 안주(安州)에서 대기하다가 적의 접근을 기다려 흥화진으로 향했다. 그리고 정예기병 1만 2천명을 산기슭에 잠복 배치한 뒤 큰 새끼줄로 소가죽을 넓고 길게 꿰어 성 동쪽의 고진강(古津江)을 가로질러 흐르는 물줄기를 막아두었다가 거란병이 다가오자 물을 일시에 내려 보내고 동시에 잠복해 있던 병사들로 하여금 협공을 가했다. 거란군은 이 전투에서 크게 패하자 곧 바로 개경을 침공하려 했다. 그러나 자주(慈州)와 신은현(新恩縣)에서 고려군의 협공으로 역시 크게 패했다. 특히 귀주(龜州)에서 전멸에 가까운 손실을 입은 거란군 10만 가운데 생존자는 겨우 수천에 불과했다. 현종은 전쟁의 공훈으로 친히 영파역(迎波驛)까지 마중을 나와 강감찬을 극진히 환영하였다. 강감찬의 공적으로 거란은 침략 야욕을 버리게 되고 고려와는 평화적 국교가 성립되었다.

백마산성(白馬山城)

백마산성은 평안북도 의주군과 피현군의 경계에 있는 410m 높이의 백마산에 있다. 북쪽은 압록강을 건너 요동지방으로 통하고, 남으로는 선천·정주·안주 또는 구성·박천·안주를 거쳐 평양에 이르는 교통의 중심지이자 군사적으로 유리한 위치에 있다. 성은 내성과 외성으로 이루어져 있는데, 내성은 고려 현종 때 강감찬이 쌓았고, 1632년(인조

10) 임경업(林慶業, 1594~1646)이 고쳐 쌓았다. 성의 둘레는 2,590m, 높이 6m이다. 외성은 1753년(영조 29)에 의주부윤 남태기(南泰耆)가 내성에 덧붙여 쌓은 것으로 둘레는 2,430m, 높이 6m이다.

이 성은 고구려시대에 처음 축조하여 고려와 조선시대까지 여러 차례 보수하고 증축하면서 사용했던 점을 통해 볼 때, 이 지역의 중요한 요새지에 위치했음을 알 수 있다. 즉 고구려 당시에 쌓은 우마성(牛馬城)을 기초로 고려시대 때의 강감찬 장군이 그 동쪽에 내성을 쌓은 이 성은 1965년 북한 사회과학원 고고학연구소에서 진행한 조사결과 고구려 성으로 판명되었다. 우마성은 백마산의 높은 봉우리에서 뻗어 내린 능선 사이에 형성된 2개의 골짜기 중에서 서남쪽 골짜기를 에워싸고 쌓은 마치 광주리처럼 가장자리가 높고 중앙이 꺼진 지형에 자리잡은 형식이다.

내성의 바깥쪽은 석축(石築)으로 하고 내부는 흙을 채우는 편축(片築)쌓기 방법이 대부분이고, 일부는 양측을 같이 쌓는 협축(夾築) 방법을 이용하기도 하였다. 성벽에는 활이나 석궁을 쏘는 여장(女墻)의 설치 흔적이 있고, 각루(角樓)와 치(雉)의 흔적도 보인다. 외성은 성벽 안에 막돌과 흙을 채워 넣었으며, 높이는 5~7m이다. 내성과 외성은 동일하게 사방으로 홍예성문(虹蜺城門)을 두었으며, 성내에는 13개소의 연못과 32개소의 우물자리가 있고, 동창(東倉)·읍창(邑倉)·양무고(養武庫) 등의 무기고와 창고 등의 건물터가 확인되었다.

누(樓)와 정(亭)

통군정(統軍亭)

통군정은 보물급 문화재로 지정되어 있는데 의주읍의 서쪽 압록강 기슭 의주성에서 가장 높은 삼각산 봉우리에 있다. 통군정은 의주읍성의 북쪽 장대로서 당시 우리나라 서북 방위의 거점이었던 의주성의 군사 지휘소로 쓰였다. 통군정에서는 의주성의 성벽이 눈앞에 보이며, 아래로는 압록강의 푸른 물 가운데에 떠 있는 여러 섬들이 굽어보인다. 서쪽으로는 멀리 신의주·용암포 일대가 바라보이며, 남쪽으로는 '의주금강(義州金剛)'으로 불리는 석숭산과 백마산 일대의 크고 작은 산봉우리들을 볼 수 있다.

창건연대와 명칭의 유래는 확실치 않지만, 고려초에 세우고 1538년(중종 33) 의주목사 한천손(韓千孫)이 통판(通判) 김철손(金哲孫)과 함께 개축했고, 1823년(순조 23)에 중수하였다. 당시 통군정에 관한 기문(記文)을 쓴 임사홍(任士洪, 1445~1506)은 옛 규모를 넓히고 기와집으로 고친 후에 "(건물이)환히 빛나고 날아갈 듯하고, 높아 그 조망이 더욱 멀어지고 그 경치가 더욱 좋아졌다"고 하였다. 통군정의 주변 경관은 매우 아름다워 고려말의 유학자 이곡(李穀, 1298~1351)과 이색(李穡, 1328~1396) 부자를 비롯해 이곳을 거쳐 간 사람이면 우리나라 사람뿐만 아니라 중국의 승려들까지도 시를 읊을 정도였다.

이 정자는 조선시대의 누정(樓亭)건물 중에서 구조와 형식이 화려하며 주변 경관과 어울린다. 더욱이 평양의 연광정(練光亭), 강계의 인풍루(仁風樓), 안주의 백상루(百祥樓)와 함께 우리나라 누정건축을 대표하는 문화재로 관서팔경(關西八景)의 하나다. 통군정은 정면 4칸(14.4m), 측면 4칸(11.85m)으로 짜고 한 칸 넓이와 누정의 복판에 T형 평면으로 마루를 깔았다. 누정에는 흘림기둥을 세우고 그 위에

꽃가지형 제공을 갖춘 2익공(翼工) 팔작집이다. 화반의 형식은 꽃무늬로 하였다. 옛 건물은 보통 평면이 장방형이고 칸수는 홀수로 되어 있었지만, 통군정은 평면이 정방형에 가깝고 칸수는 정면과 측면이 모두 4칸씩 짝수로 되었는데, 이러한 예는 극히 드물다. 보통 누정은 정면의 칸수보다 측면의 칸수를 적게 하고 정면의 칸수를 홀수로 하기 때문이다. 바닥은 앞부분 절반에만 단(段)을 두어 널마루를 깔았다. 바닥 주춧돌 윗면에서 아래 마루까지의 높이는 71cm, 아래 마루에서 위 마루까지의 높이는 33cm로서 앞은 높고 뒤를 낮게 함으로써 누정의 가치를 높였다. 칠도리집으로 된 넓은 폭에 연등천장으로 하면서도 모든 부재들에 조각장식을 붙였다. 특히 이 건물은 목재를 적게 사용하면서도 그것이 힘을 많이 받도록 한 점이 특이하다. 대들보(大樑)를 겹으로 한 것, 동자기둥 대신 제공(諸工)으로 틀어 올린 것과 툇보(退樑) · 충량(衝樑)으로 기둥을 잡아 틀 목을 만든 것 등은 조선초기 건축에서 볼 수 있는 수법으로서 건물의 입체감을 더해 준다.

통군정은 임진왜란 때 선조가 이곳까지 몽진해 와서 "관산(關山)의 달 아래 통곡하고 압록강 바람에 마음만 아픈데, 조정의 신하들은 어찌 동인 서인만을 다시 거론하는가"라는 통한의 시를 지은 곳이기도 하다. 1592년 선조는 왜군의 침입으로 4월 29일 밤, 도성을 버리고 몽진(蒙塵)길에 올라 6월 23일 의주에 도착하여 다음 해 10월 서울로 돌아가기 전까지 의주 관아건물을 수리하여 행재소(行在所)로 삼고 머물렀다.

또한 임진왜란 당시 명나라의 이여송(李如松)이 원정군을 이끌고 왔지만, 선조의 키가 작고 외모가 보잘것없어서 그를 임금으로 삼는 나라는 구해 줄 가치가 없다고 하며 다시 군병을 몰고 돌아가려고 했다. 선조가 이 때문에 너무 슬퍼서 울자 이항복(李恒福, 1556~1618)과 측근 신하들의 지혜로 선조가 통군정에 올라가 우렁찬 용의 울음소리를 내기 위해 빈 독에 입을 들이대고 큰소리로 울었더니 그 울음소리가 우렁차게 들렸다. 돌아가려던 이여송이 이 울음소리를 듣고 왕의 모습은 보잘 것 없지만, 왕자다운 위엄이 있음을 살피고 군사를 다시 인솔해 조선군을 도왔다고 한다. 통군정은 이러한 이유 때문에 통곡정(痛哭亭)이라고도 한다.

취승정(聚勝亭)

취승정은 1494년(성종 25) 의주목사 구겸(具謙)이 창건한 정자다. 홍유달(洪貴達, 1438~1504)의 기문(記文)에 의하면 "객사 동쪽의 빈 터는 정자가 세워지기 전에는 풀과 나무가 무성하고 돼지와 개가 더럽혀 사람들이 관심을 갖지 않았다"고 한다. 구겸이 부임해 와서 이상히 여기고 숲을 깎고 더러운 것을 제거하고 그 위에 정자를 세우니 날개를 펼친 듯하였다. 조선시대의 노공필은 취승정에 올라 주변 경치를 바라보니 아주 작은 것까지 다 보인다고 하였고, 조선시대의 최숙생(崔淑生)은 "조각난 난간에 의지하여 좋은 경치를 보니 주렴(珠簾)으로 하여금 맑은 햇빛을 가리지 말라. 강은 압록이 비껴서 하늘과 아울러 맑고, 버들에는 누런 빛 짙은데 비를 맞아 윤이 난다"라고 읊었다. 그러나 구겸은 공사를 마무리하지 못하고 죽었고, 1496년 황형(黃衡, 1459~1520)이 후임으로 와서 공사를 마무리하였다.

이 정자는 풍광이 수려하여 고관들의 연회장소로 쓰이기도 했다.

1496년 명나라 황제 효종(孝宗)이 사신을 보내어 성종(成宗)의 시호(諡號)와 고명(誥命)을 내렸을 때 조선의 노공필(盧公弼, 1445~1516) · 송공일(宋公馹) · 김심(金諶, 1445~1502)과 홍귀달이 접반사(接伴使)가 되어 이곳에서 연회를 베푼 것이다. 이 때 의주목사 황형이 정자의 이름을 부탁하자 노공필이 취승정이라고 이름 붙였는데 그 이유는 다음과 같다.

대개 동방의 지맥(地脈)이 여기 와서 다하였으니, 그 꿈틀거리고 맑은 기운이 반드시 강의 물가에서 뭉쳐 얽혔을 것이다. 중국의 산이 또한 강에 도달하여 멈추어서 늘 푸름을 보내오고 옮겨다 주어 통군정의 처마를 둘러쌌다. 통군정은 위로 해와 달과 별을 삼키고 옆으로 만상(萬象)을 당겨서 굽어 눌러 통해 쏟았는데, 이 취승정이 모두 이어받아서 쌓아 모아 유람하는 사람의 좋은 구경거리가 되니 어찌 취승이라고 부르지 않겠는가?

사우(祠宇)

의주의 사원(祠院)은 우리나라 역사상 오랜 외적과의 항쟁에서 희생된 충신과 열사들을 배향하고 있다. 현충사(顯忠祠)는 백마산성 안에 있다. 1710년(숙종 36)에 건립되었고, 1789년(정조 13)에 사액(賜額)되었다. 배향인물은 다음과 같다.

인헌공(仁憲公)　강감찬(姜邯贊)
충민공(忠愍公)　임경업(林慶業)
충렬공(忠烈公)　황일호(黃一皓)
충렬공(忠壯公)　최효일(崔孝一)　안극성(安克誠)　장후건(張厚健)

백마산성 내 현충사 | 병자호란 당시 임경업의 공을 기리기 위해 건립되었다(국사편찬위원회 소장).

충장공(忠莊公)　차예량(車禮亮)　차충량(車忠亮)　차원철(車元轍)
차맹윤(車孟胤)

　강감찬과 임경업(1594~1646)을 비롯해 8명이 배향되었다. 이 가
운데 임경업은 병자호란 이후 명나라를 섬기고 야만족 청나라에 대해
서는 항쟁하는 사회분위기와 함께 우국충정에 뛰어난 충신이요 무장
(武將)이었다. 그는 이미 망해 가는 명나라와 힘을 합쳐 청나라에 저항
해 병자호란의 치욕을 씻으려고 했지만, 많은 명성을 떨치면서도 청나
라와는 단 한번도 싸움을 해보지는 못하였다. 그의 생애는 당시의 국
민이나 조정의 감정과 함께 충의와 지조·용기 등으로 점철되어 민족
의 마음 속에 자리하고 있다. 그 밖의 인물들은 1701년 당시 의주부윤
이었던 황일호의 지원 아래 최효일 등이 주모하여 명나라를 도와 싸울

것을 획책하다가 비밀이 탄로나 청나라 심양(瀋陽)의 형장에서 죽음을 당한 이들이다. 이 때 백대호(白大豪)·백원인(白元仁)·황후성(黃後晟)·한사웅(韓仕雄) 등도 같이 잡혀 죽었다. 현충사 옆의 별단에 이들 21명과 명나라 유민(遺民) 이인관(李寅觀) 등 95인을 배향하였다.

기충사(紀忠祠)는 의주성 안에 있다. 1722년(경종 2)에 건립되었고, 1788년(정조 12)에 사액되었다. 배향인물은 문정공 을파소(文正公 乙巴素)·김상헌(金尙憲, 1570~1652)이다. 을파소는 고구려 유리왕(琉璃王) 때의 대신으로 문헌에는 '서압록곡 좌물촌(西鴨綠谷 左物村, 현재의 옥상면 좌동)'에 살았다고 한다. 그는 정치를 잘하여 태평성대를 이루었다고 한다. 특히 그가 194년(고국천왕 16)에 실시한 진대법(賑貸法)은 백성에게 양곡을 대여하는 제도로 3월부터 7월까지 관아의 곡식을 풀어 진대하였다가 10월에 환수하도록 한 것이다. 이 제도는 재면지제(災免之制)와 환곡(還穀)으로 고려시대와 조선시대까지 이어졌다.

김상헌은 1636년 병자호란 때 예조판서로 척화(斥和)를 주장하다가 이듬해 강화되자 파직되고, 1639년에는 청나라가 명나라를 공격하기 위해 요구한 출병을 반대하는 상소를 하여 이듬해 청의 심양으로 잡혀갔다. 1642년 의주로 돌아 왔지만, 조선이 청나라를 배척한다는 밀고로 최명길(崔鳴吉, 1586~1647)·이경여(李敬輿, 1585~1657) 등과 함께 심양에 잡혀갔다. 결국 그는 숭명파(崇明派)로 절의가 있어 신망을 받았다.

이 밖에 구암사(龜巖祠)는 의주부윤으로 정묘호란 때 활약했던 이완(李莞, 1579~1627)과 최몽량(崔夢亮)·김태암(金泰巖)·한춘립(韓春

立)·김홍록(金弘祿) 등을 배향했다. 이완은 충무공 이순신의 조카로 임진왜란 때는 1598년 노량해전(露梁海戰)에서 충무공의 죽음을 알리지 않고 직접 병사들을 지휘하여 크게 승리하기도 했다. 1623년에는 이괄(李适)의 난을 진압하고 의주부윤으로 임명되기도 했다. 1627년 정묘호란(丁卯胡亂)이 발발했을 때는 압록강을 건너 온 적을 맞아 싸웠으나 중과부적으로 패하자 병기고에 불을 지른 후 뛰어들어 스스로 목숨을 끊었다.

사찰(寺刹)

의주의 불교사찰은 조선후기 가람고(伽藍攷)·범우고(梵宇攷)와 같은 불교관계 문헌에 의하면 금광사(金光寺)·추월암(秋月庵)·영장사(靈藏寺) 등 약 25개 사찰과 암자가 있었던 것으로 추정된다. 이 가운데 금광사는 평안북도 의주군 송장면 석숭산 기슭의 아늑한 골짜기에 위치한 사찰로 경치가 아름다워 '의주금강(義州金剛)'으로 불리기도 한다. 때문에 '금강사'라고도 하는데 지금도 '석숭산금강사'라는 현판과 현판기가 걸려 있다. 창건연대는 알 수 없지만,『신증동국여지승람』에 그 이름이 나오는 것으로 보아 조선전기에 이미 창건되었을 것이다. 조선후기 1849년(헌종 15)에 건립된 규장각검교지제교 이유원(奎章閣檢校知制校 李裕元, 1814~1888)이 찬한 금강사 소재 석비문(金剛寺所在石碑文)에는 1726년(영조 2)에 승려 묘안(妙安)이 중건하였다고 한다. 지금의 전각들은 1847년의 석숭산금광사중건기적비(石崇山金光寺重建紀跡碑)와 백화전(百華殿) 용마루에 쓰여 있는 상량문에 의하면 1846년에 화재로 모두 불탄 것을 다시 지은 것들이다. 1848

년에는 백화전, 1849년에는 대웅보전, 1851년에는 만세루(万歲樓)를 중창했다. 금광사는 현재 만세루와 대웅보전을 중심으로 좌우에 백화전·청운당·추원당·영당·칠성각 등의 전각이 배치되어 있다.

대웅보전은 비교적 높은 축대 위에 정면 3칸(9.25m), 측면 2칸(6m)의 겹처마 팔작집이다. 두공은 정면과 측면의 앞쪽 절반은 바깥 5포, 안 7포의 포식 두공으로 처리하였으며, 그 뒷부분은 단익공 두공으로 처리하여 앞쪽을 두드러지게 강조하고 있는 보기 드문 형식이다. 앞쪽의 포식 두공들은 제공의 안팎이 모두 연꽃봉우리 장식과 꽃무늬 조각으로 되어 있어 조선후기 건물의 시대적 특색을 잘 나타내고 있다. 중보에 걸친 내부복판의 천정은 평천정에 황룡을 그리고 그 주위의 넓은 빗반자에는 생동하게 그린 연잎과 연꽃 그림이 꽉차있어 아름다운 연못을 연상케 한다.

백화전은 대웅보전의 앞면 서쪽에 청운당을 마주하고 있다. 정면 5칸(17.1m), 측면 4칸(9.8m)의 규모가 큰 외도리식 2익공 팔작집이다. 폭이 큰 7량 집으로 앞쪽은 툇마루로 되었는데 불단이 있는 가운데방의 앞쪽에 있는 기둥 하나를 생략하여 앞을 틔워 놓았다. 백화전은 원래 뒤쪽으로 건물이 이어진 □ 자형의 구조였다.

만세루는 정면 3칸(10m), 측면 2칸(5.7m)의 겹처마 팔작집이다. 마루기둥 위에 있는 2층 다락집이지만, 경사지를 이용하여 뒷면은 단층처럼 처리했다. 두공은 2익공이며, 기둥 사이에는 화반이 2개씩 놓여 있다. 양 측면은 판자벽을 하고 정면과 후면에는 세살문을 달도록 했다.

명승(名勝)

의주금강(義州金剛)

의주금강은 의주 동쪽 석숭산(石崇山)의 빼어난 경관을 찬양하는 말이기도 하다. 산 정상에 있는 추월암(秋月庵)은 500여 년 전 창건한 절로 난간 아래로는 수백 척의 절벽이 굽어보이고, 멀리 압록강 건너 만주 땅 연산(連山)이 한눈에 들어온다.

용만팔영(龍灣八詠)

용만팔영은 조선시대 이곳에서 유배생활을 했던 임사홍이 의주의 빼어난 경관 8곳을 시로 읊은 것이다. 압록강과 구룡연의 풍취, 평원에서 말을 타고 사냥하는 호방함 등 계절의 변화에 따른 의주의 풍광을 시로써 묘사한 것으로 그 내용은 다음과 같다.

압강춘파(鴨江春波)

일대(一帶)의 긴 강은 만고에 흘러 장대하기 어느 때나 그칠까
봄이 오니 새로운 물 가득히 포도같이 푸르고, 넘치는 맑은 빛은 갈매기를 물들일 만하구나

골령모운(鶻嶺暮雲)

호산(胡山)은 벼랑지어 하늘과 나란하고, 들녘은 푸르고 아득하여 바라보니 희미하네.
절정에 서린 구름 항상 짙은데, 석양 밝은 곳에는 새가 날아 내리네.

송산욱일(松山旭日)

해가 나무에 걸린 것을 잠깐 보았는데, 붉은 빛이 잠시 사이에 강가의 누각에 스며드네. 변성(邊城)의 초가집 다소를 알겠으나, 자배(炙

背)하는 누가 임금에게 드리겠나.

용연취벽(龍淵翠壁)

독룡이 잠긴 곳에 물이 깊으니 깎인 벼랑 높아서 우뚝하기 몇 길인지 낚시꾼만이 때때로 낚시 드리우는데, 조각배는 오히려 단풍진 숲에 매여 있네.

해문비우(海門飛雨)

큰 바람이 바다에 불어 하늘이 어둡더니 용이 싸워 구름이 다투어 먼 마을이 안보이네.

귀양 온 나그네가 어찌 수심을 금할 수 있으랴, 초가의 처마에서 종일토록 빗물이 물동이를 뒤집는 것을 보네.

조도황로(鳥島黃蘆)

북녘의 들이 멀리 아득한 데에 들었고, 갓으로 가리지 않는 끝없는 곳에 이슬이 서리되었네. 서풍 부는 하룻밤에 꽃이 눈 같이 날리니 봄 하늘에 버들가지 광란하는구나.

오교송객(梧橋送客)

풀이 무성한 둑에 비가 잠깐 개니, 계곡의 다리 아래로 저무는 해에 각별히 수심이 일어나네. 가련하다. 목메는 다리 앞의 물은 무정한 것이 유정한 것인 줄을 알겠구나.

평원엽기(平原獵騎)

들을 불태우니 빈들이 다했는데, 용맹스러운 병사 천기(千騎)가 깃발을 둘러쌌네. 장군이 사냥하고 늦게 돌아오는데, 고각소리 가운데에 초승달이 높구나.

오경후 | 선리연구원 선임연구원

의주 미송리 유적으로 본
한국상고사 | 김병곤

미송리 유적이야말로 우리나라에서 가장 이른 신석기시대 유적 중의 하나로서, 이에 대한 기본적 이해를 위해 앞에서 구석기시대와 신석기시대에 대해 설명했던 것이다. 미송리 유적의 신석기문화층에서 나온 토기 조각들은 당시 이 지역 주민들이 토기를 제작하였다는 것을 입증한다. 또한 미송리 유적의 청동기문화층에서 다수 출토된 미송리형 토기는 우리나라 최초 국가인 고조선과 밀접한 관계를 맺고 있다. 그러므로 미송리 유적은 한국사에 있어서 선사시대와 역사시대의 징검다리 역할을 하는 것이다.

인류의 미래는 어떻게 될 것인가?

현대 사회는 매우 급속히 변화한다. 그리고 이러한 변화를 주도하는 것은 컴퓨터와 반도체 기술로 대변되는 물질문명이며, 오랫동안 인류 문명의 바탕이자 변화의 원동력이었던 정신문화가 오히려 이를 따라가지 못하고 있는 형편이다. 더구나 이러한 물질문명의 발전 속에 각종 생명체를 복제할 수 있다는 과학기술까지 등장해 기존의 정신문화에 대한 거대한 혼란을 일으키고 있다.

그러면 인류의 미래는 어떻게 전개될 것인가? 과연 우리는 그 해답을 찾을 수 있을 것인가? 아마 현대인들의 냉철한 이성과 폭넓은 과학적 지식으로도 현대 물질문명의 가속화에 따른 미래 사회의 모습을 정확히 예측하기란 불가능할 것이다. 그러나 이에 못지않게 우리는 우리의 먼 과거, 즉 인류의 출현으로부터 그 이후의 변화 발전상에 대해 제대로 모르고 있다는 것도 사실이다.

인류의 먼 과거는 어떠하였는가?

인류의 역사는 유인원과 인간 중간 정도의 신체적 특징을 가진 오스트랄로피테쿠스(猿人, Australopithecus)라는 종이 약 600~550만 년전쯤 남부아프리카 지역에 출현함으로써 시작된다. 이후 약 250만 년전 호모 하빌리스(Homo habilis : 솜씨있는 사람)라는 보다 진전된 종이 출현하고, 약 150만 년전에는 호모 에렉투스(古人, Homo erectus : 곧선 사람)가, 그리고 약 30만 년전에는 호모 사피엔스(新人, Homo sapiens : 슬기로운 사람)가, 그리고 비로소 약 4만 년전쯤에서야 현생 인류와 같은 호모 사피엔스 사피엔스(Homo sapiens

sapiens : 매우 슬기로운 사람)가 출현했다. 이와 같이 아주 오랜 시간에 걸쳐 인류는 점차 동물들과 구분되는 새로운 종으로 성장해 왔다.

이 기나긴 시간 동안 인간은 포악하고 덩치 큰 동물들과 맞서 또는 그들을 사냥하며 살아남기 위해 투쟁하는 과정에서 자연스런 경험을 통해 협동의 효율성을 깨닫게 된다. 사실 원시인은 혼자서 기껏해야 토끼 정도나 잡을 수 있었다. 그러나 대여섯 명이 모여 함께 사냥을 하면 노루나 심지어 들소도 잡을 수 있었다. 또한 협동을 통해 인간은 난폭한 맹수나 위대한 자연력의 위험 앞에서도 더욱 효율적으로 대처할 수 있었다. 이렇게 자연스런 경험을 통해 인간은 군집 생활을 시작하고, 더불어 수렵과 채집 등의 원시 경제생활을 누리게 된다.

그런데 최초의 인류였던 오스트랄로피테쿠스는 집단생활을 하는 몇몇 동물들과 크게 다를 바가 없었다. 그렇다면 이들이 동물과 구별되는 새로운 인류라는 종족으로 구분될 수 있었던 기점은 어디서부터인가? 그것은 주위 환경을 능동적으로 이용하려는 움직임을 갖게 되면서부터이다. 곧 이들은 뗀석기라는 도구를 제작하여 사용하고 불[火]을 이용하며 주위 환경을 활용 내지 개선하는 능력을 갖추고 있었다. 이러한 점이 우리 인류와 일반 동물들과의 차이점이다. 더불어 인류는 육식과 채식 등을 통해 뇌의 용량을 서서히 증대시킬 수 있었고 (오스트랄로피테쿠스의 뇌 용량 : 500cc → 호모 사피엔스 사피엔스 뇌 용량 : 1,500cc) 이러한 변화 속에서 점차 지적 능력의 발전과 함께 신체적 변화를 갖게 되었다. 물론 이러한 변화는 아주 오랜 기간에 걸쳐 일어났다. 이 시기를 우리는 일반적으로 구석기시대라고 규정하고 있다.

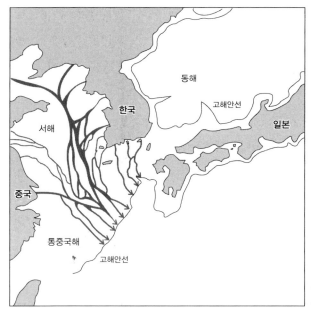

동아시아 지역의
고해안선과 고수로

한반도에 사람이 살기 시작한 때는 아직 확실하지 않다. 대체로 한반도에 등장한 인류는 아프리카로부터 유라시아 대륙에 퍼져 있던 직립 원인(Homo erectus)의 한 갈래였던 것으로 보이며, 이들이 남긴 생활의 흔적이 현재 우리나라 전기 구석기시대의 문화로 판단된다. 우리나라에서 구석기시대 유적은 1960년대 북한의 함북 웅기 굴포리 유적의 발굴을 통해 알려지기 시작한다. 이후 1964년 충남 공주 석장리에서 구석기시대 유적이 발굴 조사되기 시작하였고, 이후 한반도의 여러 지역에서 구석기 유적이 확인되었다.

구석기시대의 한반도 해안선은 지금과 많이 달랐다. 그것은 약 5백만 년전 인류가 등장할 무렵, 지구는 빙하기(홍적세)였기 때문이다. 유럽의 연평균 기온은 17도이며 우리나라도 시베리아처럼 냉대 침엽

수림으로 뒤덮여 있었다. 곧 위도 50도선 이북 지역은 대부분 빙하로 덮였으며 그 두께는 3000여 미터가 넘기도 했고 수십만 년씩 존재하였다. 이러한 대형 빙하는 엄청난 양의 수분을 필요로 하였다. 이에 바다는 많은 양의 수분을 빙하에 빼앗긴 결과, 바닷물의 밀도는 줄고 염도는 높아지며, 해수면은 현재에 비해 매우 낮아질 수밖에 없었다. 그러므로 오늘날 대륙붕이라 불리는 부분은 대부분 육지로 노출되어 있었다. 아마도 한반도와 중국 사이의 서해안은 육지였을 가능성이 높으며 일본과도 연결되어 있었을 것이다.

그런데 지구는 약 1만 년전쯤부터 후빙기시대를 맞이하며 점차 오늘과 같은 기후를 가진 전신세가 시작되었다. 빙하기가 끝나고 기후가 차츰 따뜻해지며 구석기시대는 종말을 고하게 된다. 이러한 기후 변화가 새로운 신석기 문화의 장을 열게 하는 원인이 되었다. 곧 기온이 상승하며 나타난 새로운 환경에 인류가 적응할 필요가 있었고, 이것은 보다 발전된 석기와 안정된 생활 방식을 유도하였던 것이다.

이를 구체적으로 살펴보면, 한반도 주변도 빙하기의 종말과 함께 기후가 상승하여 해수면이 높아지는 해진(海進) 운동이 일어나 현재의 지형을 갖추었다. 이 과정에서 바닷물의 흐름·온도·염도·영양분의 변화가 있었고, 대륙붕과 입강(入江) 지역에서는 플랑크톤이 대량 서식하며 조개류와 해산물이 풍부해졌다. 한편 구석기시대 주요 식량 자원이었던 맘모스나 곰과 같은 대형 동물들이 전멸하거나 북쪽으로 사라졌다. 대신 토끼나 노루와 같이 작고 빠른 짐승이 한반도에 등장하였다. 이에 자연스럽게 작은 동물들의 사냥과 조개·물고기·해조류 등의 해양 식료 등을 적극적으로 이용하기 시작하였다. 더불어 당시 인간은 이러한 작고 빠른 짐승들을 사냥해야 하였으므로 기존 뗀석기의 크기와 무딤에 불편을 느끼고 보다 작고 가벼운 간석기를 제작하게 되었다.

물론 500만 년동안 계속 빙하기만 지속된 것은 아니다. 그 중간에 2~3차례의 간빙기가 있었지만, 당시 지적 수준이 충분히 성숙하지 못했던 원시인들은 뗀석기의 불편함을 인식하기 못하였다. 그러나 오랜 기간 계속된 인류의 잡식과 손의 다양한 사용 등을 통해 인류의 지적 수준과 도구 제작 기술이 꾸준히 발전되어 왔으며, 이 시기 기후 변화에 따른 환경 변화에 적응하는 가운데 드디어 신석기시대로의 진입을 이룩하게 된다.

결국 기후 변화로 인해 인간은 석기 제작 기술을 발전시켰고, 인지의 발전을 가지며 간석기를 제작할 수 있었던 것이다. 또한 따뜻한 기후로 인해 보다 풍부한 채집 활동이 가능해졌다. 더 나아가 이전의 채집과 수렵을 발전시킨 원시 농경과 가축 사육, 그리고 정착 생활을 출현시키는 원인이 되었다.

이러한 안정된 생활 방식은 인간의 평균 수명을 증대시켜 공동체 규모를 확대시켰다. 또한 인지의 발전은 인간으로 하여금 내세관이나 종교, 그리고 예술에 대한 기초적 이해를 통해 소위 정신문화를 출현시켰다. 곧 인지의 발전이 인간에게 생존에 대한 노력과는 차원이 다른 정신문화의 파워와 여유를 제공하여 힘든 노동을 하지 않아도 먹고 살 수 있는 집단인 유한계층의 출현을 이끌었던 것이다. 이후 오랫동안 정신문화에 선도적인 지적 엘리트 계층이 일종의 유한 계층으로서 사회를 이끌어 가는 시대가 열린다.

한반도에서 정확히 어느 시기에 신석기 문화가 출현하였는지는 불분명하다. 그러나 토기의 출현을 우리나라 신석기시대의 시작으로 간주한다면, 최근 제주도 고산리 유적에서 출토된 원시 민무늬토기를 보아 대체로 B.C. 8천년경에는 우리나라도 신석기시대에 진입한 것으로 볼 수 있다.

지금까지 개략적으로 논한 인류의 출현으로부터 구석기시대를 지나 신석기시대까지 이루어진 인간 사회의 발전상은 육안으로 확인된 것이 아니다. 대체적으로 전문적인 훈련과 날카로운 안목을 가진 고고학자들에 의해 각종 자료가 분석된 결과나 저명한 인류학자들이 현재 지구상에 남아 있는 미개부족상태의 원주민들을 관찰하고 연구한 인류학적 지식들을 통해 그럴듯하게 설명되어진 인류의 과거일 뿐이다.

사실 우리는 인간이 어떻게 해서 석기를 제작하게 되었는지, 농경은 어떻게 시작되었는지, 가축 사육은 어떻게 시작되었는지, 토기 제작은 어떻게 시작되었는지 제대로 알지 못한다. 또한 최초의 정치 지도자 내지 권력자가 어떠한 환경과 여건 속에서 출현하는지, 국가는 어떻게 형성 발전되었는지도 정확히 알지 못한다. 오로지 많은 가설과 이설 등이 학자들만의 세계 속에서 출현하고 언급되어지다 소멸될 뿐이다. 아마 타임머신이 발명되지 않는 한, 만일 타임머신이 발명된다 하더라도 이 문제를 입증하는 일은 불가능하다. 왜냐하면 도대체 언제 어디서 어떤 원시인에 의해 석기가 처음으로 제작되었는지, 그 정확한 일자와 장소를 알아내는 것은 태평양에 던져진 모래 한 톨을 다시 찾아내는 것 보다 더 어렵기 때문이다. 예측 불가능한 우리의 미래처럼 우리의 지난 과거도 역시 정확히 알아내기란 불가능하다.

그런데 왜 이렇게 불분명한 이야기를 장쾌하게 늘어놓았는가. 사실은 전혀 장쾌하지 않다. 그것은 인류의 역사에 있어서 선사시대라고 규정한 구석기·신석기시대가 차지하는 시간적 비율이 무려 전체 인류 역사의 99% 이상이기 때문이다. 곧 단순하게 말하면 지금까지 지구상에 존재했던 100명 중에 99명이 넘는 대부분의 인류는 하루 24시간 내내 살아남기 위해 대충 풀과 가죽으로 몸을 가리고 돌과 나무를 주요 도구로 삼아 끊임없이 분투하던 석기시대에 살았다. 그러므로 현재 이 책을 읽고 있는 당신은 진정 행운아이다. 현대 사회에 사는 인간들이야말로 지금까지 지구상에 존재했던 무수한 인간들 가운데서, 과학 문명의 혜택을 누리며 사는 1%도 채 미치지 못하는 영역에 속한 선택된 인간이기 때문이다. 마땅히 여러분들은 자신의 인생을 더욱 소중히 생각하고, 더욱 노력하며 살아야만 한다. 여러분들의 부모님께도 감사해야만 할 것이다. 그러나 현대 문명이나 자신이 지닌 주위 환경을 부정적으로 생각하는 사람들한테는 아무 소용이 없다.

선사시대의 단면을 보여주는 의주의 미송리 유적

아무튼 이러한 이야기를 늘어놓은 이유는 오로지 의주 미송리 유적 때문이다. 이 미송리 유적이야말로 우리나라에서 가장 이른 신석기시대 유적 중의 하나로서, 이에 대한 기본적 이해를 위해 앞에서 구석기시대와 신석기시대에 대해 설명했던 것이다.

미송리 유적의 신석기문화층에서 나온 토기 조각들은 당시 이 지역 주민들이 토기를 제작하였다는 것을 입증한다. 또한 미송리 유적의 청동기문화층에서 다수 출토된 미송리형 토기는 우리나라 최초 국가인 고조선과 밀접한 관계를 맺고 있다. 그러므로 미송리 유적은 한국사에 있어서 선사시대와 역사시대의 징검다리 역할을 하는 것이다. 그럼 먼저 미송리 유적에 대해 간략하게 살펴보자.

의주 미송리 유적(義州 美松里 遺蹟)

평안북도 의주군 의주읍 미송리에 있는 석회암지대의 동굴에서 나온 선사시대 유적이다. 석회암 광산에서 암석을 채취하던 중 동굴이 확인되었고, 이 안에서 인골을 비롯한 토기·석기 등이 발견되어, 1959년에 북한에서 발굴하였다. 동굴 내부의 퇴적층은 위로부터 표토층과 진흙층(두께 1.0~1.3m)이 있고, 그 아래 검은 부식토층의 선사시대 유물층이 있다. 그 위에 쌓여 있는 지층에서는 근대 시기의 그릇 조각·짐승뼈 등이 흩어져 나왔다. 선사시대 문화층은 2개로 나누어, 하단 문화층과 상단 문화층으로 부르고 있는데, 두 문화층사이에는 15~20cm의 간층(間層)을 두고 있다.

하단 문화층에서는 빗살무늬토기를 비롯한 신석기시대 유물들이 나왔고, 상단 문화층에서는 청동기시대에 해당하는 유물들이 나왔다. 신석기문화층에서 나온 유물의 종류와 양은 많지 않으며 동굴 안팎에서 질그릇 조각과 뼈 부스러기, 그리고 약간의 석기가 나왔다. 그런데 이 빗살무늬토기 조각들은 유적의 연대를 가늠하는 자료로 활용되었다. 보고서에서 제시된 토기 조각은 모두 10점인데, 이 가운데 8점은 가장 흔한 생선뼈무늬(어골문) 계통이다. 나머지 2점은 이른바 꼬불무늬로서 폭은 넓고 사이는 좁게 연속적인 꼬불무늬를 새겼다. 전체적인 복원이 불가능한 파편임에도 불구하고, 한반도에서 최초로 보고된 꼬불무늬 때문에 한국 신석기문화 연구에서 큰 의미를 갖게 되었다. 보고자들은 내몽고 자치구 임서현(林西縣)의 몇몇 유적에서 꼬불무늬가 나온 예를 들어 그곳과 미송리 유적의 연관성을 추정하였으며, 그 연대는 신석기 늦은 시기에 해당된다고 보았다. 그러나 1990년대에 들어와 중국 동북지방에서 신석기시대 유적 발굴이 매우 활발히 진행되었고, 특히 요하를 중심으로 하여 꼬불무늬토기들이 대량으로 출토되었다. 이들의 방사선탄소연대 값이 B.C. 6000년을 넘어서서 중국 동북지방에서도 중원 지방과 비교될 만한 신석기문화가 성립되었었음을 인정하게 되었다.

이에 북한에서는 단동·대련 지구를 중심으로 요동지방의 후와(後洼)·상마석(上馬石)·소주산(小珠山)·신락(新樂) 유적 등에서 출토되는 꼬불무늬와 미송리의 것이 같다고 보아 동일 문화권으로 설정하였다. 이들 문화 유형을 '시아오쭈산-미송리유형'이라고 한다. 그리고 미송리 유적의 신석기문화층은 신락 유적의 방사성탄소연대를 참고하여 B.C. 6000년기에 편년될 수 있다고 하였다. 곧 1980년대 중반까지 미송리 유적은 신석기후기(B.C. 3000년기 후반기)에 해당된다고 여겼지만, 이후 북한에서 가장 이른 B.C. 6000년기의 신석기유적으로 이해하게 되었다. 이에 북한 지역의 신석기시대 상한을 종래 B.C. 5000년으로 보던 것에서 1000년이 상향 조정되었다. 결국 미송리 아래층 유적에 대한 관점이 바뀌면서 한국 신석기문화의 개시 연대가 상향 조정되고, 3개의 문화 유형이 설정되는 대대적인 개편이 있게 된 것이다.

상단 문화층은 압록강·송화강 유역의 청동기시대 말기의 유적과 유사하며, 토기에서 특징있는 것들이 보인다. 토기는 17점 나왔는데, 그 가운데 표주박의 위아래를 잘라 놓은 듯한 생김새의 단지들을 이후 '미송리형 토기(美松里型土器)'로 부르게 된다. 토기 몸체에 고리 형태의 가로 손잡이나 젖꼭지형 손잡이를 대칭으로 1쌍씩 달고, 그 사이에는 입술 모양의 장식을 붙인 것도 있다. 가로줄 무늬의 차이 등에 따라 생김새가 다양하다. 미송리형 토기는 이후 한반도 북부를 비롯해 요동 지역에까지 널리 분포하는 것으로 밝혀져 고조선을 대표하는 토기가 되었다. 그 밖에 청동도끼·돌화살촉·가락바퀴·뼈바늘·송곳·대롱옥 등이 나왔으며, 인골도 나왔다. 청동도끼는 날이 넓게 퍼진 부채날도끼(扇形銅斧)이다. 부채날 도끼는 비파형동검문화에서 보이는 특징있는 유물 가운데 하나로 강상(崗上)무덤에서 나온 도끼 거푸집에 새겨진 것과 유사하다. 유적의 연대는 B.C. 8~7세기로 전기 고조선 시기에 들어간다.

토기의 발명과 그 영향

미송리 유적에서 출토된 토기는 이 지역의 대표적인 신석기시대 토기이다. 그럼 토기 제작과 사용에 대한 고고학계의 견해를 살펴보자.

인류에게 토기의 발명은 큰 사회적 변화를 일으켰다. 아마 인류는 토기가 발명되기 전에 이와 비슷한 용도로 이용할 수 있는 뭔가를 사용했을 것이다. 대형의 잎사귀나 풀로 엉성하게 엮어 만든 바구니, 또는 나무를 일부 다듬어 사용하였을 가능성도 있다. 그러나 구석기나 신석기시대의 이런 것들이 현재까지 남아 있을 리 없다.

그러면 인류의 생활에 큰 변화를 이끌고 온 토기가 처음 어디서 누

미송리형 토기

구에 의해 어떻게 제작되기 시작하였을까? 토기는 점토를 물에 개어 빚은 후, 불에 구워 만든 용기로 신석기시대 이후 사용되었다고 한다. 아마도 인간은 아주 오랜 시간에 걸친 환경 변화와 다양한 경험, 그리고 인지의 발전에 따라 각종 외계 자연물에 대한 가공 기술을 서서히 발전시켰을 것이다. 이러한 입장에서 세계 곳곳의 인간들은 어디서나 쉽게 구할 수 있는 진흙을 용기 제작에 이용하였을 것으로 여겨진다. 그러므로 토기가 최초로 제작된 곳이 어디이고 누구에 의해 어떻게 만들어지기 시작했는가를 논하기는 불가능하다. 다만 이에 대해서는 그럴듯한 견해들이 제시되어 있다. 물론 확인되기 어려운 가설에 불과하다.

첫째, 구덩이를 파서 저장 구멍으로 사용하던 사람들이 구멍 내의 외면을 굳게 하고자 불을 피웠던 것에서 토기를 제작하기 시작했을 가능성이 있다. 왜냐하면 일부 똑똑했던 인간들은 자연적인 경험을 통해 흙이 불을 먹으면 굳는다는 정도는 알 수 있었을 것이다. 이 가설이 개연성을 얻는 것은 우리나라 신석기시대 대표적 토기인 빗살무늬토기의 바닥이 평평하지 않고 둥글거나 예리한 각을 이루고 있기 때문이다. 곧 바닥이 뾰족한 빗살무늬토기를 세우기 위해서는 뭔가에 붙들어 매거나 받침대나 땅 속에 묻어야만 했다. 그렇다고 토기를 간신히 만들기 시작했던 신석기시대 사람들이 동시에 보다 복잡한 공정의 받침대나 섬세하고 튼튼한 밧줄을 제작했다고 보기 어렵다. 그러므로 이러한 둥글거나 뾰족한 바닥을 가진 신석기시대의 빗살무늬토기는 결국 땅에 묻어야만 했다. 또 그것이 오랫동안 토기를 깨뜨리지 않고 사용할 수 있는 유용한 방법이기도 했다. 이를 감안하면 토기는 구덩이를 파서 만들었던 저장 구멍을 모태로 해서 제작되었다고 생각할 수 있다.

둘째는 해안이나 강가의 뻘에서 오랫동안 뜨거운 햇빛을 쏘인 진흙이 말라비틀어지며 자연적으로 쟁반 형태의 토기와 같은 모습을 갖게 되었는데, 이를 발견한 인간들이 이것을 생활 용기로 사용하기 시작하였다는 것이다. 이 과정에서 진흙이 열을 받으면 굳는다는 속성을 깨달은 인간들이 토기를 제작하기 시작했다는 견해이다. 이는 다수의 인간이 실생활에서 쉽게 체득할 수 있는 일반적 경험론에 입각한 가설로서 충분한 개연성이 있다.

셋째는 소수의 저명한 고고학자들이나 인류학자들이 간혹 주장하는 내용으로, 토기의 발명이 일부 천재들의 발상에 의한다는 것이다.

이들은 농경이나 가축의 사육도 천재들의 작품이라고 설명한다. 사실 현대 사회도 수많은 평범한 사람들보다 일부 소수 천재들의 등장 및 그들의 업적에 의해 큰 변화를 갖는 것이 사실이다. 그러므로 이러한 견해를 전적으로 무시할 수만은 없지만 천재가 아닌 절대 다수의 범인 으로서는 그다지 유쾌하지 않다.

이외에도 다양한 가설들이 제시되어 있을 뿐, 명확한 사실은 알 수 없다. 그러나 토기가 제작됨으로써 인류 생활에 미친 영향에 대해서는 어느 정도 합리적인 설명이 가능하다. 사실 토기가 사용됨으로써 인류 의 생활상은 큰 변화를 가진다. 먼저 저장 기능의 출현이다. 석기 시대 인류는 대부분의 시간을 식량 확보에 투자했다. 그러나 고생하며 얻은 식량의 보존이나 저장은 쉽지 않았다. 토기를 사용하기 이전에는 먹다 남은 음식물을 기껏해야 나뭇가지나 덩굴로 꿰어 시원한 나무 그늘이 나 동굴 깊숙이, 아니면 개울 속에 담가 놓거나 땅을 파서 묻는 정도였 을 것이다. 그러나 이는 별로 효율적이거나 위생적이지 않았다. 보존 기간도 짧을 뿐더러 여러 가지 동물이나 조그만 곤충들의 접근에 거의 무방비로 노출될 뿐이다. 그러다 보니 여러 사람이 힘이 합하여 심지 어 목숨을 담보로 육중한 멧돼지나 들소와 같은 큰 동물 등을 사냥하 였더라고 이 식량 자원의 보존과 유통 기한은 그다지 길지 못했다.

그러나 토기가 제작되면서부터 인간은 식량 자원을 보다 청결하게 장기간 보존할 수 있게 되었다. 우선 음식 등을 토기에 담아 잎사귀 등과 같은 것으로 덮어놓으면 개미나 파리와 같은 곤충들의 접근을 막을 수 있다. 심지어 후각이 예리한 동물들의 접근도 조금은 줄어들 었을 것이다. 이를 시원한 냇물이나 깊은 동굴 속에 넣어둔다면, 지금의 냉장고와 같이 장기간 보관할 수도 있었다. 그러므로 멧돼지를 사냥하였을 경우, 이전에 식량 가용 기간이 일주일정도였다면 이제는 이를 몽땅 다 먹어치울 수 있는 충분한 시간을 확보할 수 있게 된 것이다. 이는 곧 식량 생산량의 증대라고도 할 수 있다.

토기를 사용함으로써 얻을 수 있는 생활상의 큰 변화 중의 하나는 요리의 가능이다. 이전에는 토끼를 사냥하였을 경우, 날 것으로 먹거나 잘해야 구워먹는 것이었다. 그러나 토기가 발명됨으로써 인간은 몇 가지 요리를 할 수가 있게 된다. 곧 찌거나 삶아 먹을 수가 있다. 이는 영양분의 손실을 최소화할 수 있을 뿐더러, 국물이라는 새로운 식량 자원을 확보할 수 있다. 더구나 사냥 또는 채집한 다양한 식량 자원들을 함께 요리할 수 있으므로 음식 섭취에 대한 욕구가 증가하며 영양분의 섭취가 이전 시기보다 좋아지게 된다.

토기는 대부분 정착 생활의 출현을 입증하는 단서가 되기도 한다. 왜냐하면 토기라는 것은 쉽게 깨지기 때문에, 채집과 수렵 경제 단계에서 나타나는 이동 생활보다는 정착 생활에서 더 효율적으로 사용되었다. 사실 인간이 정착 생활을 함으로써 얻는 혜택은 상당하였다. 이동 생활은 미지의 땅에 대한 도전과 모험으로 항상 새로운 위험에 직면할 수밖에 없다. 그 결과 잦은 불상사(예기치 않은 죽음)로 인해 인간의 평균 수명은 높아지기 어려웠다.

반면 인간은 정착 생활을 통해 오랫동안 일정 지역에 머물러 생활함으로써 주변 환경에 대한 이해도를 높일 수 있다. 그러므로 급작스런 불상사를 줄일 수 있었고, 자연히 생활의 안정과 더불어 인간의 수명도 길어지게 된다. 아기가 태어나더라도 보다 안정된 환경에서

양육할 수 있었다. 곧 인간은 정착 생활과 토기 등을 소유하며 삶의 질적 수준을 향상시킬 수 있었다. 이러한 사항들은 여러 가지 측면에서 인간의 수명 연장으로 이어졌다. 신석기시대 인간의 평균 수명의 연장은 공동체 규모의 확대와도 직결된다. 더 나아가 최종적으로는 소위 계급사회로의 발전에 터전이 되었다고 할 수 있다. 결국 토기는 선사시대의 인간 생활에 큰 변화를 가져왔으며, 많은 변화의 반증이기도 하다.

그런데 전술한 바와 같이 의주 미송리 유적의 아래 문화층에서 8점의 생선뼈무늬 및 2점의 꼬불무늬 토기편들이 발견되었다. 이러한 토기 문화층의 확인은 의주를 중심으로 하는 한반도 서북부 지역의 신석기시대 사람들이 이상과 같은 사회 환경의 변화를 이룩하고 또 경험하였음을 반증한다.

한편 이 꼬불무늬 토기편들은 80년대 들어 중국 동북지방인 요하를 중심으로 그 동쪽의 후와·상마석·소주산·신락 유적 등에서 출토되는 토기와 문양이 유사하다. 중국 고고학자들은 이 유적을 약 B.C. 6000년경에 등장한 것으로 본다. 이에 북한 고고학자들은 요동의 꼬불무늬 토기문화와 미송리의 것을 같다고 보아 동일한 문화권으로 설정하고 미송리 유적의 하단 문화층을 한반도(사실은 북한이지만)에서 토기를 반출하는 가장 이른 시기의 신석기유적으로 해석하였다.

만일 그것이 과거 사실에 적중한 것이었다면 이 시기 의주를 중심으로 하는 일단의 공동체사회를 이룩한 신석기시대 사람들은 요동의 토기 문화를 공유하는 집단과 더불어 광역(廣域)의 문화공동체에 포함될 수 있다. 아마도 요동 반도와 한반도 서북부지역은 선사시대부터 지리적으로 인접하여 해안과 육로를 통해 상호간 밀접한 교류를 갖기 쉬웠을 것이다. 이러한 광역의 문화공동체 내에서 의주는 양 지역을 잇는 지정학적 위치를 가지고 있어 일종의 중간 기착지적인 역할을 수행하였을 가능성도 많다.

역사시대로서의 고조선과 미송리형 토기

그러나 의주의 미송리 유적이 우리나라 역사에 보다 큰 의미를 가지는 것은 상단 문화층에서 나온 소위 미송리형 토기의 역사적 가치 때문이다. 의주 미송리 유적의 상단 문화층은 청동기시대의 문화층으로 여기서 나온 토기와 청동제 도끼는 우리나라 초기 청동기시대의 대표적 유물인 비파형동검문화기에 해당되며, 동시에 요동에 중심지를 둔 전기 고조선사회와 연결된다. 그러면 소위 고고학계에서 미송리형 토기라고 명명한 이 토기에 대해 간단히 살펴보자.

미송리형 토기와 고조선

오랫동안 미송리형 토기는 북한과 중국학자들의 전유물이었다. 국내 학자들은 단지 보고서 등에 실린 도면과 사진 자료를 통해 이를 접할 뿐이었다. 그러던 중 1998년 김영길옹에 의해 완형의 미송리형 토기가 국내에 소개됨으로서 비상한 관심을 끌었고, 고조선사 연구에 한발 다가서는 계기가 되었다. 미송리형 토기는 높이가 20~30cm 크기의 단지로써 바탕흙에 운모를 섞은 것이 많고 겉면을 갈아 반짝거리게 처리하였다. 색깔은 갈색이나 회갈색·적갈색이며, 계란의 위아래를 수평으로 잘라낸 모습의 동체에 밖으로 벌려진 비교적 높은 아가리가 얹혀 있는 형태이다. 토기 몸체의 윗부분에는 여러 선을 합쳐 한 단위로 하는 줄무늬가 가로로 여러 줄 둘러져 있고, 입술형이나 젖꼭지형 손잡이가 1쌍 혹은 2쌍씩 대칭으로 달려 있다. 미송리형 토기는 청천강 이북의 미송리·용천 신암리·영변 세죽리·중강 토성리·장성리 등에서 다량 출토된다. 이외에도 청천강 이남의 북창 대평리·평양 금탄리·송림 석탄리 유적에서도 그 예가 보고되어 있으나, 이 토기가 주류를 이루지 않는다. 서단산자(西團山子) 유적이 있는 중국 길림성·요녕성 지역 등에서도 미송리형 토기가 나오고 있다. 위와 같은 분포를 보이는 미송리형 토기는 함께 출토된 청동제 도끼와 더불어 볼 때, B.C. 6·5세기경 청천강 입구의 평안북도·자강도 및 중국 길림 지방에서 청동기를 주조하며 살던 주민들이 만든 것으로 보인다. 그런데 북한 학계는 이러한 분포 범위를 대체로 고조선의 영역과 관련 짓는다.

그리고 미송리형 토기의 변형된 형태가 개천 묵방리 고인돌유적에서 나와 이를 '묵방리형 토기(墨房里形土器)'라고 부르며 미송리형 토기의 한 종류로 보고 있다. 아가리가 더 길고 넓으며 몸체에는 줄무늬 사이에 세모꼴로 꺾어 놓은 줄무늬가 추가되었다. 묵방리형 토기는 묵방리 이외에 세죽리·대평리의 주거지 유적에서도 출토되었는데, 세죽리에서는 미송리형 토기보다 상단 문화층에서 출토되어 시기적으로 늦은 토기임이 밝혀졌다. 이러한 점에서 볼 때 묵방리형 토기는 미송리형 토기가 변화되어 만들어진 것으로 생각되며, 그 연대는 B.C. 4세기 전후로부터 B.C. 3세기를 전후한다. 지역적으로는 평안남도 일대를 비롯해 자강도와 중국 심양·요동·길림, 그리고 멀리 일본 야요

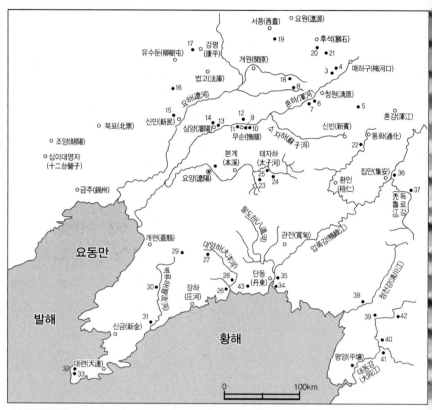

미송리형 토기 관련 유적 분포도 | 1. 요양 이도하자유적 2. 요양 접관청유적 3. 청원현 문검유적 4. 청원현 토구자유적 5. 청원현 만전자소착초구유적 6. 청원현 이가보유적 7. 청원현 북삼가대호로구유적 8. 청원현 하가보마가점유적 9. 무순 대갑방후산유적 10. 무순 대화방유적 11. 무순 망화유적 12. 무순 시가동산유적 13. 심양 신락유적 14. 심양 정가와유적 15. 신민현 고태산유적 16. 법고현 엽무태유적 17. 강평현 진교유적 18. 개원 이가태유적 19. 서풍현 계흥촌유적 20. 길림성 동풍현 보산유적 21. 길림 동풍현 태양유적 22. 길림 고력목자어강연촌유적 23. 본계현 묘후산유적 24. 본계현 남전노립배동유적 25. 본계현 북전삼각동유적 26. 단동 동구현 서번유적 27. 단동 동구현 석회굴유적 28. 단동 동구현 후환동유적 29. 금현 근가구와룡천유적 30. 신금현 쌍방유적 31. 신금현 벽류하유적 32. 강상·루상유적 33. 쌍타자유적 34. 신암리유적 35. 미송리유적 36. 심귀리유적 37. 공귀리유적 38. 세죽리유적 39. 묵방리유적 40.남경유적 41. 금탄리유적 42. 대평리유적 43. 단동 동구현 마가점유적

이(彌生) 문화 유적에서도 보인다.

그러나 중국의 요동 지역에서 미송리형 토기가 다수 출토되며, 이 지역의 미송리형 토기의 편년은 B.C. 8세기를 지나 현재는 B.C. 10세

기경까지 올라가게 되었다. 그리고 의주 미송리 유적에서 출토된 미송리형 토기는 B.C. 6~5세기경으로 오히려 요동보다 늦은 시기의 미송리형 토기로 이해되고 있다. 또한 이와 함께 미송리형 토기와 고조선과의 상관관계에 대해서도 다양한 해석이 제시되고 있다.

그런데 여기서 우리가 짚고 넘어가야 할 것은 미송리형 토기의 중심 지역이 의주 미송리는 아니라는 점이다. 토기 명명법은 여러 가지 방법이 있는데, 가장 대표적인 것이 토기 외면의 문양이나 토기 형상의 특징을 바탕으로 명명하는 것이다. 신석기시대의 대표적인 토기인 빗살무늬토기나 청동기시대의 대표적인 민무늬토기 등이 그것이다. 또 하나의 방법으로 한 형식의 토기가 집중적으로 다수 출토된 지명의 이름을 따서 토기 이름을 명명하는 것이다. 그 예로서 바로 미송리형 토기나 가락동식 토기 또는 중도식 무문토기 등을 들 수 있다. 그렇다고 이러한 의주 미송리나 서울 가락동, 춘천 중도 지역이 각 토기의 생산이나 중심 문화권은 아니다. 단지 편의적으로 해당 유물이 집중적으로 출토된 지명을 토기의 고유 이름으로 하여 학술적으로 사용할 뿐이다.

한편 요동과 한반도에 걸쳐 공통적으로 나타나는 비파형동검문화는 기북(冀北)·요서(遼西)·요동(遼東)·길림(吉林) 등 중국 동북 지역과 서북한을 비롯한 한반도 전역에 걸쳐 넓게 분포한다. 그 유형이나 성격이 다양하여 이를 동일한 하나의 정치 세력권으로 묶기는 불가능하다. 현재 학계에서는 요서의 하가점상층문화·요동의 비파형동검문화·길림의 서단산문화·한반도의 세형동검문화권 등으로 구분하여 각 문화 담당자에 대해 다양한 해석을 제시하고 있다. 아마도 청동기 문화는 전쟁과 교역 등에 의해 전파가 쉽게 이루어질 수 있는 금속문화이며, 또 각 지역에서 오랫동안 제작된 결과로 이해할 수 있다.

그런데 요하~청천강 일대에 밀집 분포하는 미송리형 토기가 비파형동검문화와 함께 확인되면서 고조선과 연결될 소지가 발생하게 된다. 우선 토기라는 것은 금속문화에 비해 시대적·지역적으로 문화 담당자의 성격을 민감하게 반영한다. 곧 시대의 흐름에 따른 제작 기술의 발전에 따라 태토의 성분·기형의 형태·외면의 문양·강도 등이 다양하게 나타난다. 그런데 이 미송리형 토기가 요동 지역의 비파형동검문화와 지리적으로 연관성이 있고, 두 유물의 사용 시기가 현재 우리나라 최초의 국가인 고조선의 성립 발전기와 상관성을 보이고 있기 때문이다.

그러면 미송리형 토기문화를 동반하는 청동기문화에 대해 살펴보자. 이 두 가지 문화를 함께 소유한 문화권역은 요하에서 청천강에 걸쳐 분포하는데, 세분하면 요동 반도 남단의 '요남 지구'를 비롯하여, 요양·무순 등 '혼하 유역'·'압록강 유역'·'청천강 유역' 등 4개 지역군으로 나눌 수 있다. 이후 미송리형 토기문화가 확산되며 길림의 서단산문화와 대동강 유역의 팽이형 토기에도 영향을 준다. 이들 지역에서 나온 각종 미송리형 토기를 동반 유물 및 기형에 따라 크게 전형 미송리형 토기와 변형 미송리형 토기로 나눌 수 있다. 전형 미송리형 토기는 요동반도 신금의 쌍방 유적·평북 용천군의 신암리 유적·요양의 이도하자 유적·무순 갑방 유적·미송리 동굴유적이 대표적이다.

대체로 고조선사를 최초로 언급한 고려시대 역사서인『삼국유사』
나『제왕운기』에는 고조선의 중심지가 평양 일대였다고 하며, 이후
조선시대의 관찬(官撰)사서나 사찬(私撰)사서에도 이를 답습한다. 그
러나 고조선과 동시대에 편찬된 중국 기록들을 보면, 대체로 그 중심
지는 지금의 요동 일대로 파악된다. 결국 이러한 문헌 자료와 고고
자료들을 종합적으로 분석하여 현재 남한 학계는 통설로서 이상의 지
역 중에서 상대적으로 이른 시기의 미송리형 토기가 발견되는 요동
지역을 전기 고조선의 중심 지역으로 보고 있다. 곧 이 지역에서 미송
리형 토기와 비파형동검문화를 영위한 집단이 고조선 건국기의 주요
집단이며, 이들은 요동 지역을 주 활동 무대로 하였던 것이다. 그러던
중 고조선이 B.C. 4세기 말~3세기 초 전국시대 7웅 중의 하나인 연
(燕)과의 전쟁에서 패배, 약 2천여 리로 표현된 요동지역을 상실하고
지금의 서북한 평양 지역으로 이동하게 되니 이 때부터 후기 고조선으
로 구분한다. 이 시기에는 묵방리형 토기와 같은 미송리형 토기의 변
형 양식이 등장하고, 비파형동검이 한 단계 발전한 세형동검문화가
나타난다.

한편 미송리형 토기 및 비파형동검문화를 소유한 집단은 지석묘·
석관묘·토광묘 등을 주요 묘제로 채용하였다. 토기와 달리 묘제는
변화가 쉽지 않은 가장 보수적인 성격의 문화 요소이다. 물론 요동
지역을 중심으로 위의 3가지 묘제가 지리적으로 매우 인접하거나 복
합적으로 발견되는 경우는 드물다. 그러나 이 무덤들에서 미송리형
토기 및 비파형동검문화가 공유되는 문화적 상관성을 통해 볼 때, 전
기 고조선의 주요 집단이 조영한 묘제로 본다. 이에 따라 미송리형

토기·비파형동검문화·지석묘·석관묘·토광묘 등이 고고 자료로 본 전기 고조선 사회의 주목할 만한 문화 요소라 할 수 있다.

우리나라의 반만년 역사와 고조선

그런데 이러한 요동의 미송리형 토기와 비파형동검문화의 등장을 현재 B.C. 10세기경까지 올릴 수 있고, 이를 고조선 건국기 주요 집단의 문화로 인식한다면 일반 독자들이 지닌 고조선의 건국관과 일치하지 않는다는 문제가 생긴다. 그것은 우리가 알고 있는 국사 상식으로 우리나라 최초의 국가인 고조선은 B.C. 2333년(단군기년)에 단군왕검(檀君王儉)이 건국한 것으로 알고 있기 때문이다. 이를 바탕으로 우리는 반만년이니 오천년이니 하는 유구한 역사와 문화를 가진 자랑스런 한국인상을 도출해 내며 민족적 긍지를 높여 왔다. 그러나 B.C. 10세기경 청동기시대로 발전하며 고조선이 건국될 수 있었다면 우리나라 역사는 사실 3,000년이 조금 더 넘을 수밖에 없지 않은가?

그러면 이러한 1,000년 이상의 차이는 어디서부터 시작되는가? 이는 고조선사의 건국 신화인 단군신화가 실린 일연 스님의『삼국유사』에서 시작된다. 여기에는 중국의 요임금과 동시대이며, 보다 구체적으로 요임금 즉위 오십년 경인(庚寅) 단군이 평양에 도읍했다는 기록이 남아 있기 때문이다. 바로 이 경인년이 B.C. 2333년이므로 우리나라의 역사는 현대 서력기원 2000년을 더해 대략 5000천년의 역사를 가진다고 이해하게 된 것이다.

그러나 안타깝게도 이러한 문헌 자료를 입증할 만한 또 다른 기록이나 고고 자료는 없다. 더구나 현재까지의 고고학적 연구 성과로 볼 때, B.C. 30~20세기경에 요동이나 한반도의 서북부 지역은 신석기시대에 머물고 있었다. 이러한 신석기시대에 일종의 계급사회로서 고조선이 건국되었다고 한다면 다른 나라 지식인들의 웃음거리가 될 수밖에 없다.

전반적으로 신석기시대의 사회상을 본다면 신석기시대 후기에 들어와서야 농경과 더불어 가축 사육이 시작되며 본격적인 정착 생활이 시작된다. 그리고 사회 생활의 안정과 더불어 인구수가 늘어나며 공동체의 규모가 커진다. 또한 정착 생활은 인간에게 인공적인 소규모 주거 시설인 가옥을 만들게 하였고, 그 결과 가족 관념이 구체화되며 일부 사유재산에 대한 개인 소유의 관념이 형성될 수 있었을 것이다. 그러나 대체로 신석기시대는 강한 친족 의식과 공동 재산을 지닌 원시 공동체사회 단계에 머무르는 것으로 인류학계에서 보고 있다.

그런데 이러한 신석기시대 가족 관념의 구체화와 더불어 공동체 규모가 확대되며, 공동체원들은 그들의 행동을 통일하고 구성원들 간의 상호 관계와 운영을 원만히 할 구심점이 필요하였다. 이에 인류가 고안해 낸 것이 토테미즘이나 애니미즘으로 언급되는 원시 종교로서, 일정한 부족신(部族神) 내지 조상신(祖上神)을 창출해 내었다. 여기서 부족민들은 조상신과 영적·육체적인 교감을 가진 후손들이기 때문에 하나의 공동체로 모여 살며, 신을 초월적 존재로 숭배하게 된다. 그리고 신적 존재의 의지대로 행동하여, 이를 잘 따르면 행운이 깃들고, 어기면 큰 벌을 받는다는 관념이 생성되어 일종의 관습법이자 전통 규범이 생기게 된다.

더 나아가 이러한 신적 존재의 의지를 해석하고 부족민들의 바램을 전달하는 매개자가 등장하니 이가 바로 샤먼 내지 무(巫)이다. 샤먼은 신의 의지를 해석하고 부족민들의 바램을 전달하는 과정에서 종교 의식의 주관과 더불어 각종 예언·치병·주술 등의 권능을 수행한다. 그 결과 신 보다는 하위이나 평등한 부족원의 상위에 존재하는 위상을 지니고 그 사회를 다스려 나가게 된다. 곧 샤먼이나 무가 종교적 권위와 전통적 관습을 가지고 사회를 다스려 나가게 되는 것이다. 일반적으로 정치학에서 가장 최초의 정치사회는 제정일치사회라고 하는 이유가 바로 이 때문이다.

그러나 이러한 신석기시대에 비록 무나 샤먼이 등장하여 공동체사회를 다스려 나가나, 이 단계를 전형적인 계급사회의 성립이라고 할 수 없다. 다만 초보적인 계급사회가 출현하기 시작했다고 평가할 수 있다. 그러면 소위 국가라고 할 만한 계급사회는 언제쯤부터 구체화될 수 있었는가? 이는 대체로 청동기시대에 들어서면서부터라고 본다.

우선 청동기시대라고 해도 대부분의 일상 도구가 청동기로 제작된 것은 아니다. 청동 산지의 부족으로 생산되는 청동기의 양은 제한되어 있었으므로 이를 소유한 인물은 소수의 유력자들이었다. 오히려 절대다수의 일반민들이 지닌 생산도구는 여전히 석기와 목제품이었다. 그렇지만 청동기를 제작하는 과정에서 인류는 도구 다루는 기술을 크게 발전시켰고, 이의 연장선상에서 전문적이고 다양화된 석제 농기구를 제작하게 된다. 이러한 기술의 발전은 농업생산력을 높여 잉여생산을 가능케 했다. 결국 잉여생산물의 출현과 청동기시대 청동기만을 생산하는 전문 장인층이 등장하였고, 이러한 집단 상호간에 교역이 이루어지며, 사회 활동의 폭이 넓어지게 된다.

특히 잉여농산물의 등장은 인구의 폭발적인 증가를 유도하였다. 왜냐하면 많은 자식을 낳아도 충분히 먹여 살릴 수 있었고, 동시에 많은 자식들이 노동에 투입되면 더 많은 생산량을 확보할 수 있었기 때문이다. 곧 많은 자식을 거느린 집안이 부유해질 수 있는 하드웨어를 갖출 수 있게 된다. 이를 통해 공동체의 대규모화가 이루어졌다. 그러나 시대의 흐름 속에 친족의 구성원이 늘어나면 늘어날수록 상호간의 친족의식은 희미해졌다. 이에 구성원 간에 사유재산제의 관념이 더욱 구체화되고, 같은 공동체사회 내에서도 빈부의 격차가 등장하여 서서히 사회 내적인 계층 분화가 야기된다.

인구의 증가는 공동체 규모의 확대로서 활동 영역이 이전 시기보다 넓어지게 되며, 인접 공동체사회와의 접촉이 증가하였다. 이러한 접촉은 대체적으로 평화적 내지 적대적 관계가 성립될 수 있는데, 청동기시대에는 적대적인 관계도 많이 발생하였다. 그것을 잘 반영해주는 것이 청동기시대의 대표적인 유물로서 청동검과 이형 동기, 장신구류 등을 들 수 있다. 그런데 이 중 가장 많이 출토되는 것이 동검 내지 동모(銅矛)와 같은 무기류이다. 대량 살상 능력을 가진 청동제 무기는 당시 전쟁과 같은 무력 충돌이 빈번했음을 알려준다. 그 결과 인근 부족을 침략하거나 정복하면서 소위 지배·피지배의 관계(물론 영속적이기는 쉽지 않으나)가 형성되어 결국 본격적인 계급사회가 등장하게 된다.

인류학계에서는 이러한 사회 환경이 마련되는 소위 청동기시대에 이르러서야 국가라고 할 만한 정치사회이자 계급사회가 형성되는 것으로 본다. 그런데 고고 자료를 통해 볼 때, 요동 지역에 중심지를 두었던 고조선은 대체로 B.C. 10세기경에 이르러서야 소위 국가라고 할 수 있는 정치사회를 이룩할 만한 바탕을 마련했다. 그러므로 현재까지의 고고 자료에 따르면 고조선의 등장은 B.C. 10세기경부터 시작될 가능성이 있다고 볼 수 있겠다.

더구나 고조선의 건국자인 '단군왕검'의 명호만을 분석해 보더라도 고조선은 청동기시대에 건국되었음을 알 수 있다. 청동기시대 유력자의 무덤에서는 청동검과 이형 동기·청동거울·장신구 등이 세트로 출토되는 경우가 대부분이다. 그런데 이 청동검은 현실의 정치적 힘을 상징한다. 반면 이형 동기나 청동거울은 종교적 권위를 상징한다. 장신구는 물론 경제적 부를 상징하는 것이다. 그러므로 청동기시대 유력자들의 무덤에서 이러한 것이 세트로 출토됨은 무덤의 주인공이 이상의 성격들을 겸비하고 있었음을 시사한다.

곧 청동기시대의 유력자는 무덤에 부장된 화려한 이형 동기를 통해 알 수 있듯이 종교적 권위를 가진 인물이었다. 그러나 그의 부장품에는 청동검 등의 무기류가 더 많은 비중을 차지한다. 곧 청동기시대로 돌입된 이후 인접 부족과의 갈등과 대립 속에 다툼이 빈번하였고, 이에 샤먼은 전쟁 지휘관의 권능도 같이 수행하여야만 하였다. 그 결과 종교적 권위에 현실의 정치적 힘을 겸비한, 게다가 사유재산제의 등장 속에 각종 장신구로 상징될 수 있는 경제적 부까지 소유한 소위 '사제+왕'이라고 언급되는 유력자 내지 군장이 출현하게 된 것이다.

이 시점에서 단군왕검의 명호를 분석해 보자. 우선 고대 동북아시아에서 최고신으로 취급된 하늘(天)을 알타이어로 탱그리(Tengry)라고 하여 샤먼의 칭호로 사용하였다고 한다. 그런데 탱그리가 어형 변화를 일으켜 탱글 → 탱굴 → 당굴 → 단군으로 변하였다고 한다. 곧 단군이라는 칭호는 고대 샤먼, 무당의 칭호인 것이다. 그러면 왕검은 어떤 의미를 가지는가? '왕'은 '크다' 또는 '높다'의 의미로 왕검은 '큰 검' 또는 '높은 검'으로 큰 힘을 가진 정치적 군장의 칭호이다. 이에 최종적으로 단군왕검이란 명호는 무당의 칭호와 군장의 칭호가 합성된 것임을 알 수 있다. 곧 고조선의 건국자인 단군왕검은 종교적 권위를 바탕으로 하는 사제와 정치적 힘을 가진 군장의 직능을 겸비한 '사제왕'의 성격을 가졌다는 것이다. 그리고 이러한 사제왕은 신석기시대가 아닌 청동기시대의 유력자임은 명백하다. 그러므로 이러한 사제왕인 단군왕검이 세운 고조선은 청동기시대에 건국되었다고 할 수 있다.

그러나 사실 고고학이라는 학문은 매우 역동적이고 불완전하다. 새로운 유적의 발견이 기존의 통설에 큰 영향을 미칠 수 있다. 구체적으로 요동 지역에서 B.C. 10세기 보다 훨씬 이른 시기의 미송리형 토기나 비파형동검과 연결되는 유적이 새롭게 발견된다면, 항상 청동기문화 개시 상한과 더불어 단군왕검과 같은 유력자의 출현 시기가 올라갈 소지는 있다. 더욱이 이와 같은 의주 미송리형 토기만이 아니라 각종 고고 자료를 통한 고조선사의 건국이나 발전에 대한 해석에는 많은 이설이 있다. 그러나 여기서는 할당된 지면의 탓으로 돌리며 또한 일반 독자들의 원만한 이해를 위해 이 정도 선에서 마칠까 한다.

김병곤 | 한국불교연구원 전임연구원

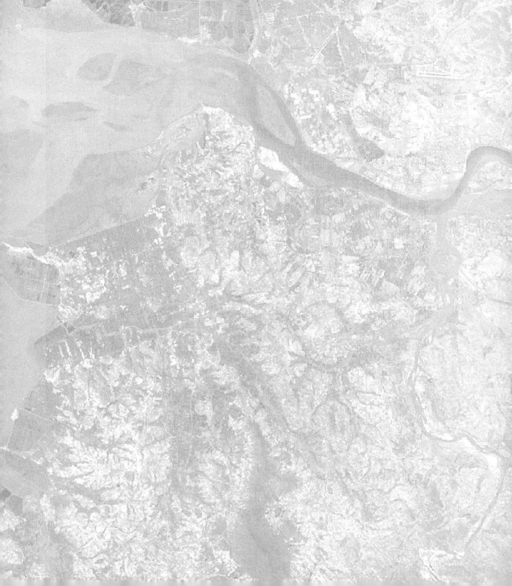

압록강 하구지역의
의주와 고구려 | 장효정

한반도의 '입구'이자 중요한 '관방'이었던 신의주는 압록강을 사이에 두고 북쪽으로 지금의 중국 단동(丹東)과 접하고 있다. 압록강 하구의 남안에는 신의주가, 그리고 북안에는 단동이 각각 위치하고 있는데, 고려시대에는 이 두 지역 일대가 교통의 요지로 주목받고 있었던 것이다. 한편 이 일대의 신석기 유적에서 배 모양의 도기(陶器)가 발견된 점으로 미루어 보아, 이 일대에서는 일찍부터 해양문화가 발달했었다고 짐작되기도 한다. 또한 이 지역은 고구려시대 당시에도 매우 중요한 전략적인 거점지역이었다고 하는데, 과연 고구려시대에 압록강 하구지역의 신의주는 어떤 상황이 전개되고 있었을까?

최근 북한은 압록강 하구지역에 위치한 신의주를 경제특별행정구로 지정하여 세계의 눈을 집중시킨 바 있다. 이러한 북한의 행위에 대해서는 세계 자본주의 사회로부터의 압력으로 인해 더욱 가중되는 경제적 곤경을 타개해 보려는 일련의 노력에서부터 나온 것이라 해석된다. 그런데 북한이 하필이면 다른 곳도 아닌 신의주를 특별행정구로 지정한 이유는 무엇일까? 이 질문에 대해 답하고자 이 글에서는 신의주 지역의 역사적인 배경, 특히 고구려시대 가운데 전기(前期)를 중심으로 설명할까 한다.

고구려 전기 당시 신의주 지역 일대가 동아시아 전체를 놓고 볼 때 교통의 요지였기 때문에 경제적인 중심지로 부상하였던 점은 옛 문헌을 통해 확인할 수가 있다. 옛날부터 신의주 지역은 육로로든 해로로든지 간에 한반도에서 요동으로 진출할 때에 반드시 거쳐 가야만 했던 교통의 요지였으며, 이러한 점은 그 반대인 요동에서부터 한반도로 들어올 때에도 마찬가지였다.

이러한 신의주 지역의 교통에 대한 중요성은 고려시대 사람인 포은 정몽주(1337~1392)가 이 지역을 잠시 지나면서 지었던 아래의 시에서 잘 표현하고 있다.

"의주는 우리나라 문호(門戶)이어서, 예로부터 중요한 관방(關防)이로세, 장성(長城)은 어느 해에 쌓았는가, 꾸불꾸불 산언덕을 따랐네, 넓고 넓은 말갈 물이 서쪽으로 흘러흘러 봉강(封疆)을 경계지었네, 내가 벌써 천리를 떠나가며는, 여기 와서 이렇게 머물거리네, 내일 아침 강 건너 떠나가며는, 요동벌판에 하늘이 망망하리라."

『신증동국여지승람』 의주목

한반도의 '입구'이자 중요한 '관방'이었던 신의주는 압록강을 사이에 두고 북쪽으로 지금의 중국 단동(丹東)과 접하고 있다. 압록강 하구의 남안에는 신의주가, 그리고 북안에는 단동이 각각 위치하고 있는데, 고려시대에는 이 두 지역 일대가 교통의 요지로 주목받고 있었던 것이다. 한편 이 일대의 신석기 유적에서 배 모양의 도기(陶器)가 발견된 점으로 미루어 보아, 이 일대에서는 일찍부터 해양문화가 발달했었다고 짐작되기도 한다. 또한 이 지역은 고구려시대 당시에도 매우 중요한 전략적인 거점지역이었다고 하는데, 과연 고구려시대에 압록강 하구지역의 신의주에서는 어떠한 상황이 전개되고 있었을까?

고구려시대 압록강 하구지역의 역사적 배경

현재 우리나라에서 가장 오래된 역사서인 『삼국사기』에는 고구려의 건국자 주몽이 북부여에서 비상한 능력을 가졌다는 이유로 부여 왕자들의 시기를 받아 죽을 고비에 이르자, 어머니 유화의 권유로 부여를 떠나 남하하여 졸본의 강가에 이르러 도읍을 정하였다고 한다. 이 때 주몽이 도읍으로 정한 곳은 현재 중국 환인지역에 있는 오녀산성(五女山城)으로 비정되고 있다. 남북 길이 1000m, 동서 길이 300m 가량의 비교적 큰 규모인 이 산성 부근에는 고구려 초기의 적석총들이 분포하고 있어, 이곳이 고구려의 초기 도읍지였음을 증명해 주고 있다.

그런데 이 고구려의 초기 도읍지인 환인지역은 당시 졸본에서 서북쪽에 위치한 한사군(漢四郡) 중 하나인 현도군(玄菟郡)과 가까운 거리에 있었기 때문에 중국세력으로부터 쉽게 공격받을 수 있는 곳이었다.

아울러 당시 북방에 있던 부여의 위협 또한 만만치가 않았다. 따라서 고구려는 애초부터 국도를 환인지역에서 다른 지역으로 옮겨야만 했던 불리한 지리적인 여건을 가지고 있었다. 이러한 지리적인 약점을 극복함과 동시에 외부로부터의 공격에 대비하고자, 공교롭게도 지금으로부터 정확히 2000년 전인 A.D. 3년 고구려는 제2대 유리명왕에 의해 환인지역에서 압록강 중류에 위치한 집안지역으로 천도하게 된다.

당시 천도의 이유로는 앞서 서술한 두 가지 요인을 대표적으로 지적할 수 있겠으나, 이것 외에도 고구려 내부의 정치적인 갈등을 천도의 한 원인으로 주목할 수 있겠다. 유리(유리명왕의 어렸을 적 이름)는 아버지 주몽과 마찬가지로 북부여를 떠나 남하하여 고구려를 건국한 아버지와 합세한다. 그런데 이전에 주몽에게는 환인지역 토착세력의 딸과 결혼하여 낳은 비류와 온조 두 아들이 있었다. 이후 이복형이었던 유리가 주몽의 후계자로 지목되자, 비류와 온조는 태자인 유리에게 용납되지 않을까 두려워 어머니인 소서노와 함께 고구려를 떠나 남하를 하게 된다. 이들 형제 중 동생 온조는 지금의 서울지역인 위례성에 도읍을 정하고 열 명의 신하로 하여금 보좌케 하여 국호를 십제(十濟)라고 하였는데, 바로 이 십제가 후일 주변의 세력들을 복속시켜 백제(百濟)로 발전하는 것이다.

아무튼 설화적으로 서술된 이 내용으로 미루어 볼 때, 당시 북부여에서 주몽을 뒤늦게 찾아온 유리와 비류·온조 사이에 왕위계승문제 때문에 어떠한 정치적 알력이 존재하고 있었던 것을 우리는 쉽게 짐작할 수가 있다. 이러한 정치적 알력은 비류와 온조가 환인지역을 떠난 이후에도 계속되었다. 아무래도 비류·온조의 편이었던 환인지역의 토착세력들은 외부에서 온 유리가 왕이 되자 계속해서 반발하였을 것이다.

이렇게 환인지역은 외부 공격으로부터의 방어가 취약한 지리적인 약점이 있었으며, 또 내부적으로 토착세력의 반발이 계속되는 곳이었다. 따라서 유리명왕은 이러한 문제들을 한번에 극복·해결하기 위해 지금의 압록강 중류일대인 집안지역으로 천도를 단행하였던 것이다. 『삼국사기』의 기록을 보면, 당시 고구려가 왜 졸본에서 집안지역으로 천도하였는지를 잘 알 수 있다.

> 봄 3월에……신이 돼지를 쫓아 국내(國內) 위나암(尉那巖)에 이르니, 그 산과 물은 깊고 험하며 땅이 오곡(五穀)을 키우기에 마땅하며, 또 순록, 사슴, 물고기, 자라가 많이 나는 것을 보았습니다. 왕께서 만약 수도를 옮기시면 백성의 이익이 끝없을 뿐만 아니라 전쟁의 걱정도 면할 수 있을 것입니다.
>
> 『삼국사기』 고구려본기 유리명왕 21년조

압록강 중류의 집안지역은 산세가 험하고 물이 풍부하며 땅이 농사를 짓기에 비옥한 지리적인 장점을 가지고 있었다. 고구려의 두 번째 수도 국내성이 위치하고 있는 이 지역은 지금도 북쪽으로 노령산맥이 북풍을 막아주어 연중 평균기온이 비교적 높으며, 또한 강수량도 풍부한 편으로 농사하기에 좋은 기후를 가지고 있다. 나아가 이 지역은 특히 서북으로 요동지역, 동으로는 동해안으로 통하는 동서 교통로상의 중심지여서 지정학적으로 상당히 중요한 위치에 있는 곳이기도 하다. 이러한 교통의 요지에 수도를 정한 고구려는 중계무역을 통해 다른 지역의 성읍국가들보다 빠른 속도로 국력을 키워 나아갔다. 고구려는 이러한 축적된 국력을 바탕으로 배후에 있던 동예나 옥저의 대외교역을 차단하였고, 그 결과 일찍부터 이 두 국가들을 복속할 수 있는 계기를 마련하였다. 결국 고구려가 집안지역을 도읍으로 삼았던 이유 중 하나는 이 지역이 만주지역에서나 함경도지역에서 사람들이 서해로 통하기 위해 반드시 지나쳐야 할 거점으로서, 경제 및 교통이 집중되는 지정학적 장점을 가진 곳이었다는 점을 꿰뚫고 있었기 때문이라고 할 수 있겠다.

한편 환인지역에서의 고구려 사람들은 강을 사용하여 바다로 나아가는 것이 불가능했었는데, 집안으로 천도한 후에는 압록강을 따라 서남쪽으로 이동하여 서해안으로 진출을 할 수 있게 되었다. 그런데 당시 압록강 중류지역 뿐만 아니라 이 글에서 주목하고 있는 압록강 하구지역에서도 사람들이 하나의 정치체(政治體)를 이루며 독립적인 문화를 영위하고 있었던 것이 기록상 확인된다.

> 또한 소수맥(小水貊)이 있다. 구려(句麗)가 나라를 만들고 대수(大水)를 의지하여 거주하였다. 서안평현(西安平縣) 북쪽에 소수(小水)가 있는데, 남쪽으로 흘러 바다로 들어간다. 구려의 별종(別種)으로 소수에 의지하여 나라를 만들었기 때문에 그들을 이름하여 소수맥이라 하였다. 좋은 활이 나오니 소위 맥궁(貊弓)이 이것이다.
> 『삼국지』권30, 위서30 동이전30 고구려조

위의 『삼국지』 기사에 의하면, 초기에 고구려는 지역적으로 대수맥

(大水貊)과 소수맥(小水貊)으로 구분되어 있었다고 한다. 현재『삼국지』 이외에『후한서』·『위씨춘추』에만 위와 같은 소수맥과 관련된 기사가 남아 있다. 위의 내용에 고구려가 대수, 곧 압록강에 의거한 것에 비해, 고구려의 별종이라고 기록된 소수맥은 서안평(西安平) 북쪽의 소수에 의거하였기 때문에 소수맥으로 불렸다고 한다.

현재 서안평은 단동에서 동북방향 차로 15분 거리에 있는 구련성(九連城) 부근으로 비정되고 있다. 이 서안평의 북쪽에 위치하고 있었다는 소수맥은 압록강 하구일대를 장악하면서, 이 일대의 지리적인 이점을 독점하며 발전하였다고 여겨지고 있다. 소수맥이 거처한 지역은 현재 평안남도 일대의 낙랑군(樂浪郡) 및 황해도 일대의 대방군(帶方郡) 지방과, 당시 동이교위(東夷校尉)가 파견되어 있던 요동 지방을 서로 연결하는 교통로상에 위치하였다. 다시 말하면, 사람들이 한반도 중심부에서 요동지역으로 왕래하려면 압록강 하구의 서안평지역을 거치지 않으면 안되었다는 것이다. 한편 대수맥을 압록강의 본류(本流)로 파악하고 소수맥을 혼강(渾江) 유역으로 비정하는 견해도 있으나, 근래에 연구된 바에 의하면 서안평현의 중심지는 압록강 하구지역의 단동시 애하첨고성(靉河尖古城)으로 추정되고 있으며, 따라서 소수는 단동 북쪽의 애하(靉河)나 포석하(浦石河)로 비정되고 있다.

현재 관전현(寬甸縣) 일대인 이 곳에 흐르는 위의 두 강(애하와 포석하)과 신의주 일대의 삼교천(三橋川) 등은 압록강의 여러 지류로서 복합삼각주를 이루고 있으며, 이에 압록강 하구 남북으로는 대평야가 넓게 펼쳐있다. 압록강을 젖줄로 삼고 있는 이 대평야는 압록강에 의하여 운반된 토양으로 이루어진 충적평야로서 현재에도 토질이 비옥

114

한 것으로 유명하다. 이와 같이 압록강 하구일대는 일찍부터 사람들이 정착하여 살기 좋은 곳이었음을 짐작할 수 있다. 때문에 농업에 많은 비중을 두었던 고대 사람들은 이러한 평야지대로 모일 수밖에 없었고, 이러한 지역에 소수맥이라는 하나의 정치체가 기록상에 나타나게 된 배경일 것이다.

이후 이 소수맥이 살던 지역을 고구려가 차지하는데, 고구려는 이 지역을 매우 중요한 전략적인 거점으로 사용하였다. 일찍이 고구려는 요동과 서북한 지역을 잇는 요충지이자 서해로 나아가는 관문이었던 압록강 하구의 서안평을 장악하려고 노력하였다.『삼국사기』고구려 본기를 보면, 고구려는 건국 후 낙랑군이 축출되는 313년까지 총 3차례에 걸쳐 서안평을 공격하고 있음이 확인된다.

첫 번째는 태조대왕 때인 146년에 일어났는데, 고구려가 서안평을 공격하여 대방령(帶方令)을 죽이고 낙랑태수(樂浪太守)의 부인과 아들을 사로잡은 사건이 있었다. 이는 고구려가 건국초기부터 주변세력을 통합해 가는 과정의 연장선상에 있었던 것으로, 이전 태조대왕 4년(56)에 고구려가 영토를 동쪽으로 창해(滄海), 그리고 남쪽으로 살수(薩水, 현 대동강 상류)까지 확장한 뒤, 약 90년 후인 이 때에 비로소 서쪽으로 압록강 하구의 서안평과 신의주 일대까지 영향력을 미치게 되었던 것이다. 이 때의 서안평 공격은 고구려의 서북방면으로의 진출과 중국세력의 침략을 방어하기 위한 두 가지 목적으로 행해졌는데, 특히 해양 전략상에 있어 서해연안으로의 진출과 함께 중국세력의 해양활동을 방해하기 위한 거점 확보의 목적도 있었다.

그 후 약 100여 년 뒤인 242년에 고구려의 동천왕이 다시 서안평을

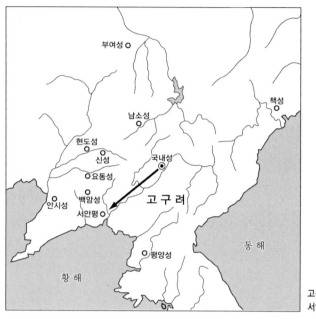

고구려의
서안평 공략도

공격하였다. 이 때는 앞서 서술한 태조대왕 때와는 시대적인 상황이
많이 달랐고, 고구려는 이 공격으로 인해 큰 타격을 입는 결과를 초래
하였다. 3세기 전반의 중국대륙은 후한(後漢)이 멸망한 뒤 모두가 잘
아는 '삼국지의 시대'가 도래한 때였다. 위(魏) · 촉(蜀) · 오(吳)가 병립
하는 혼란을 틈타 요동에서는 공손씨(公孫氏)가 흥기하여 한나라가 설
치한 한군현(漢郡縣)들을 장악하였다. 하지만 공손씨는 238년에 고구
려의 도움을 받은 위나라에 의해 멸망당하고 만다. 그런데 이후 고구
려와 위나라 사이는 동맹관계에서 적대관계로 돌변하게 된다. 이는
위나라 명제(明帝)가 공손씨의 토벌군과는 별도로 몰래 수군(水軍)을
파견하여 해로를 통해 고구려의 남방에 위치한 낙랑군과 대방군을 점
령하였기 때문이었다. 공손씨의 멸망에 도움을 주었던 동천왕은 위나

관구검기공비

라와 국경을 접하게 되었고 배후에 있는 두 군의 지역까지 빼앗기게 되자, 위나라에 대한 심각한 위협을 느껴 서안평을 선제 공격하게 된 것이다.

이 공격은 낙랑군과 대방군 지역에서 위나라 세력이 재편된 것을 겨냥한 목적이 있다고 평가되고 있으나, 이에 대해 조금은 달리 생각해 볼 수도 있다. 기록상에는 나타나지 않아 추측에 불과하지만, 위나라가 공손씨를 공격하기 위해 고구려의 군대를 요청하였을 당시 참전의 대가로 낙랑군과 대방군의 땅을 고구려에게 양도(讓渡)하겠다고 약속하지 않았을까 추측된다. 이러한 상황에서 위나라가 몰래 두 군의 땅을 접수하자, 동천왕은 서안평을 공격하여 위나라가 약속을 어긴 점에 대항했던 것으로 보인다. 여하튼 이 때의 서안평 공격으로 고구려는 당시 유주자사(幽州刺史)였던 관구검(毌丘儉)에 의해 국도가 함락당하고 왕이 옥저로 피신하는 상황을 맞이하고 만다. 국력을 다시 회복한 이후 동천왕은 국도가 전쟁을 겪어 훼손이 너무 심해 다시 도읍으로 삼을 수 없다 하여, 247년 현재 평양지역에 왕성(王城)을 쌓고 이거(移居)하였다.

마지막 고구려의 서안평 공격은 미천왕 12년인 311년에 행해진다. 이 공격으로 고구려의 대외진출 사업은 하나의 전환기를 마련하였다. 미천왕은 서안평을 공격한 지 2년 후에 낙랑군을, 3년 후에 대방군을 공략하여 한반도에서 마침내 두 군을 축출하였다. 이렇게 미천왕대의 서안평 공격 이후 두 군의 공격이 이루어진 점으로 미루어 보아, 이는 남부에 있는 두 군의 육로와 해로를 차단하여 중국 본토로부터 고립시킬 목적이 있었다고 보여진다. 이후 압록강 하구의 서안평을 점령한 고구려는 이 지역을 발판으로 요동진출을 더욱 활발하게 추진하였다.

고구려는 일찍부터 당시 압록강 하구일대가 차지하던 지정학적인 중요성, 특히 교통의 요지임과 동시에 경제적 중심지라는 점을 일찍부터 간파하고 집요하게 이 지역을 차지하려고 노력하였던 것이다. 이러한 고구려시대의 역사적 상황을 통해 볼 때, 압록강 하구지역인 신의주의 지정학적 중요성은 고대에서부터 현재까지 이어져 내려오는 것임을 확인할 수 있다.

신의주 지역은 고구려에 있어서 어떠한 위치에 있었을까?

고구려시대부터 경제의 중심지였던 신의주

역사적 발전과정 속에서 한국 고대국가가 중앙집권적 왕권을 이룩하기 위해서는 무엇보다도 경제력이 뒷받침되어야만 했다. 앞서 확인한 바와 같이 고구려는 이러한 경제력을 확보하기 위해 환인(졸본)에서 집안지역(국내)으로 도읍을 옮겼던 것이다. 물론 현도군을 통한 한나라의 공격에 대한 방어뿐만 아니라 분리통제책(分離統制策)을 제어하는 데 불리했던 것도 그 천도의 원인으로 지적할 수 있겠지만, 앞서 지적했듯이 그것은 무엇보다 집안지역의 토양이 오곡(五穀)에 적합했고 많은 들짐승과 물고기 등이 풍부하여 농업·어로·수렵에 적합한 생산성을 확보할 수 있는 천연의 풍부한 지리적 조건을 갖추고 있었기 때문이었을 것이다.

하지만 이러한 집안지역의 풍부한 자원들은 고구려의 인구가 비교적 적었을 때 국한된 사실이었다. 즉 이 지역은 고구려가 점차 영토를 확장해 나아감에 따라 증가하는 인구가 요구하는 경제력을 충족시키지 못하였다. 『삼국지』에 의하면, 3세기경 고구려에서는 '일하지 않고 먹는 자(坐食者)'가 전체 3만 호 가운데 만여 명이나 되었는데, 그들은 일찍부터 고구려에 복속되었던 동예나 옥저 사람들로부터 조세(租稅)와 해중식물(海中食物)을 징수받으며 생활하였기 때문에 존재할 수 있었던 것이다. 그런데 같은 기록을 보면, 집안지역은 큰 산과 깊은 골짜기가 많고 넓은 들은 없어 고구려인들이 부지런히 농사를 지어도 식량이 충분하지 못했다고 한다. 이러한 기록은 앞서 살펴본 유리왕대의 『삼국사기』기사와 사뭇 다른 것이다. 이것은 고구려의 영역이 확장되면서 비례적으로 인구도 증가했기 때문에 집안지역의 농토 등 경작지가 상당히 부족하게 되었음을 알려주고 있는 것이다.

여기서 우리는 고구려가 서안평을 공격했던 이유를 다시금 음미해볼 필요가 있다. 위에서 설명한 바와 같이 현재까지 고구려의 서안평 공격에 대해서는 중국세력과의 관계 속에서 고구려가 육지 및 바다에서의 교통로를 확보하려고 했다는 관점에 주목하여 마치 그것이 전부인양 해석되어 온 경향이 없지 않다. 물론 고구려 초기에는 그러하다고 볼 수도 있겠다. 그러나 낙랑군과 대방군이 미약해졌던 3세기 중반 이후에 대한 사건들에 대해서도 그렇게 해석할 수 있겠느냐는 다시 한번 생각해봐야 한다. 만약 미천왕대의 서안평 공격도 그러한 관점에서 해석된다면, 4세기 초반이 될 때까지 고구려는 압록강 하구뿐만 아니라 신의주 지역조차도 차지하지 못하였다는 의미인데, 과연 고구려의 영역이 두 군을 축출하기 바로 2년 전인 311년까지도 그 지역을 포함하지 못하였다고 보는 것은 옳은 생각이 아니라고 본다.

미천왕이 서안평을 공격했던 이유는 분명 서안평 지역과 그 남방의 신의주 지역에 펼쳐져 있는 대평야를 차지하여 농경지를 확보하고 경제력을 증강시키려 했기 때문이다. 따라서 고구려는 서안평을 교통의 요지로서 주목하기도 하였겠지만 이와 함께 농경지 부족이라는 난제(難題)를 극복하기 위해 압록강 하구의 삼각주 평야, 즉 천연의 농업생산지를 차지하려고 했던 것이다. 압록강 하구지역의 중심이라고 할 수 있는 서안평과 신의주 지역의 평야지대는 고구려 초기에 상당히 중요한 농경지대였을 것이다. 또한 이 지역은 바다와 접하여 있기 때문에 고대 사람들에게 매우 중요한 물품이었던 소금도 용이하게 구할 수 있는 곳이어서 더욱더 주목되었을 것이다. 따라서 이 지역에는 일찍이 소수맥 사람들이 정착했던 것이고, 처음부터 고구려는 중국세력과의 끊임없는 투쟁 끝에 차지하려 했던 것이다. 나아가 최근 북한에서 압록강 하구지역의 신의주를 경제특별행정구로 지정하여 국가의

120

경제력을 상승시키는 데 초석으로 삼으려고 하였으니, 이는 역사상 아이러니컬(ironical)한 사건이 아닐 수 없다.

고구려시대부터 교통의 중심지였던 신의주

신의주 지역은 넓은 평야를 가지고 있어 고구려 초기에 농경지대로서 중요한 역할을 했을 것이라고 설명해 보았다. 그러나 앞에서도 계속 언급하였듯이 이 지역이 가지는 교통로로서의 중요성은 아무리 강조해도 부족하다. 압록강 중류지역인 집안지역에 두 번째 수도를 정했던 고구려는 압록강을 이용하여 배를 타고 바다로 나아가 중국 및 한반도 남부 그리고 일본과 교류하였다.

한편 고구려는 일찍부터 압록강에서 수군을 육성하였다고 한다. 이러한 수군을 이용하여 서안평을 공격했으며, 또 서해안으로 진출하여 바다 위에서도 전투를 하였던 것이다. 최근에 서안평에서 가까운 박작성(泊灼城) 안의 우물 속에서 배 한 척이 발견되었는데, 이것이 현재까지 남은 유일한 고구려의 배로 보고 있다. 현재 남겨진 유물이 적어 명확하게 설명하기는 곤란하나 여러 기록들을 통해 볼 때 고구려 사람들의 항해능력은 상당히 뛰어났으며, 고구려의 수군은 막강한 힘을 자랑했었다고 한다.

고구려가 압록강 하구를 통하여 중국 대륙에 있는 세력과 직접 교류했음은 『삼국지』의 기사를 통해 확인할 수 있다. 오나라의 손권(孫權)은 위나라의 배후를 공격할 세력으로 고구려를 주목하여 해로로 사신을 보내었는데, 233년과 235년 두 차례에 걸쳐 고구려의 동천왕이 오나라 손권과 통교하고 있음이 확인된다. 233년에 요동의 공손씨

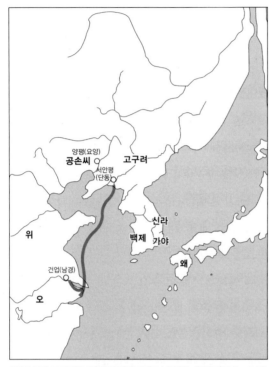

3세기 전반 고구려와 오(吳)의 해양교섭도 | 윤명철, 『한국해양사』, 84쪽 지도에서

에 보낸 오나라 사신의 일부가 살아남아 고구려로 피신하여 서로의 외교관계가 열렸고, 235년에는 정식으로 오나라의 사자(使者)가 고구려에 파견되어 동천왕을 선우(單于)에 봉하니 고구려도 군마(軍馬) 수백 필을 헌상하는 등 외교관계를 맺게 되었다. 여기서 말을 수백 필이나 실을 수 있는 배를 만들었던 고구려인들의 항해능력이 매우 뛰어났었음을 알 수가 있는데, 『삼국지』 권47, 오서2 오주전에는

"······사자(使者)인 사굉(謝宏)과 중서(中書)인 진순(陳恂)을 보내어 宮(동천왕 : 인용자 주)을 선우(單于)로 책봉하고 의복과 진귀한 보물을 더하여 내려주었다. 순 등은 안평구(安坪口)로 들어왔고······"

라고 기록하여 당시에 양국의 배는 안평구를 이용하고 있는 것을 확인할 수 있다. 여기서 안평구는 압록강 하구의 서안평을 의미하는데, 이렇게 이 지역은 고구려의 항구 역할도 했었음을 알 수 있다.

한편 앞서 살펴보았듯이 신의주 지역은 고구려시대에 육상 교통로 상 매우 중요한 위치를 차지하고 있었다. 당시 압록강 하류에서 평양으로 통하는 주요한 길은 두 갈래가 있었다. 그 중 하나는 압록강 남안의 의주에서 용천·피현 지역을 거쳐 염주-동림-곽산-정주-안주-숙천-평양으로 이어지는 연해통로(沿海通路)이고, 다른 하나는 의주·삭주 지역에서 구성-태천-영변-개천-순천-성천-평양으로 이어지는 내륙통로(內陸通路)이다.

이렇게 신의주 지역은 고구려가 육로 및 해로를 사용하는 데에 있어 매우 중요한 요충지였으며, 압록강 하구는 동아시아 세계로 나아가는 고속도로와 같은 '고속해로(高速海路)'의 출입구였던 것이다.

이상 압록강 하구지역에 위치한 신의주와 단동 지역의 역사적인 그리고 지리적인 배경에 대해 살펴보았다. 신의주 일대가 경제적인 면에서 발전하는 데에 있어 좋은 지정학적 위치를 차지한다는 점을 간파했던 고구려와 마찬가지로, 약 2000년이 지난 시점에 북한이 압록강 하구지역의 신의주를 경제특별행정구로 지정한 점은 여간 흥미로운 것이 아니다.

그런데 앞서 살펴보았듯이 압록강 하구지역이 중요시되었던 것은 고구려의 전시기에 걸쳐서 아니라, 고구려가 압록강 중류인 집안지역에 국도를 정했던 시기로 한정할 수 있겠다. 당시 고구려가 압록강 중류에서 서해로 나아가기 위해서는 반드시 그 출입구인 압록강 하구를 장악해야만 했기 때문에 더욱 중요시되었을 것이다.

고구려가 점차 발전함에 따라 수도였던 집안지역은 농업생산력과 수취기반의 한계를 드러냈다. 또한 장기간에 걸쳐 왕권의 제지(制止) 세력이었던 국내지역의 귀족세력을 견제하기 위해서는 수도의 이전이 불가피하였다. 이러한 상황이 전개되고 있을 때에 고구려는 위나라의 관구검에 의해 큰 피해를 입는다.

> (동천왕) 21년 봄 2월에 왕은 환도성(丸都城)이 난을 겪어서 다시 도읍으로 삼을 수 없다고 하여, 평양성(平壤城)을 쌓고 백성과 종묘(宗廟)·사직(社稷)을 옮겼다. 평양은 본래 선인왕검(仙人王儉)의 집이다. 혹은 왕의 도읍은 왕험(王險)이라 한다.
>
> 『삼국사기』 고구려본기 동천왕 21년조

위의 기사는 동천왕이 고구려의 국도가 적에게 함락을 당하여 다시 수도로 사용하기 어렵게 되자 백성과 종묘 및 사직을 평양성으로 옮겼음을 알려주고 있다. 여기서 평양성은 현재의 평안남도 평양시 부근에 성을 의미하며, 이곳에 종묘와 사직도 옮겼던 점으로 미루어 보아 동천왕 역시 이 평양성으로 거처를 옮겼다고 볼 수 있다.

평양은 고조선시대부터 정치·경제·사회·문화의 중심지였다. 또한 농경에 적합한 기후 및 넓은 평야지대, 그리고 교역의 중심지로서 철이 대량으로 유입되고 있던 지역이기도 하였다. 나아가 고구려에게 평양지역은 이 지역에 거주하는 낙랑 유민들 및 중국 남부로의 해로를 확보하기 위해서 꼭 필요한 곳이었다. 따라서 서안평 공격이 실패한 결과 동천왕은 왕성을 평양으로 옮김으로써 교역상의 중심도시인 평양에서의 해상활동을 통해 서해의 지배권을 회복하려고 했던 것이다.

집안지역에서 서해로 나아가는 데에 시간이 많이 걸리는 번거로움으로부터 탈피하고자 고구려는 대동강을 따라 서해로 단시간에 나아갈 수 있는 유리한 지리적 조건을 가진 평양지역을 오랫동안 국도로 삼았다. 더욱이 겨울철에 압록강은 5개월 가까이 얼음이 얼어 그 위를 말과 마차가 왕래할 수 있었다고 한다. 즉 겨울동안의 집안지역은 압록강을 따라 서해안으로 나오는 이른바 '고속도로'를 사용할 수 없게 되는 결정적인 취약점을 가지고 있었던 셈이다. 현재에도 압록강은 겨울에 1m 이상의 두께로 결빙(結氷)할 뿐 아니라 조석간만의 차가 너무 커서 간조 때는 수심이 얕아지고 토사의 퇴적이 심하여 무역항으로서 결점이 많다고 한다. 이러한 점 또한 고구려가 평양으로 수도를 옮겨야 했던 이유 가운데 하나로 제시할 수 있겠다. 평양지역은 서해안에서부터 매우 근거리에 있으며 그 지역 자체가 큰 평야를 이루고 있어 경제적 생산력을 확보하는 데 최선의 땅이라고 파악된다.

일찍이 고구려시대에 압록강 하구의 신의주 지역이 주목되었던 것은 역시 고구려가 초기에 도읍을 했던 지역이 평양지역에 비해 척박하였고, 또 살기 어려웠던 땅이었기 때문일 것이다. 따라서 고구려는 압록강 하구에 형성된 삼각주를 끼고 펼쳐져 있는 평야를 차지하여 경제적 부담감을 덜려고 노력하였을 것으로 생각된다. 이에 고구려시대 전기에는 압록강 하구지역의 신의주가 상당히 중요한 경제적 요지였음은 두말 할 필요가 없다.

이후 고구려 장수왕대의 평양천도로 인해 지리적인 중요성이 많이 쇠퇴하기는 하였다. 하지만 요동지역으로 나아가는 교통로로서의 고구려시대 신의주 지역이 차지하는 중요한 위치는 변함이 없었으며, 때문에 우리가 살아가는 현재에도 신의주 지역은 교통의 중심지로 주목을 받고 있는 것이다.

현재 북한은 고구려와 마찬가지로 신의주 지역을 다시금 경제적인 안목을 가지고 바라보고 있다. 역사는 순환한다고 혹자가 말하였다는데, 과연 이를 통해 북한이 발전할 지는 지켜볼 일이다. 이후 남북으로 갈라진 한반도가 통일을 이룩한 뒤 다시금 동아시아로의, 아니 전세계로의 출입구였던 신의주를 통하여 고구려시대에 차지했던 영토를 되찾고 우리 대한민국이 전 세계에 중심이 되는 시대가 도래하기를 기대해 본다.

장효정 | 동국대학교 대학원 사학과 박사수료

삼국통일전쟁과 의주 | 최현화

『신증동국여지승람』에 의주 출신이라 기록된 인물들과 관련된 지명을 조금 더 자세히 밝히고 있는 예가 보이기는 하지만 이들 지명의 구체적인 위치 역시 현재로서는 알 수 없다. 이들 지명은 『삼국사기』 지리지에도 '삼국유명미상지분(三國有名未詳地分)', 즉 '삼국의 이름만 있고 그 위치가 분명하지 않은 곳'으로 분류되어 있을 뿐이다. 따라서 현재로서는 이들을 의주 출신이라고 단정할 수 없다. 고대 의주와 그 지역의 인물들에 대해 전하고 있는 자료는 현재로서는 거의 찾아보기 힘들다. 따라서 단순히 여러 사서에 보이는 의주를 포함하는 압록강 부근 지역의 변화를 통해 당시 의주지방의 역사적 전개를 엿볼 수 있을 뿐이다. 그러면 여기에서 삼국통일시기 당시 의주 지역을 둘러싸고 어떠한 역사적 사건들이 일어났는지를 살펴보도록 하겠다.

조선시대에 편찬된 지리서인『신증동국여지승람』에 따르면 의주는 원래 고려 용만현(龍灣縣)이었다고 한다. 그 연혁에는 고려 이전의 내용을 담고 있지 않아 고대 의주의 역사적 전개에 대해서 구체적으로 알 수 없다. 단지 지리적으로 볼 때, 삼국시대에 고구려(高句麗)의 영역에 포함되어 있었으며, 그 수도였던 국내성(國內城)에 가까이 위치하고 있었기 때문에 고구려의 정치적 중심지로서 기능하였을 것이라 추측할 수 있을 뿐이다.

『신증동국여지승람』은 각 지역의 지명 변천과 더불어 출신 인물 등도 싣고 있는데, 고구려 때의 의주 출신 인물들로는 을파소(乙巴素), 밀우(密友)·유유(紐由), 명림답부(明臨答夫)를 들고 있다. 이것은 같은 책의 세주(細注)에서 밝히고 있는 것처럼 국내성을 의주로 비정하는『고려사』지리지 정인지(鄭麟趾)의 설에 따라 고구려가 국내성에 도읍했을 당시에 활약한 인물들을 뽑아 놓은 것일 뿐, 명확하게 의주를 기반으로 하고 있었다고 말할 수는 없다.

『삼국사기』에는 이들의 출신지나 연고지에 대해 보다 자세한 기록을 남기고 있다. 이를 잠시 살펴보면, 을파소는 서압록곡(西鴨淥谷) 좌물촌(左勿村) 사람이고, 밀우와 유유는 동부인(東部人)이라 하여 출신지를 명기하고 있다. 또한 명림답부와 밀우의 경우 고구려 왕실로부터 각각 좌원(坐原)·질산(質山), 거곡(巨谷)·청목곡(靑木谷)을 식읍(食邑)으로 받았다고 기록되어 있다. 식읍은 국가가 왕족·공신(功臣)·봉작자(封爵者) 등에게 일정한 지역을 주어 그 수조권을 개인이 소유하게 한 것이다. 식읍으로 수여받는 지역은 대개 수여자와 연고를 갖고 있는 것이 보통이다. 즉 고대의 예만 들더라도 신라는 가야(伽倻)를 복속한 이후 금관가야(金官伽倻) 왕에게 이전의 지배지역을 주었고, 고려는 귀부(歸附)한 신라 경순왕(敬順王)에게 경주(慶州)를 식읍으로 주었다. 여기에서 예로 든 인물들은 모두 멸망한 국가의 왕이라는 특수한 신분을 가진 경우라고 생각할 수도 있지만 식읍 수여자와 식읍지가 어느 정도 관련이 있다는 사실은 충분히 인정되는 것이다. 또한 식읍지로 수여받은 곳에 수여자의 활동 혹은 영향력이 있었을 것이라는 점은 충분히 생각할 수 있다. 이처럼 식읍이 그것을 수여받은 인물과 직·간접적으로 연고를 갖고 있다고 생각할 때 식읍지명은 이들의 활동 지역을 보여준다고 할 수 있다.

이처럼 『신증동국여지승람』에 의주 출신이라 기록된 인물들과 관련된 지명을 조금 더 자세히 밝히고 있는 예가 있기는 하지만 이들 지명의 구체적인 위치 역시 현재로서는 알 수 없다. 이들 지명은 『삼국사기』 지리지에도 '삼국유명미상지분(三國有名未詳地分)', 즉 '삼국의 이름만 있고 그 위치가 분명하지 않은 곳'으로 분류되어 있기 때문이다. 따라서 현재로서는 이들을 의주 출신이라고 단정할 수 없다.

고대 의주와 그 지역의 인물들에 대해 전하고 있는 자료는 현재로서는 거의 찾아보기 힘들다. 그러므로 단순히 여러 사서에 보이는 의주를 포함하는 압록강 부근 지역의 변화를 통해 당시 의주지방의 역사적 전개를 엿볼 수 있을 뿐이다. 그러면 여기에서 삼국통일시기 당시 의주 지역을 둘러싸고 어떠한 역사적 사건들이 일어났는지를 살펴보도록 하겠다. 이를 위해 우선 이 지역의 지리적 특수성을 이해해야 할 것이다.

의주지방은 압록강 하구에 요동지역과 상당히 가까운 위치에 있다.

요동지역은 지정학적으로 한반도와 중국대륙을 잇는 중요한 위치이다. 이 때문에 일찍부터 한(韓)·중(中) 양국간 이 지역을 둘러싼 각축이 있었다. 우선 가까운 예를 들더라도 고조선(古朝鮮)이 있었을 때에는 지금의 북경(北京)지역을 중심으로 흥기한 연(燕)세력과 요동지역을 둘러싸고 여러 차례 충돌이 있었고, 급기야 중국에 한(漢)이라는 통일국가가 등장하자 요동지역을 통해 고조선을 공격하여 멸망시키고 그 지역에 한사군(漢四郡)을 설치하였다. 또한 고구려 건국 이후에는 국가적 성장과 더불어 요동지역으로 세력을 점차 확대해 나가면서 위(魏)나라를 비롯한 중국세력과 대결하였다. 고구려는 건국 이후 세력을 확대하여 의주 지역과 상당히 가까운 곳에 자리한 서안평(西安平)이나 그 부근 지역을 공격하여 요동지역으로의 진출을 적극 추진하였다. 이러한 사례로 볼 때 당시 의주 지역이 한반도에서 요동으로 진출할 때에 중요한 역할을 하였음을 추측할 수 있다. 이후 고구려가 요동지역을 차지하고 나서는 중국세력과의 접경이 요동으로 이동하게 됨으로써 그 중요성이 더욱 부각되었다. 이러한 지정학적 요소는 이 글에서 다루는 7세기에도 마찬가지여서 당의 고구려 침입이나 삼국통일전쟁중에 이 지역을 배경으로 많은 전투와 사건들이 벌어졌다.

격동의 7세기 중엽 동아시아

7세기 중엽 동아시아 세계는 격동의 변화를 겪고 있었다. 6세기 이래 고구려·백제·신라 삼국 내부의 항쟁이 격화되는 한편, 중국에서는 통일왕조인 수(隋)·당(唐)이 출현하여 기존의 질서가 와해되고, 변화가 모색되는 시기이다. 삼국은 상호항쟁 속에서 자국에 유리한 환경을 조성하기 위해 주변국가와의 외교활동을 적극적으로 꾀하여 국내의 분쟁이 동아시아라는 국제적 차원으로 확대되어 전개되는 양상이 나타난다.

우선 삼국은 약 100여 년간에 걸쳐 영토쟁탈전을 벌이고 있었다. 특히 신라의 세력확대와 더불어 한강유역을 둘러싸고 격심한 전쟁이 계속되었다. 한강유역은 경제적인 면뿐만 아니라 군사·외교면에서도 중요성이 높아 일찍부터 삼국 모두의 이목이 집중되고 있던 터였다. 특히 삼국이 고대국가로의 발전을 추구하는 과정에서 중국으로부터의 각종 제도·사상 및 문화 수용이 중대한 역할을 하였던 점에서 볼 때, 한강유역의 점령은 대중(對中) 직항로(直航路)의 확보로서 그 의미가 더욱 컸다. 이러한 배경에서 삼국의 한강유역을 차지하기 위한 노력이 끊임없이 계속되었다.

6세기는 고구려의 팽창에 대비해 백제와 신라가 연합하여 남북으로 대치한 형세를 이루고 있었는데, 551년 백제와 신라가 연합군을 조직하여 고구려로부터 한강유역을 탈취하였다. 이를 계기로 신라가 한강 상류를, 백제가 한강 하류를 나누어 가졌지만, 2년 후 신라는 동맹을 깨고 백제마저 축출하였다. 이 사건은 단순한 신라의 영토 확장에만 그치는 것이 아니라 이후 삼국의 정세(情勢)를 일변시켜 상호간 치열한 전쟁의 시대를 열었다. 이에 따라 신라는 곧 고구려·백제로부터 대대적인 반격을 받게 되었다.

실제로 이후 신라는 이전에는 경험해 본 적 없는 국가적인 전쟁 상황에 돌입하게 된다. 진흥왕(眞興王, 재위 540~576)대 이후 선덕왕(善德王, 재위 780~785)대에 이르기까지 여제(麗濟)의 공격이 장기간

이어졌다. 이 시기 신라와 고구려·백제의 전쟁횟수를 통계로 내어보면 진평왕대(579~632)에 고구려와 5회, 백제와 10회, 선덕왕대에는 고구려와 2회, 백제와 3회의 전쟁을 수행했다. 진평왕과 선덕왕의 재위기간을 생각하면 약 3년에 한 번 꼴로 전쟁이 일어났던 것이다.

특히 백제는 신라의 배신에 대한 보복의 차원에서 더욱 적극적인 공세를 펼쳤다. 그 절정이 바로 642년(선덕왕 12)에 백제가 신라의 서쪽 변경 40여 성과 대야성(大耶城 : 합천)을 함락한 사건이다. 대야성은 진흥왕대 가야지역을 복속한 이후 서쪽 변경을 전담하는 군사적 거점으로서 기능하였는데, 이 지역의 상실로 신라는 대백제 전초기지가 압량주(押梁州 : 경산)로 후퇴하게 되었다. 이에 그치지 않고 백제는 고구려와 연합하여 한강 하류의 당항성(黨項城)을 빼앗아 신라의 대당(對唐) 통로를 끊어 고립시키려고 하였다. 이러한 상황 속에서 신라는 새로운 지원세력으로서 당을 주목하게 되었다.

한반도 삼국 사이의 상호항쟁이 계속될 즈음, 중국 내부정세도 변화를 맞이하고 있었다. 중국에서는 400년 가까이 지속되던 분열의 시기를 마감하고 새로운 통일제국의 시대가 개막되었다. 동아시아 세계의 중심인 중국의 변화는 비단 내부에 그치지 않고 외부와 연결되어 전개되는 특징이 있다. 중국과 주변국가들 사이에 분열과 통합이라는 일련의 현상이 비슷한 시기에 나타나는 것도 이와 관련이 있다. 이러한 양상은 이 시기에도 보이고 있다. 통일제국의 출현은 강력한 집권력을 바탕으로 중국 내부의 역학관계를 재조정하였을 뿐 아니라 이민족과의 관계에도 변화를 초래하여 중국 측에서 이전과 같이 형식적이 아닌 실질적인 영향력을 행사하려는 노력이 나타난다.

여기에서 중국왕조들과 주변 국가들의 관계에 대해서 잠시 살펴보겠다. 전근대 동아시아 국제관계는 중국을 중심축으로 주변 국가들이 상호교류·교섭하는 형태로 이루어졌다. 이는 조공(朝貢)과 책봉(冊封)이라는 특수한 모습으로 나타난다. 이에 따라 전근대 동아시아의 국제관계를 조공책봉체제로 규정하기도 한다. 중국은 이를 통해 명목상으로 국제사회의 중심이라는 것을 확인하였고 주변 국가들은 당시 국제사회에서 자국의 위치를 인정받고 국내적으로는 통치자의 정통성을 과시하는 효과를 거둘 수 있었다. 중국 역대왕조들은 기본적으로 중화주의적(中華主義的) 천하사상(天下思想)을 근간으로 한 지배질서를 구축하기 위해 주변 이민족의 통합과 발전을 저지하는 정책을 취하고 있었다.

남북조시대에는 중국 내부에 강력한 힘을 독점한 구심체가 존재하지 않는 상황이었기 때문에 이민족에 대해서 이를 적극적으로 관철할 수 없었다. 이 시기 중국의 왕조들은 내부 문제에 주력하였고, 각각 세력 유지 차원에서 외부와 교섭할 뿐이었다. 당시 중국은 이민족과 조공과 책봉이라는 형식으로 연결되어 있었으나 실질적으로 이민족을 구속할 수 없었다. 국제관계라는 것이 어디까지나 물리적 힘을 근간으로 하여 성립되는 것이기 때문에, 중국 내부에 주변 국가들을 제압할 만한 능력을 갖춘 정치체가 존재하지 않는 상황에서는 중국이 주변민족에 대해 책봉을 하는 입장에 있었다고는 하지만 단지 명분상에 그치는 것이었을 뿐 실질적인 상하주종관계는 아니었다. 따라서 남북조시대 고구려·백제·신라는 남북조와 조공책봉관계를 맺고 있었지만 단지 삼국간 역학관계 유지와 자국의 실리를 추구하는 차원에서 통교를 추진하고 있었다.

그런데 이러한 관계는 중국에서 강력한 통일제국이 출현할 경우 급변하게 된다. 즉 통일제국은 자국의 국력을 주변국가에도 관철하고자 하였다. 수(隋)왕조는 통일 완수 이후 기존의 명목적 국제질서를 실질적인 측면에서 구현하고자 하였고 그것이 바로 돌궐(突厥)과 고구려 정벌로 나타났다. 이는 이전에 한(漢)이 중국을 통일하고 주변민족에 대해 적극적으로 공세를 펼친 것과 같은 형태이다. 이러한 모습은 그 뒤를 이은 당(唐)에게서도 마찬가지이다.

당의 주변 민족에 대한 정복사업은 당 태종(太宗, 재위 626~649)대에 들어서면서 보다 적극적으로 추진되기 시작하였다. 당의 건국 초기에는 국가의 기틀을 마련하기 위한 여러 작업들에 보다 공을 들여야 하였기 때문에 외부문제에 관심을 둘 수가 없었다. 더욱이 전왕조인 수가 외부, 특히 고구려에 대해 과도한 군사적 압박을 감행하다가 멸망에 이르게 되었다는 점이 초창기 당에게는 반드시 경계해야 할 대상으로 인식되었다. 따라서 당시로서는 외부에 대한 공격을 자제하는 것이 현명하다는 여론이 조정 내에 폭넓게 형성되어 있었다. 이러한 사실은 태종이 군신과 정사에 대해 논의한 것을 기록하여 후대 황제의 통치에 귀감이 되게 할 목적으로 편찬한 『정관정요(貞觀政要)』에 잘 드러난다. 주지하듯 당 태종은 역대 황제 중 누구보다 고구려 정벌에 주력했던 인물인데, 그조차도 주변 이민족과의 관계에서 어떠한 정책을 내릴 때에는 수의 정책 실패를 되돌아보고 가급적이면 국력을 낭비하지 않는 방향으로 결정을 내렸다. 그러한 모습은 고구려 정벌에서 특히 더욱 강조되었다.

건국 초기에 당은 실제로 주변민족과의 대결에서 열세를 면치 못하였다. 한때 당은 돌궐의 신하라고 칭할 정도였고, 돌궐은 당을 가볍게 생각하여 침입이 끊이지 않았다. 당 고조(高祖) 이연(李淵)은 태원(太原) 방면에서 동돌궐(東突厥)을 막아내지 못해 그 문책이 두려워 수 왕조에 반기를 들었는데, 이 때 이연은 동돌궐에게 영토와 백성을 차지하는 대신 경제적 이익을 제공하겠다는 약속을 하였다. 이러한 상황에서 돌궐이 당을 무시하게 된 것이다.

더불어 당은 고구려에 대해서도 온건한 입장에서 우호관계를 유지하고자 하였다. 이 시기를 전하고 있는 중국사서에는 한때 당 고조가 조정에서 고구려에 칭신(稱臣)의 예(禮)를 요구하지 않겠다는 발언을 한 사실이 보인다. 물론 이 발언은 곧 조정 대신들의 거센 반발에 부딪혔지만 황제가 공식석상에서 고구려에게 신하로서의 예를 갖추지 않아도 좋다고 했다는 것은 그 자체만으로도 당시 당이 어떠한 입장에 놓여 있었는가를 잘 보여준다.

그런데 국가체제 정비가 어느 정도 안정에 이른 당 태종대에 이르러서는 이러한 상황이 변화하게 되었다. 630년(貞觀 4)에 이미 동돌궐 힐리가한(頡利可汗)의 항복을 받아냈고, 이후 잇따라 이민족의 침략을 막아내어 토욕혼(吐谷渾, 정관 9, 635)과 고창(高昌, 정관 14, 640)을 정복하는 등 주변 이민족과의 경쟁에서 우위를 확보해 나갔다. 특히 돌궐 정복 후에는 중국 서북의 이민족들이 당 태종에게 '천가한(天可汗)'이라는 존호를 바쳤고, 이후부터 주변민족에게 새서(璽書)를 내릴 때 황제칭호와 이를 함께 칭하였다. '천가한'은 문자 그대로 가한(可汗)들의 중심에 위치하는 존재라는 뜻이다. 이처럼 황제가 중국 고유의 칭호 외에 이민족의 수장 칭호를 겸하게 된 것은 당이 돌궐의 평정과 더불어 주변민족에 대해 군사적 우위를 확보했고, 그것을 주변민족들이 공식으로 인정했다는 것을 의미한다. 요컨대 이 사건은 북방 이민족에 대해 중국 중심의 질서가 적용되기 시작한 것을 단적으로 보여주는 사례라 할 것이다.

당은 640년 고창 복속을 끝으로 서북의 국가들에 대한 정벌이 일단 마무리되자, 동북의 고구려에게 관심을 돌리기 시작한다. 이미 한 차례 수가 고구려의 신속화(臣屬化)에 실패한 경험이 있기 때문에 복속 욕구는 더욱 강했을지도 모른다. 다만 창업기의 특수한 상황으로 인해 고구려에게 관심을 돌릴 여유가 없었을 뿐이다. 그런데 이제 상황이 변하여 이는 실현 가능성이 있는 것으로 비춰졌을 것이다. 당 태종은 즉위 초부터 고구려에 대해 남다른 관심을 갖고 있음이 확인된다. 그러나 한편으로 여전히 수의 전례를 염두에 두고 최대한 신중을 기하고 있는 모습도 보인다. 이는 고조대에 고구려를 대상으로 한 공격은 물론이고, 신속마저도 포기하려 했던 태도와는 사뭇 다른 모습이다.

이처럼 당이 고구려에 지대한 관심을 갖게 된 것은 그 바탕에 이 지역에 대한 전통적 인식이 깔려 있다. 중국 세력은 기본적으로 고구려 지역을 과거 기자(箕子)가 분봉(分封)되었던 곳이자 한사군이 설치되었던 자신의 영토라고 인식하였다. 즉 주(周)나라 이래 요동을 포함한 한반도는 중국의 영토였으므로 그 영유권이 당에 있다는 것이다. 그렇기 때문에 이를 회복하기 위해서는 반드시 고구려를 제압하여야 한다고 생각하였다. 고구려에 대한 전쟁이 추진되면서 당 조정 내에서는 끊임없이 찬반 논의가 거듭되었는데 주전론(主戰論)의 입장을 대변하는 논리가 고구려의 영역이 한사군의 영역이며 고구려가 예를 지키지 않는다는 것이었다. 이는 어디까지나 중화주의적 발상이라 할 수 있으나 이러한 입장에서 이후 모든 대(對)삼국 정책이 나올 수 있었다는 점에서 주목된다.

당의 고구려 공격과 의주 지역

중국 세력이 한반도를 공격할 때에는 대체로 육지와 바다 두 방면으로 나누어 진행한다. 한 무제(武帝, 재위 B.C. 141~B.C. 87)가 고조선을 공격할 때에도 요동지역으로 육군(陸軍)을 보내는 한편 수군(水軍)은 바다를 건너 직접 대동강으로 들어가 평양을 공격하게 하였다. 이러한 공격 형태는 이후 수·당에게도 그대로 답습되었다. 이러한 경우 공격을 당하는 입장에서는 양면의 적을 맞아 싸우느라 어느 한 방면에서 허점을 드러내기 마련이었다. 당은 여러 차례에 걸쳐 고구려를 침입하였는데 요동을 침공하여 고구려의 병력을 이 지역으로 집결하게 하고, 한편으로는 수군을 곧바로 평양으로 보내어, 이후 수륙 양군이 합세하는 작전을 펼쳤다.

당 태종은 고구려 내부에서 연개소문(淵蓋蘇文)이 영류왕(營留王)을 살해하는 정변이 발생하자 이를 계기로 정벌을 적극 추진하였다. 당시 연개소문은 외교정책상에서 강경한 입장을 고수하여 당의 신라에 대한 공격 저지 권유를 거절하고 대항하였다. 앞에서도 설명했듯이 당은 고구려에 대해 이전부터 복속하려는 의도는 가지고 있었으나 국내외의 사정으로 자제하고 있는 상태였다. 당시 한반도에서는 삼국간의 대립이 극에 달하여 당을 상대로 치열한 외교전을 펼치고 있었다. 신

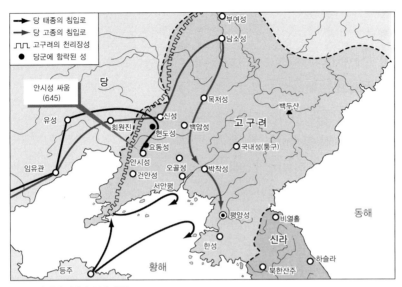

645년 안시성 싸움과 주변 상황

라는 고구려와 백제의 공격을 대제국인 당에게 보고하여 이를 저지해 주기를 요청하였고, 고구려와 백제도 당과 우호관계를 유지하고자 노력하였다. 이러한 상황에서 당은 고구려와 백제에 몇 차례에 걸쳐 사신을 보내어 신라에 대한 공격을 자제할 것을 권유하였다. 그러나 고구려에서 연개소문이 정권을 잡으면서 신라에 대한 공격을 계속할 것을 표명함으로써 당과의 관계가 악화되기 시작하였다. 특히 이 시점에 당은 이미 주변 이민족에 대한 평정을 일단락 한 상황이었다. 따라서 이전과는 달리 고구려 정벌을 적극 추진할 수 있는 여력이 있었던 것이다.

마침내 당 태종은 644년(정관 18) 11월에 형부상서(刑部尚書) 조량(趙亮)을 평양도행군대총관(平壤道行軍大總管)으로 임명하여 5백 척의 전함과 4만여 명의 병사를 이끌고 산동성(山東省) 내주(萊州)로부터 해로로 평양을 공격하게 하였다. 동시에 영국공(英國公) 이적(李勣)을 요동도행군대총관(遼東道行軍大總管)으로 임명하여 6만여 명을 이끌고 요동을 공격하게 하였다. 이 때에도 수륙 양방면에서의 공격이 이루어진 것이다. 뒤이어 태종도 645년 2월에 낙양(洛陽)을 출발하여 고구려 원정에 참여하였다.

앞서 출발한 이적의 군대는 645년 4월 요하(遼河)를 건너 현토성(玄菟城 : 撫順 부근)에 이르렀고 신성(新城)·개모성(蓋牟城) 등 그 부근의 성을 둘러싸고 치열한 전투를 벌였다. 그러나 신성은 끝내 함락하지 못하였다. 한편 내주를 출발한 수군은 5월 비사성(卑沙城 : 요동반도 金州 동쪽)을 함락시키고 일부는 압록강 방면에 침입하였다. 육군은 개모성을 함락한 이후 남하하여 요동성(遼東城 : 遼陽)을 공격하였고 5월 초순에 당 태종의 군대가 여기에 합류하였다. 요동성은 고구려의 요동경영의 본거지로서 그 중요성이 더했기 때문에 이 전투에는 단지 성내의 병사들뿐만 아니라 주변의 국내성과 신성에서 4만의 원군이 파견되어 당군에 대항하였으나 10여 일의 항전 끝에 당군에 함락되고 말았다. 이어서 당군은 당 태종의 지휘하에 백암성(白巖城 : 요양과 本溪 사이)을 포위 공격하였고 이에 고구려측에서 오골성(烏骨城)의 1만여 병사를 원군으로 파견하여 돕게 하였으나 함락되었다. 당군은 계속 남하하여 6월 20일에 안시성(安市城 : 海城의 동남)에 이르렀다. 안시성은 남쪽의 수암(岫巖)을 거쳐 압록강 하류 지역으로 통하는 루트에 연하고 요동평야가 산지(山地)로 이어지는 지점에 위치하여 그 군사·교통상의 중요성이 높은 곳이었다. 이를 방어하기 위해 고구려는 15만의 대규모 지원군을 보냈으나 이들은 도중에 당에 의해 차단되었다. 그러나 안시성주 양만춘(梁萬春)의 끈질긴 항전으로 성을 지켜내었고 곧 밀어닥친 추위로 인해 당군은 요동에서 철수할 수밖에 없었다.

당의 고구려 침입 과정에서 보이는 육군의 공격루트를 좀 더 자세히 살펴보겠다. 이를 통해 압록강 하류 지역이 전쟁 과정에서 어떠한 의미를 가지고 있는지가 명확히 드러날 것이기 때문이다. 당군의 공격 루트는 우선 중국과 접경한 무순지역을 공략한 후 남하하여 요양을 거쳐 압록강 하류를 통해 한반도로 들어가는 행로임을 알 수 있다. 특히 이 가운데에서 눈길을 끄는 것은 바로 안시성 지역을 공략하였다는 것이다. 당군이 이 지역을 통과하였다는 것은 바로 이 수암을 거쳐 압록강 하류를 지나 한반도로 들어가는 교통로를 택하고 있었다는 것을 보여준다.

기록을 보면 이후 당군이 고구려를 공격할 때 압록강을 건너는 지점으로 압록책(鴨綠柵)이나 압록진(鴨綠津)이 보이는데, 이는 당 태종의 고구려 원정 루트를 생각해 볼 때 아마도 압록강 하류의 의주 부근이었을 것으로 추정된다. 『삼국사기』에 기록된 668년 당이 건넜다는 압록책을 일반적으로 의주로 비정하는 것은 바로 이러한 배경에서이다. 압록강 상류는 심한 감입곡류(嵌入曲流)[1]로서 양쪽 강가가 급경사 면을 이루고 있고 유속이 빨라 건너기가 어렵다. 이에 비해 압록강 하류는 유속이 느리고 강가가 평평하여 수운(水運)에 유리하다. 특히

---

1) 하천이 산지나 고원지대를 흐를 때, 하천의 양안(兩岸)을 하방침식(下方浸蝕)에 의하여 대칭적으로 깊은 골짜기를 이루면서 곡류하는 하천.

의주 아래쪽 하구로 내려오면 강 연안에 넓은 충적평야가 펼쳐져 있을 뿐 아니라 삼각주가 발달하여 위화도와 같은 하중도(河中島)2)가 많다. 이처럼 압록강 유역 중에서도 하류가 가장 도하(渡河)에 유리한 입지 조건을 갖추고 있었기 때문에 일찍부터 한반도와 요동지역을 연결하는 교통로로 이용되었다. 압록강 하류를 통한 공격은 수나라 군사에 의해서도 이미 한 차례 시도된 적이 있었지만 강을 건넌 뒤 을지문덕(乙支文德)의 살수대첩과 같은 고구려군의 강력한 방어에 부딪혀 평양으로의 진격은 이루어지지 못했다.

당은 수대의 공격루트를 참고로 하면서 고구려에 대한 새로운 정보를 이용하여 효과적인 공격을 하였을 것으로 추측된다. 당은 고구려를 침공하기 전인 641년에 직방낭중(職方郎中) 진대덕(陳大德)을 파견하여 고구려의 내정과 산천지리(山川地理)에 대한 정보를 수집하였다. 이것은 전년에 보장왕(寶藏王)이 태자 환권(桓權)을 당에 보내어 조공한 데 대한 답례의 명목으로 이루어진 사절파견이었다. 그러나 진대덕은 정탐 활동을 목적으로 하고 있었다. 진대덕을 단순한 사신으로 보기에 어려운 점은 파견 시기가 당에서 고구려 공격을 준비하고 있던 때라는 것에서도 짐작할 수 있지만, 사신인 그가 지니고 있던 관직을 보아도 잘 알 수 있다. 직방낭중은 천하의 지도(地圖)와 성황(城隍)·진수(鎮戍)·봉수(烽燧)의 조사를 맡고 주변국의 원근과 귀화를 가리는 임무를 담당하는 관청에 소속된 관리이다. 그러한 업무를 담당하던 인물을 사신으로 파견하였다는 것은 그가 고구려에 가서 그러한 역할

---

2) 하천의 유로나 유속이 바뀌면서 하천 가운데 생긴 퇴적물이 쌓여 형성된 섬.

을 수행하기를 기대하였기 때문이다. 실제로 진대덕은 고구려에 들어와 거쳐가는 지역의 관리에게 뇌물을 주고 좋은 산수를 구경한다는 핑계로 곳곳을 돌아다녔다. 이 때에 고구려의 산천에 대한 정보는 물론 교통로에 대한 세밀한 조사가 이루어졌을 것이고, 이것은 당의 고구려 공격에 실질적으로 활용되었을 것이다.

이후에도 당은 비슷한 루트로 고구려를 공격하고 있다. 647년(정관 21)에 다시 해로와 육로로 고구려를 공격하였다. 내주에서 출발한 수군은 압록강 하류에 침입하고 육군은 신성을 지나 남소성(南蘇城)·목저성(木底城)을 공격하였다. 역시 이전과 같은 루트이다. 다음해 설만철(薛萬徹)이 이끄는 당 수군은 압록강 하류의 박작성(泊灼城 : 安平 하구)을 공격하였고 당 태종은 다시 30만의 병사를 더 보내어 고구려를 멸망시키고자 대규모의 병선(兵船)을 만들게 하였다. 그러나 이것은 다음해 당 태종의 죽음으로 중단되었다.

당의 고구려 공격은 고종(高宗, 649~683)대에 들어서도 계속되었다. 이 시기에는 당과 신라가 연합한 상태로 공격을 가하고 있다. 655년 정월 고구려가 백제·말갈과 연합하여 신라 북경(北境)의 30여 성을 탈취하자, 신라는 곧 당에 고구려 정벌을 요청하였다. 당은 이를 받아들여 655년(永徽 6)에 신성을 공격하였으나 성의 외곽을 불태우고 퇴각하는 것에 그쳤고, 658년(顯慶 3)에 다시 신성을 공격하고 다음해에는 황산(黃山)에서 고구려군과 싸웠으나 패하였다. 고구려 공격이 잇따라 실패로 돌아가자 당은 전략을 바꾸어 신라와 연합하여 백제를 멸망시킨 후 고구려를 공격하는 방법을 택하게 되었다. 660년 나당연합군은 백제를 정복하고 나서 곧바로 고구려에 대해 공격을 가

한다. 이 때 당은 신라에게 지원을 요청하였으나 신라군이 평양성에 도달하기 전에 미리 당군이 철수함으로써 실현되지 못하였다.

이처럼 당의 공격을 잘 막아내던 고구려는 연개소문의 사망(665)으로 새로운 전기를 맞이하게 되었다. 연개소문의 사후 뒤를 이어 장자인 남생(男生)이 국정을 장악하였으나 형제들 사이에 내분이 일어나 남생이 아우인 남건(男建)·남산(男産)에 의해 축출되는 정변이 일어났다. 남생은 국내성으로 도망하여 그 세력을 이끌고 요동의 현토성으로 들어간 후 666년에 아들 헌성(獻誠)을 당에 보내어 구원을 요청하였다. 이에 따라 당은 남생을 맞이하기 위해 계필하력(契苾何力)을 요동도안무대사(遼東道按撫大使)로, 방동선(龐同善)·고간(高偘)을 행군총관으로 임명하여 요동에 파견했다. 이를 저지하기 위해 남건은 병사를 이끌고 요동으로 나아갔으나 막지 못하였고, 당에 귀부한 남생은 당으로부터 특진요동대도독겸평양도안무대사(特進遼東大都督兼平壤道按撫大使)의 직을 수여받고 현토군공(玄菟郡公)에 봉해졌다.

당은 이 기회를 이용하여 고구려 정벌을 단행한다. 666년 12월 고종은 이적(李勣)을 요동도행군대총관으로 임명하여 백제고지에 주둔하고 있던 유인원(劉仁願)의 군대를 지휘하게 하였다. 더불어 신라에게도 출병하여 이를 돕도록 명하였다. 또한 수륙제군총관병전량사(水陸諸軍總管幷轉糧使) 두의적(竇義積)·독고경운(獨孤卿雲)·곽대봉(郭待封) 등에게 이적의 명령을 받아 중국 하북(河北) 여러 주(州)의 조부(租賦)를 요동으로 가져가 군량으로 쓰게 하였다. 이 때 남생은 당군의 향도(嚮導)가 되어 고구려 공격을 도왔다.

이적의 군대는 먼저 요하를 건너 신성을 포위 공격하였다. 신성은 고구려 변경에 위치한 최전선으로서 "고구려 서변(西邊)의 요새이니 이를 빼앗지 못하면 나머지 성을 쉽게 취하지 못할 것이다"라고 한 이적의 말에서 알 수 있듯이 고구려 경략에 있어서 매우 중요한 거점이었다. 따라서 고구려측의 대항도 치열하였다. 고구려인들은 이적이 신성을 포위한 후 약 9개월간에 걸쳐 농성전을 벌였을 정도였다. 신성이 당군에게 함락된 이후에도 고구려는 이를 되찾기 위해 병력을 보냈으나 실패했다.

신성을 함락한 이적은 일부 군사를 남기고 남하하였다. 신성에 잔류한 군사들은 방동선·고간의 지휘 하에 소자하(蘇子河) 부근의 남소성(南蘇城)·목저성(木底城)·창암성(蒼巖城)을 빼앗았다. 이후 이적은 요동의 여러 성을 함락하면서 남하하였고, 668년 9월 당의 제군들이 압록책에 집결하였다. 이 때의 압록책은 앞에서도 서술하였지만 바로 압록강 하류 의주 지역으로 비정되고 있다. 그러나 당군의 압록강 통과가 처음부터 순조롭게 진행되지는 않았던 것 같다. 사서를 보면 당군이 고구려군에게 "압록의 험함을 지킬 줄 모른다", 즉 압록강의 군사적 요새로서의 이점을 이용할 줄 모른다는 언급이 담긴 격문을 보내었고, 이에 따라 남건이 곧바로 압록진에 군사를 보내어, 당군이 건너지 못하였다는 기록이 있다. 이것은 당군의 압록강 도하를 막는 고구려군의 방어가 치열했음을 보여주는 것이다. 그러나 이는 일시적인 것에 불과하였을 뿐이고 압록책에 집결한 당군은 고구려의 방어선을 뚫고 평양을 향해 나아갔다.

평양성 공격에는 이적이 이끄는 육군뿐만 아니라 이미 앞서 평양에 와 있던 수군과 북상한 백제 주둔 당군·신라군도 가세하였다. 이에 평양성은 약 1달 동안 항전하다가 끝내 항복하고 말았다. 이로써 900여 년간 동북아의 강국으로 호령해 온 고구려가 역사 속으로 사라지게 되었다.

고구려의 멸망과 안동도호부의 설치

평양성을 함락한 뒤 당은 보장왕을 비롯한 지배층을 본국으로 끌고 가서 당 태종의 묘인 소릉(昭陵)에 헌상(獻上)하였다. 지배층을 당으로 끌고 가는 조치는 660년 백제의 정복 후에도 행해졌다. 지배층을 본국에 그대로 남겨둔다면 이들을 중심으로 나라를 재건하려는 움직임이 생길지도 모르기 때문에 이를 미연에 방지하기 위해 이러한 조치를 한 것이다. 그런데 여기에서 눈길을 끄는 것이 바로 평양성 함락의 사실을 보고 받은 당 고종이 이적에게 먼저 왕 등을 소릉에 바치고, 장안으로 돌아와 태묘(太廟)에 고하라고 명령했다는 점이다. 종묘사직에 대한 보고보다 앞서 당 태종의 능에 보고하고 있는 것이다. 이를 볼 때 당 고종은 고구려 정벌을 당 태종의 유업을 계승한다는 의미로 수행하고 있었음을 알 수 있다.

한편 당은 고구려 영토에 대해서 새로운 지배체제를 구축하였다. 고구려 멸망 당시의 행정구획인 5부(部) 176성(城) 69만여 호(戶)를 9도독부(都督府) 42주(州) 100현(縣)으로 개편하고 평양에 안동도호부(安東都護府)를 두어 이를 통치하게 하였다. 더불어 고구려 장수 중에서 공이 있는 사람을 골라 도독(都督)·자사(刺史)·현령(縣令)으로 임명하여 중국인과 함께 행정에 참여하게 하였다. 이러한 복속지 지배 형식은 당시 당이 복속 이민족 영토에 대해 일반적으로 취하고 있는 방식이었다. 도호부는 당이 국초에 주변민족을 복속하고 그 복속지를 총독하기 위해 설치한 가장 상위의 기관으로서 고구려에 설치된 안동도호부 외에도 5개의 도호부가 더 있었다. 이러한 지배체제를 기미지배체제(羈縻支配體制)라고 부른다.

'기미(羈縻)'란 소와 말을 부리는 고삐와 굴레를 의미하는 말로서, 기미정책이란 그와 같이 주변의 이민족을 중국 마음대로 제어하는 정책을 일컫는다. 이러한 정책은 이민족의 본성을 부정적으로 보는 입장에서 출발한다. 중국인들은 이민족을 금수(禽獸)와 같은 존재로 여겨 중국에게 굴복한다고 하더라도 언제인가는 배반할 것이 분명하므로 영토 안으로 받아들여 함께 살 수 없다고 생각하였다. 따라서 이민족이 내부(來附)해 오더라도 완전히 받아들이지 말고 외교적으로 관계가 끊이지만 않게 하는 것을 최상책으로 여겼다. 이는 역대 중국왕조에게 이민족의 수장을 매개로, 그 지배체제를 온존시켜 통치하는 간접지배의 전통으로 이어졌다. 이민족에 대한 이러한 태도는 한대(漢代)에 이미 형성되었다.

그러나 이것도 역시 앞에서 설명했던 것처럼 중국 내부의 상황에 따라 약간씩 다른 형태를 띠고 전개되었다. 즉 한무제(漢武帝) 때에는 주변민족을 정복하고 복속지역을 한의 영토에 직접 포함시켰고, 중국 내부가 분열되어 있던 위진남북조시대에는 단순히 조공과 책봉이라는 형식적 관계로 만족하기도 하였다. 당대의 기미지배체제는 바로 그 중간 단계에 위치한다고 할 수 있다. 즉 중국 내지의 행정조직을 적용하는 면에서는 한대와 마찬가지로 직접 통치를 지향하는 한편, 그 지역의 통치를 이민족에게 맡겨 자치를 인정한다는 점은 간접 지배를 의미한다.

여기에서 당의 기미지배를 조금 더 자세히 살펴보고 넘어가겠다. 당은 전국을 도(道) - 주(州) - 현(縣)으로 나누어 지배하였다. 이 중 도는 엄밀히 말하면 행정구획이 아니었고 단순히 순찰사 등을 지방에 파견할 때 하나의 기준 단위로 설정되었다. 따라서 국초에는 주에 자사, 현에 현령과 같이 장관이 있는 것과 달리 최고지위의 관직이 존재하지 않았고, 실제 행정구획 중에서 가장 큰 것이 주였다고 할 수 있다. 이러한 주 가운데 군사상 중요한 곳에는 도독부를 설치하고 주의 자사가 도독을 겸직하게 하였다. 따라서 도독부의 장관은 한 주의 자사로서 일반 행정을 담당하는 동시에 도독으로서 도독부와 주변지역의 군사 행정을 관장하고 있었다. 당은 이러한 국내행정제도를 복속지의 이민족 통치에도 그대로 적용하여 이민족 세력의 규모와 지위에 따라 주·현으로 편제하고 토착친당인물을 뽑아 도독·자사·현령으로 임명하였다.

한반도에서 당이 구현하고자 한 기미부주제(羈縻府州制)는 이러한 일환에서 설치되었다. 당은 초기에는 고구려를 기미부주가 아닌 중국 내지의 행정구획과 같은 정식 주(正州)로 만들려고 하였다. 645년 당 태종이 고구려 친정에 나서 요동지역에서 개모성(蓋牟城)·요동성(遼東城)·백암성(白巖城)을 함락하고 각각 개주(蓋州)·요주(遼州)·암주(巖州)로 삼았다. 당 내지의 행정구역은 그 명칭이 한 글자로 이루어진 것에 반해 기미주는 고유지명을 그대로 살려 두 글자 이상이다. 그런데 이 때 점령한 지역은 중국 내지와 같은 정주의 이름 형태를 띠고 있는 것이다. 그런데 이러한 정책이 어느 사이에 변화하여 백제

148

를 복속시킨 후 바로 그 땅에 웅진(熊津)·마한(馬韓)·동명(東明)·금련(金蓮)·덕안(德安)의 5도독부(都督府)를 설치하고 그 휘하에 37주, 250현을 두고, 신라를 바로 계림주대도독부(鷄林州大都督府)라 하여 마찬가지로 하나의 기미주로 만들었다. 더 나아가 당은 고구려를 정복한 후에는 평양에 도호부를 두어 이들을 관장하게 하였던 것이다. 즉 이로써 형식상으로나마 백제와 신라의 영토는 평양의 안동도호부의 지배를 받는 형태가 되었다.

이처럼 고구려의 영토가 안동도호부의 관할 하에 들어가게 됨에 따라 압록강 유역과 요동지역도 바로 그 소속이 되었다. 그러나 이 지역에서 당의 지배가 그리 쉽게 이루어지지는 않았던 것으로 보인다. 사실 당의 평양성 공격이 이루어진 당시 요동지역의 모든 성이 당에 완전히 굴복한 것은 아니었고, 평양성이 항복한 이후에도 이들의 저항은 계속되었다. 669년 당은 38,200호(戶)를 수륙 양방향으로 내지로 옮기었고 고구려 영토에는 빈약자만을 두었다고 하는데 그 이유는 "고구려민에 이반자가 많기 때문"이었다. 669년 2월 왕족 안승(安勝)이 4천여 호를 이끌고 신라로 투항했으며 670년에는 검모잠(劍牟岑)이 부흥운동을 벌였다. 이것은 평양성이 함락된 후에도 고구려 영토 내에 여전히 당의 지배에 저항 혹은 이탈하는 세력이 온존하고 있었음을 보여준다. 당시 압록강 유역의 고구려 유민이 어떠하였는지를 전하는 것은 『삼국사기』 지리지에 당이 기미부주(羈縻府州)로 편성한 고구려 영토 목록에 "압록수(鴨綠水) 이북(以北)에 항복하지 않거나 도망한 11개의 성"이 포함되어 있는 점에서도 잘 알 수 있다. 실제로 645년 당 태종의 친정 때에도 함락되지 않았던 안시성은 668년에도 항복하지 않고 당에 저항하다가 671년에야 함락되었다. 당에 대한 고구려 유민의 저항이 이어지자 안동도호부는 더 이상 평양에 머무르지 못하고 요동지역으로 이동할 수밖에 없었다.

최현화 | 동국대학교 강사

역사의 현장 의주 고려시대 | 엄성용

의주 지역은 우리나라 서북 끝인 압록강 하류에 위치하고 있어서 고려시대 이래로 국경 관문으로서의 의미를 지니고 있다. 그런데 국경 관문이라고 하면 곧 외부의 침략이 있을 때 공략의 첫 대상이 될 뿐만 아니라 동시에 함락되는 순간 침략군의 통로로서 기능을 하지 않을 수 없게 된다. 따라서 국경 관문인 의주를 군사 전략적으로 매우 중요시 하지 않을 수 없었다. 실제 의주 지역의 군사적인 가치는 고려와 조선시대에 걸쳐 여러 번 있었던 북방 이민족의 침략과 그 방어 과정에서 잘 드러나고 있다. 이 뿐만 아니라 북방 이민족 세력을 견제하는 데 있어 의주의 전략적 가치 또한 매우 컸다. 특히 여진족을 고려에 예속시키는 이른바 '기미정책(羈縻政策)'과 관련하여 의주 지역이 갖는 의미는 자못 크다고 할 수 있다. 또한 이 곳은 우리 한민족과 거란족 그리고 여진족의 동시적인 접촉이 가능하다는 지역적 특성을 갖고 있었다. 이런 점에서 이 지역은 지정학적으로 북방 이민족과의 교류 중심지가 될 가능성을 갖고 있었다고 하겠다.

선사시대 한반도로의 종족이동과 이후 계속된 새로운 문물 유입의 많은 부분이 압록강을 거쳐 이루어졌으리라는 것은 의심의 여지가 없다. 아울러 고조선 시기부터 고구려와 발해에 이르기까지 압록강과 그 부근 지역이 우리 민족의 중심 생활터전으로서 중요한 역할을 해온 것 역시 주지의 사실이다. 그러나 발해가 926년 거란에 의해 붕괴되자 이 지역은 우리 민족의 생활무대에서 떨어져 나가는 듯 했다. 사실 고려 태조가 후삼국의 분열상을 극복하여 다시 통일왕조를 이룩하였을 때 고려의 북방 경계선은 청천강과 박천강을 한계로 하고 있었다. 따라서 압록강과 그 부근 지역은 고려의 직접적인 지배에서 벗어나 있었다고 하겠다. 당시에 실제로 이 지역을 생활무대로 삼은 종족은 여진족(말갈족)이었다.『고려사』고려 태조 원년 기사 중에 번인(蕃人)들이 평양을 무대로 사냥하고 있다는 내용이 있는데, 이는 당시 평안도 북부와 함경도 일대가 이미 이들의 생활터전이 되어 있음을 보여주는 것이다. 고려 태조 때의 고려와 거란은 모두 각각의 내부 사정으로 압록강 지역에 대해 지배력을 강하게 행사할 수 없었다. 여진족은 바로 이 틈을 이용하여 대거 이 지역에 내려와 자신들의 생활 터전을 마련한 것으로 보인다. 요컨대 10세기 전반의 이 지역은 고려와 거란에 의해 일시적으로 방치되었다고 할 수 있을 것이다.

　그러다가 10세기 후반에 접어들면서 고려왕조는 내부적으로 체제 안정을 꾀하여 가는 한편 북방으로의 영역확대를 도모해가기 시작하였다. 이 때 중국 대륙에서는 송이라는 통일왕조가 대두하여 평소 중원 진출을 염원하던 거란과 첨예한 대립을 벌이고 있었다. 이 당시 거란과의 몇 차례 전쟁을 통해 전세의 불리함을 깨달은 송은 고려·여진과 연계하여 거란에 대항하고자 했고, 반면에 이를 염려한 거란은 필사적으로 이들의 연계를 막지 않으면 안 되었다. 이런 배경 속에서 거란은 10세기 후반에 대대적인 여진 토벌을 감행하였고, 그 침략의 손길은 고려로까지 뻗치게 되었다. 그 첫 번째 것이 993년(성종 12)에 이루어진 거란의 고려 침입이거니와 이 침략은 이후 현종대에 두 차례 더 있게 된다. 이 과정에서 고려왕조는 오히려 압록강 동쪽 지역에 대한 영유를 거란으로부터 인정받게 된다. 이를 계기로 이 지역은 오늘날까지 우리의 영역으로서 변함없이 지속되고 있다.

의주 지역은 우리나라 서북 끝인 압록강 하류에 위치하고 있어서 고려시대 이래로 국경 관문으로서의 의미를 지니고 있다. 그런데 국경 관문이라고 하면 곧 외부의 침략이 있을 때 공략의 첫 대상이 될 뿐만 아니라 동시에 함락되는 순간 침략군의 통로로서 기능을 하지 않을 수 없게 된다. 따라서 국경 관문인 의주를 군사 전략적으로 매우 중요시 하지 않을 수 없었다. 실제 의주 지역의 군사적인 가치는 고려와 조선시대에 걸쳐 여러 번 있었던 북방 이민족의 침략과 그 방어 과정에서 잘 드러나고 있다. 이 뿐만 아니라 북방 이민족 세력을 견제하는 데 있어 의주의 전략적 가치 또한 매우 컸다. 특히 여진족을 고려에 예속시키는 이른바 '기미정책(羈縻政策)'과 관련하여 의주 지역이 갖는 의미는 자못 크다고 할 수 있다.

또한 이 곳은 우리 한민족과 거란족 그리고 여진족의 동시적인 접촉이 가능하다는 지역적 특성을 갖고 있었다. 이런 점에서 이 지역은 지정학적으로 북방 이민족과의 교류 중심지가 될 가능성을 갖고 있었다고 하겠다. 국제무역 시장이라고 할 수 있는 각장(権場)이 한때 의주에 존재하였다는 사실이 이러한 면을 잘 보여주고 있다. 한편 한국사에서 가장 극적인 사건 중의 하나로 꼽을 수 있는 '위화도 회군'이 14세기 말에 의주에서 발생하였다. 이를 통해 이 지역이 고려말 정치정세 변화의 핵이라고 할 수 있는 왕조 교체와 매우 밀접하게 관련되어 있음을 살필 수 있다.

서희의 외교담판과 강동 6주

오늘날 우리나라 사람들에게 가장 널리 회자되는 과거의 유명한 외교 협상을 꼽으라고 하면 당연히 고려의 서희와 거란의 장수 소손녕 사이에 벌어진 담판을 첫 번째로 들 것이다. 서희의 이 외교 담판은 거란의 침략으로 고려가 절체 절명의 위기 상황에 놓여있을 때인 993년에 이루어진 것으로, 이를 통해 고려는 위기에서 벗어날 수 있었을 뿐만 아니라 오히려 압록강 동쪽 280여 리에 이르는 지역에 대한 영유권을 거란으로부터 확실하게 인정받게 되었다. 이곳이 이른바 '강동 6주'로서 이 때에 이르러 비로서 고려는 압록강변까지 그 영역을 확대할 수 있게 된다.

이 강동 6주는 이후 계속된 북방 제 종족과의 대립에서 고려에게 여러 가지로 많은 전략적인 이점을 제공해 주었을 뿐만 아니라 고려왕조가 북진정책을 일관되게 추진할 수 있는 기반이 되었다. 이런 점에서 서희의 외교 담판은 역사적으로 큰 의미를 지니고 있다.

거란의 고려 침략은 고려태조 왕건이 추진한 대거란 강경책과 북진개척 정책에 대한 반발에서 한 실마리를 찾을 수도 있겠으나, 이는 이렇게 단편적으로 볼 사항이 아니다. 고려와 거란 사이의 전쟁은 양국만의 단순한 문제가 아니라 10세기 이후 조성된 동북아시아 정세의 변화라는 틀 속에서 접근해야 할 성질의 것이다.

주지하는 바와 같이 10세기에 접어들면서 중국 대륙과 우리나라는 정치적으로 큰 소용돌이에 휩싸이게 된다. 당시 중국과 한국에서는 각각 소위 '당말 오대'와 '후삼국'이라는 새로운 시대상이 조성되어 사회 전반에 큰 변화가 진행되고 있었다. 이 시기의 한국과 중국은 내부적으로 '분열과 혼란'이라는 격동적인 상황에 놓여 있었다고 할 수 있다. 이 같은 상황은 양국으로 하여금 대외문제에 적극적으로 나서지 못하게 하였다. 이 틈을 이용하여 북방에서는 야율아보기(耶律阿保機)란 자가 그때까지 분열되어 있던 거란 부족을 통합하여 하나의 왕조를 건설하는데 성공하였다. 거란은 여기서 한 걸음 더 나아가 926년에 발해까지 멸망시켜 북방의 새로운 패자가 되었다. 뒤이어 고려는 936년에 후백제를 멸함으로써 후삼국의 분열과 혼란을 극복하고 한반도의 새로운 통일왕조로서 등장하고 있다. 이어 960년에 건국된 송이 분열되어 있던 중국을 979년에 통일하기에 이른다. 이렇게 10세기 후반에 오면 동아시아는 크게 고려·송·거란의 3국이 동북아시아의 새 주인공으로 등장하여 각축을 벌이는 정세가 조성되었다.

이 삼국 사이에 형성된 관계의 내용을 보면, 먼저 고려와 송은 서로 간에 적대감 없이 우호적인 관계였고, 고려와 거란은 태조 이래로 적대적인 관계가 지속되고 있었다. 아울러 송과 거란은 연운 16주(燕雲十六州)를 둘러싸고 몇 차례 전쟁을 하는 등 양국은 첨예한 대립 하에 있었다. 이 3국 사이의 대립에서 중심축을 이룬 것은 역시 송과 거란의 각축이었다. 거란은 태종 때 석경당(石敬瑭)이라는 사람을 도와 그가 후진을 건국하는 데 많은 도움을 주었다. 이 대가로 석경당은 거란에 연운 16주 지방을 바쳤다. 이후 송은 이 연운 16주를 필사적으로 되찾으려 하였고, 반면에 거란은 이 지역을 되돌려줄 생각이 전혀 없었다. 오히려 거란은 중원 진출의 꿈을 더욱 키워 나갔다. 따라서 송이 통일제국으로 등장하는 979년 이후 양국의 관계는 두 열차가 마주 보고 달리는 형세였다고 할 수 있다.

이 같은 형세가 고려와 여진족에게 미친 영향은 자못 컸다. 특히 통일 이후 대내적인 체제 정비에 골몰하고 있던 고려는 송과 거란의 대결 사이에서 어느 한 쪽을 편들 여유가 없었다: 단순히 양국의 대결을 관망하는 입장이었다고 할 수 있다. 그러나 980년대에 들어 연운 16주를 둘러싸고 벌인 거란과의 수차의 전쟁에서 연속적인 실패를 맛본 송은 고려와 여진족의 지원을 받고자 하였다. 실제로 이를 위해 송은 고려는 물론이고 여진족의 여러 세력과 교섭을 하였다. 이러한 송의 노력에 좌시만 할 수 없었던 거란 역시 고려와 여진족에 대해 어떤 조치를 강구하지 않으면 안 되었다. 요컨대 먼저 거란은 송과의 본격적인 승부를 나누기 전에 자신의 배후에 있던 고려와 여진족의 향배를 확실히 해 둘 필요가 있었던 것이다. 이에 거란은 여진족에 대해서는 무력을 통한 정벌의 방식을 택하였고, 반면에 고려에는 일단 회유의 입장을 취한 것으로 보인다. 고려와 여진족에 대한 거란의 입장 차이는 고려가 통일왕조로서 대세력을 형성한 것에 비해 여진족이 그때까지 여러 세력으로 분열되어 있던 상황에서 연유된 것으로 보인다.

이에 따라 거란은 980년대 접어들어 대대적인 여진 토벌에 본격적으로 나서게 되고 그 결과 상당한 성과를 거두었다. 이 때의 토벌을 통해 거란은 고려와 거란 사이에 있던 여진족의 대부분을 복속시킬 수 있었다. 이 결과 독자성이 많이 상실된 여진족을 사이에 두고 고려와 거란이 대치하는 상황이 조성되었다.

고려와 거란의 최초 접촉이 『고려사』에는 922년(태조 5)에 있었던 것으로 나와 있다. 이 때 거란의 야율아보기가 고려에 낙타와 말을 보내 왔다는 것이다. 그러나 922년은 고려나 거란 모두 건국된 지 얼마 안 되는 시점이었다는 점에 유의하여 이 때의 접촉을 의심하는 입장도 있다. 이 접촉이 사실이라 하여도 이것만으로는 당시 양국 관계의 성격을 단정하기는 어렵다. 이것은 첫 접촉이 있은 지 20년이 지난 942년에 발생한 이른바 '만부교 사건'을 통해서 어느 정도 살필 수 있다. 이 사건은 당시는 물론이고 향후 전개되어질 양국 관계를 가늠케 해 주는 중요한 사건이다. 이 사건의 개요는 이렇다. 942년(태조 25)에 거란의 태종(926~947)은 사신과 함께 낙타 50필을 친선의 표시로 고려에 보내 왔다. 이에 대해 고려태조 왕건은 발해를 멸망시킨 거란을 무도한 나라로 규정하면서 거란 태종의 호의를 거부하고 있다. 즉 태조 왕건은 거란의 사신 일행 30명을 섬에 유배시키고, 보내온 낙타 50필을 만부교라는 다리 밑에서 굶겨 죽게 하였던 것이다.

이 만부교 사건은 태조 왕건이 거란에 대해 얼마나 안 좋은 감정을 갖고 있었는지를 잘 보여 주고 있다. 그런데 태조의 이 강경한 입장이 『고려사』에는 거란이 발해를 멸망시킨 사실에서 비롯된 것으로 설명되어 있다. 그러나 여기에는 이것 외에 태조의 강력한 북진 의지가 반영되어 있는 것으로 보지 않으면 안 된다. 사실 거란은 고려가 북진

책을 추진함에 있어 가장 큰 걸림돌이 되기에 충분하였고, 따라서 태조는 처음부터 거란을 선린의 대상으로서가 아니라 타도의 대상으로 인식하였던 것이 아닌가 한다. 이것은 그가 남긴 십훈요의 제4조에서 거란을 '금수의 나라'라고 하면서 결코 이들을 본받지 말 것을 경고하고 있는 데서도 잘 드러나 있다.

고려의 거란에 대한 적대적인 감정은 태조 왕건 이후에도 계속되었고, 이로 말미암아 고려는 항상 거란의 침략을 염려하지 않을 수 없었다. 정종(946~949) 때의 광군 조직은 거란에 대한 당시 고려의 경각심을 잘 보여주고 있다. 그러는 한편에서 고려는 치송책을 고수하여 계속 거란의 신경을 거슬렸다. 이 무렵 송은 연운 16주를 되찾기 위해 거란과 몇 차례 전쟁을 벌였으나 모두 실패로 끝나고 만다. 그 결과 송은 태종(976~997) 때부터 거란에 대해 공세에서 수세로 그 입장을 바꾸어 소극적으로 임하였다. 이러한 일련의 사실들은 거란이 고려 침략을 감행하는 주요한 배경이 되었다.

991년(성종 10) 거란은 압록강변의 위구(威寇)·진화(振化)·내원(來遠) 등 세 곳에 성을 쌓아 여진과 송의 통교를 막는 한편 고려에 대한 침략 준비를 가속화하였다. 마침내 거란은 993년(성종 12)에 소손녕(蕭遜寧)을 내세워 고려를 공격해 들어왔다. 군대를 이끌고 고려에 들어온 소손녕은 자신의 군대를 80만 대군으로 자칭하면서 그 위세를 과시할 뿐 적극적인 공세를 취하지는 않았다. 단지 항복을 강요하는 위협만을 반복할 뿐이었다. 이러한 소손녕의 위세에 놀란 고려 조정에서는 그 대책을 둘러싸고 의견이 분분하였다. 이 중에는 항복하자는 의견도 있었고, 서경 이북의 땅을 거란에 양도하고 절령(岊嶺:

서희 장군의 묘

오늘날의 자비령)을 국경으로 삼자는 이른바 '할지론(割地論)'도 있었다. 당시 고려의 신료들 사이에는 할지론이 대세를 이루는 형편이었고 성종(982~997) 역시 여기에 따르려 하였다. 그리하여 서경에 많이 남아 있던 쌀이 적에게 넘어가는 것을 염려한 성종은 그것을 일단 백성들에게 내어주고 남는 것은 대동강에 버릴 것을 명령하였다. 이런 상황 속에서 중군사(中軍使)의 직책을 갖고 대거란전에 참여하고 있던 서희만이 이 할지론에 반대하고 나섰다. 서희는 이미 거란의 고려 침입이 오로지 영토적인 야욕에 의해 이루어진 것이 아님을 간파하고 있었던 것이다. 서희는 일단 거란과 군사적인 승부를 겨루어 본 이후에 협상에 나서 보자는 주장을 성종에게 펼쳤고, 이 주장에 전 민관어사(民官御事)였던 이지백이란 인물이 동조하고 나섰다. 이들의 강력한 주청에 성종도 마음을 바꾸고 말았다. 이후 서희는 고려를 대표하여 소손녕과 담판을 벌이게 된다.

서희와 마주 앉은 소손녕은 "당신의 나라는 옛 신라 땅에서 건국하였고 고구려의 옛 땅은 우리나라에 소속되었는데 어째서 당신들이 침범하였는가? 또 우리나라와는 국경이 연접되어 있으면서 바다를 건너 송나라를 섬기고 있음으로 해서 이번에 정벌하게 된 것이다. 만일 땅을 떼어 바치고 국교를 회복한다면 무사하리라"는 말을 서희에게 건네었다. 이 소손녕의 말 속에서 하나의 흥미로운 부분이 찾아지고 있는데, 바로 거란을 고구려와 연관시키고 있는 부분이 바로 그것이다. 아마도 여기에는 과거 동북아시아에서 거대한 세력을 형성하여 패자로 군림하였던 고구려에 대한 동경심과 계승의식이 반영되어 있는 것으로 보인다. 어떻든 소손녕의 이 언급에 대해 서희는 "그렇지 않다. 우리나라가 바로 고구려의 후계자다. 그러므로 나라 이름을 고려라고 부르고 평양을 국도로 정하였다. 그리고 경계를 가지고 말하면 귀국의 동경(東京 : 요양)도 우리 국토 안에 들어오게 되는데 어떻게 침범했다는 말을 할 수 있겠는가? 또 압록강 안팎이 역시 우리 경내인데 이제 여진이 그 중간을 강점하고 있으면서 완악한 행위와 간사스러운 태도로서 교통을 차단했으므로 바다를 건너기보다도 왕래하기가 곤란한 형편이니 국교가 통하지 못함은 여진의 탓이다. 만일 여진을 구축하고 우리의 옛 땅을 회복하여 거기에 성들과 보들을 쌓고 길을 통하게 한다면 어찌 국교를 통하지 않겠는가?"라고 소손녕의 말을 당당하게 논박하고 있다.

이 두 사람이 주장한 논지는 다음과 같다.

먼저 소손녕은 고려가 신라 땅에서 일어났으므로 고려의 영역은 과거 신라의 영역에 한정되어야 하고, 반면에 고구려 땅에서 일어난 거란이 과거 고구려의 영역을 차지하여야 한다는 주장을 펴고 있다. 이 주장에는 고려가 서경 이북으로의 북방 개척을 도모하는 것은 곧 거란의 주권 침해라는 논리가 깔려 있다. 이어 소손녕은 거란과 연접하여 있는 고려가 바다를 건너 송을 섬기는 것은 부당하다는 주장을 펴고 있다. 물론 여기에는 고려가 송과 손잡고 반거란 투쟁에 나서는 것을 미리 차단하고, 나아가 고려를 거란의 우군으로 만들려는 강력한 의지가 반영되어 있다. 거란이 고려를 침략한 진정한 의도가 바로 여기에 있었음은 저간의 사정을 통해 충분히 감지할 수 있다.

이 같은 거란의 주장에 대해 서희는 먼저 고구려를 계승한다는 면에서 거란보다는 고려에 오히려 더 정통성이 있음을 설파하고, 나아가 거란과의 교통이 없었던 것을 여진의 탓으로 돌리고 있다. 서희의 주장은 소손녕의 주장에 비해 논리성이나 현실성 모두에서 훨씬 설득력이 있었다. 사실 거란이 종족적으로나 문화적으로 고구려의 후계자로 자처하기에는 고려에 비해 여러 가지로 불리하였음은 두 말 할 필요가 없는 사실이다. 이 사실과 거란의 고려 침략 이유를 정확하게 감지한 서희는 거란의 정치적 요구를 어느 정도 충족시켜주는 대신 영토적 실리를 추구하였다. 그 결과 고려는 향후 거란에 대해 조빙(朝聘)을 하겠다는 약속을 하고, 이에 대해 거란은 압록강 동쪽 280여 리 땅의 영유권이 고려에 있음을 인정하였다.

고려는 거란군이 물러간 이듬해인 994년부터 군사를 동원하여 이 지역에 있던 여진족을 몰아내면서 흥화진(興化鎭 : 의주)·용주(龍州 : 용천)·통주(通州 : 선천)·철주(鐵州 : 철산)·귀주(龜州 : 구성) · 곽주(郭州 : 곽산) 등 6곳에 성을 쌓아 이 지역을 고려의 영역에 편입하였으니, 이것이 이른바 강동 6주이다.

군사 전략거점으로서의 의주

고려의 강동 6주 확보는 단순한 영역 확대 이상의 큰 의미가 있다. 고려가 북방 이민족의 침략을 방어하거나 그들을 견제하는데 있어서 이 지역이 매우 중요한 전략적 요충지였음은 이후 계속된 거란의 침략과 여진족과의 관계 속에서 잘 드러나고 있다.

압록강 동쪽 280여 리의 땅을 새로 거란으로부터 양여받은 고려는 먼저 거란을 안심시키기 위해 노력하였다. 송과의 공식적인 관계를 단절하고 거란에 외교사절을 자주 파견하고 있는 것과 거란어를 배우게 하기 위해 어린 소년들을 거란에 유학시키고 있는 것 등은 바로 이런 차원에서 이해되는 것들이다. 그런 한편에서 고려는 거란의 재침략을 대비하여 여러 대책을 강구하고 있다. 먼저 고려는 이 지역의 여진족을 축출해 가면서 여러 곳에 성을 새로 쌓거나 개 · 증축하고 또한 사람을 거란에 파견하여 그 내부 사정의 탐문을 게을리 하지 않았다. 고려는 거란의 1차 침략 전쟁이 끝나고 2차 침략이 시작되는 1010년(현종 1) 사이에 압록강에서 청천강에 이르는 중간지대에 무려 22개의 성을 새로 쌓고 있는데, 이는 당시 고려가 거란의 재침에 대해 갖고 있는 우려가 어느 정도였으며 그에 대한 대비가 얼마나 철저하였는가를 잘 보여 주고 있다. 특히 995년에 안의진 · 흥화진 · 영주 등 세 성을 의주 지역에 쌓고 있는데, 이는 의주가 거란 침략군의 도강지점으로 이용되고 있는 것을 의식한 조치였던 것으로 보인다. 거란

침략의 첫 번째 대상이 되고 있는 의주를 고려왕조는 군사적으로 매우 중시하지 않을 수 없었다.

그런데 고려는 거란의 1차 침입이 있은 이후에도 송과의 비공식적인 교류를 지속하였다. 물론 거란은 이에 대해 불만을 갖고 있었다. 그러던 중에 1009년(목종 12)에 고려 내에서 하나의 정변이 발생하고 있는데, 이른바 '강조의 정변'이 바로 그것이다. 즉 이 때 서북면도순검사(西北面都巡檢使)로 있던 강조는 목종(998~1009)의 모후인 천추태후와 김치양이 불륜의 관계를 맺고 왕위까지 엿보자 군사를 동원하여 김치양 일파를 제거함과 동시에 목종까지 살해하고 현종을 옹립하였던 것이다. 송과 지속적인 교류를 하고 있는 고려에 대해 불만을 갖고 불안해하던 거란의 성종은 마침내 1010년에 강조의 정변을 빌미로 40만 대군을 동원하여 고려를 침략하여 왔다. 이 침략은 목종을 시해한 강조의 죄를 묻는다는 것을 명분으로 내걸었지만 실상은 고려와 송의 교류를 철저히 차단하려는 데 있었다.

그런데 거란은 두 번째 침략을 통해 앞서 고려에 양여한 강동 6주의 전략적 가치를 철저히 깨닫게 된다. 압록강을 건넌 거란의 40만 대군은 먼저 흥화진(의주)을 공격하였으나 이곳을 지키던 순검사(巡檢使) 양규(楊規) 등의 강력한 저항에 부딪혔다. 군사력으로 이 성을 함락시키는 것이 어렵다는 것을 깨달은 거란군은 고려군에 대해 회유와 설득으로 나섰다. 심지어 고려군 지휘관에 대해 선물 공세로 항복을 설득하기도 하였으나, 이런 공세에 흥화진 내의 모든 군관민은 일치단결하여 흔들리지 않고 꿋꿋하게 저항하였다. 결국 거란군은 흥화진을 함락시키지 못한 채 주력을 남으로 전진시키지 않을 수 없었다. 흥화진이 미함락 상태로 남겨지자 안정적인 병참선과 유사시를 대비한 퇴로의 확보가 거란군의 큰 현안이 되고 말았다. 어쩔 수 없이 거란군은 이를 위해 20만의 대군을 무로대라는 곳에 남기고 남진을 하게 된다. 이렇듯 홍화진에서의 성공적인 대거란 항쟁과 그 곳의 사수는 남진하는 거란군의 전력을 크게 약화·분산시키는 결과를 가져왔다.

당시 고려의 주력부대 30만은 강조의 지휘로 통주에 방어선을 구축하여 거란군을 기다리고 있었다. 홍화진을 함락시키지 못한 채 남진한 거란군은 첫 전투에서 고려의 주력군에 크게 패하였다. 첫 전투에서 승리의 단맛을 본 강조는 이후 자만에 빠져 거란군을 얕보게 되는데, 이로 말미암아 고려군은 결정적인 패배를 당하게 된다. 즉 강조 자신은 거란군에 생포되어 죽음을 당하고 고려의 주력군은 거의 궤멸되다시피 하였던 것이다. 그럼에도 불구하고 고려군은 전열을 빨리 가다듬어 통주성으로 들어가 거란군에 맞섰다. 통주성의 군관민 역시 홍화진에서와 마찬가지로 거란군의 계속된 공격과 회유·설득에 굴하지 않고 저항하여 통주성을 지켜내는데 성공하였다. 거란군은 홍화진에 이어 통주성 역시 함락시키지 못한 채 남진을 계속할 수밖에 없었다. 고려군의 끈질긴 저항과 선전은 거란군의 진공 속도를 크게 떨어뜨렸음은 물론이고 그 전력을 약화·분산시켰다. 이에 거란은 전세의 반전을 위해 고려의 수도인 개경의 조속한 점령에 집착하게 된다. 그리하여 거란군은 고려군과의 전투를 피하여 남진하는 데에만 전념하였다. 개경으로의 진격에 몰두하였던 거란군은 서경에서 또 다시 좌절을 맛보아야만 했다. 앞서의 홍화진과 통주성에서와 마찬가지로 서경의 군관민의 강력한 저항에 거란군은 서경 함락을 포기하지 않으면 안 되었던 것이다. 그럼에도 불구하고 거란군은 일단 고려의 국도 개경을 점령하는데 성공하고 있다. 그러나 거란군의 개경 점령은 만신창이가 된 상태에서 얻어진 아주 불안한 것에 지나지 않았다.

실제로 거란에 굴복하지 않고 강동 6주의 흥화진과 통주를 비롯한 몇몇 성에 웅거하고 있던 고려군은 남아있던 거란군에 심대한 타격을 입혔다. 특히 흥화진의 책임자로 있던 양규의 활약은 눈부신 바가 있었다. 『고려사절요』는 이 때 양규의 활약상에 대해 "양규는 후원이 없는 외로운 군사로서 순월(旬月) 동안에 무릇 일곱 번 싸워 거란 군사를 매우 많이 죽였으며, 사로잡힌 (고려의) 사람 3만여 명을 빼앗고, 낙타·말·무기 등의 획득은 이루 헤아릴 수 없었다"고 적고 있다. 흥화진·통주·서경의 미함락과 양규 등의 거란군에 대한 강력한 공세는 남진한 거란군의 발목 잡는 역할을 톡톡히 하였다. 이로 인해 거란군은 병참선과 퇴로가 매우 불안정하게 되었고, 실제 거란군은 이를 계기로 큰 불안에 휩싸였다. 후방이 불안해진 거란은 고려의 정전 제의에 쉽게 응하지 않을 수 없었다. 많은 타격을 받아 사기가 크게 떨어진 거란은 정전회담에 적극 임하여, 고려왕의 친조(親朝) 약속 한마디에 수많은 병마를 잃은 채 서둘러 군사를 돌리고 말았다.

이런 쓴 맛을 본 후에야 비로소 거란은 강동 6주의 전략적 가치를 뼈저리게 새삼 깨닫는다. 1012년(현종 3)에 고려가 병으로 현종의 친조가 어렵다는 사실을 거란에 통고하자, 이에 불만을 품은 거란의 성종은 강동 6주에 대한 점령을 지시하고 있다. 이 때 거란이 강동 6주라는 특정 지역을 지목하여 공격의 대상으로 삼은 것은 이 지역이 거란과 접하여 있다는 지리적 조건도 고려되었겠지만, 보다 근원적으로는

강동 6주의 위치

이 지역이 갖는 전략적 중요성이 크게 고려된 것으로 보인다. 이후에
도 거란이 계속해서 고려에 대해 강동 6주의 반환을 요구하고 있는
것도 동일한 배경에서 나온 것이다. 따라서 강동 6주 지역이 갖고 있
는 전략적 중요성에 대한 거란의 재인식은 1014년(현종 5)에 이루어
지는 거란의 고려에 대한 3차 침입의 중요한 배경으로 작용하였다.

그러면 거란은 어떠한 점에서 강동 6주의 전략적 가치를 높게 평가
하게 되었을까.

먼저 고려에 대한 2차 원정에서 강동 6주 지역을 완전히 점령하지
못한 채 통과하면서 전력의 많은 손실과 분산을 거란이 경험하고 있는
사실을 들 수 있다. 이것은 이 지역이 계속 고려의 수중에 있는 한
고려에 대한 군사 작전이 여의치 못하리라는 사실을 거란으로 하여금
절실히 깨닫게 하기에 충분하였다. 거란의 입장에서 보면 이 강동 6주
야말로 고려를 견제하고 위협하는 데 있어 절호의 전략적 요충지였던
것이다.

다음에 강동 6주가 고려의 입장에서 거란을 방어하고 견제하는데

있어 매우 중요한 지역이 되고 있음은 앞에서 살핀 바대로다. 이는 반대로 거란의 입장에서는 거란에 대한 위협 특히 고려와 접하고 있는 동경도 지역에 대한 직접적인 위협으로 받아들여질 여지가 충분히 있는 것이었다. 고려가 이 지역에 집중적으로 군사시설을 구축하였던 사실은 이 가능성을 더 높여준다. 더욱이 동경도에는 발해 유민이 많이 거주하고 있었는데, 거란으로서는 이들과 고려의 연결을 매우 우려하지 않을 수 없는 입장이었다고 하겠다. 따라서 거란은 그들 자신의 안보적인 차원에서도 강동 6주를 매우 중시하지 않을 수 없었다.

또한 강동 6주는 대여진정책과 관련해서도 거란에 의해 중시되지 않을 수 없는 지정학적인 조건을 갖고 있었다. 일찍부터 여진족은 이 지역과 동북부 지역에 터를 잡아 생활해 오고 있었다. 그러다가 거란이 980년대 벌인 여진족에 대한 대대적인 토벌을 계기로 서북부의 여진족들은 대부분 거란의 영향권에 놓이게 되었다. 반면에 동북부의 여진족은 여전히 거란의 영향권 밖에 남아 있었다. 서희의 외교 담판으로 강동 6주가 고려로 넘어오자 동북부 지역의 여진족에 대한 거란의 영향력 행사는 더욱 어려워지게 되었다. 사실상 고려의 협조 없이는 이들에 대한 거란의 영향력 행사가 거의 불가능하였다고 할 수 있다. 이는 1026년(현종 17)에 거란이 동여진을 공략하고자 할 때, 그곳에 이르는 통로를 고려 측에게 내어줄 것을 간청하고 있는 데서 잘 살필 수 있다. 그런데 이 통로는 바로 의주 지역에서 함흥 지방에 이르는 길을 말하는 것으로, 이것은 거란이 동북여진에 영향력을 행사함에 있어 강동 6주가 교두보로서 기능하였음을 보여주는 것이라고 하겠다. 반면 고려는 강동 6주의 확보를 통해 거란과 동북여진의 연결을 차단하거나 견제하는 것이 가능해졌고, 나아가 이 양 세력에 대한 고려의 영향력 행사가 한층 용이해졌다고 볼 수 있다.

의주는 강동 6주 중에서 가장 북쪽에 위치하여 거란과 접경을 이루고 있다. 따라서 거란의 침략에서 항상 의주는 그 공격의 첫 대상이될 수밖에 없었다. 고려와 거란은 전쟁의 기선 제압이라는 측면에서당연히 의주 전투를 중시하였다. 여기에 더하여 거란이 고려를 침략하여 오는 경우 병참선과 유사시의 퇴로 확보 차원에서 의주의 장악은필수적이었다고 하겠다. 거란의 고려에 대한 2차와 3차의 침략에서모두 패배를 당할 수밖에 없었던 요인 중에는 의주를 비롯한 강동 6주의 완전한 점령 실패를 들 수 있을 것이다. 이는 위에서 살핀 2차 침략때의 양규의 항전과 3차 침략 때의 강감찬의 항전을 통해 잘 살필 수있다. 특히 3차 침략 때 강감찬이 쇠가죽을 엮어 홍화진 동쪽의 대천(大川)을 막았다가 거란군이 도강을 할 때 이를 터서 큰 전과를 올린사실은 오늘날까지도 자주 회자될 정도로 유명하다. 3차 침략 전쟁의승패가 이 전투를 통해 결판났다고 해도 과언이 아닐 정도로 그 결과가 양국 군대에 끼친 영향은 매우 컸다. 강감찬의 이 전과는 거란 침략군이 자주 도강처로 이용하던 의주의 지형을 전략적으로 잘 이용한결과라고 할 수 있다. 고려 왕조가 의주 지역에 집중적으로 군사시설을 축조한 사실 그 자체가 이 지역이 갖고 있던 군사 전략적인 가치를웅변적으로 말해 준다.

교류거점으로서의 의주

앞에서 살펴보았듯이 고려의 강동 6주 확보는 영역의 확대는 물론

이고 북방 이민족을 방어하고 견제하는데 있어 많은 전략적 이점을 안겨 주었다. 그런데 거란은 이 지역을 군사 전략적 측면뿐만 아니라 경제적 측면에서도 매우 중시한 것으로 보인다. 이는 압록강을 끼고 있는 의주에 일종의 호시장(互市場)인 각장(榷場)을 설치하려는 그들의 끈질긴 노력을 통해 잘 알 수 있다. 의주는 고려와 거란의 접경으로서 그 주변에 산재해 있는 여진족과의 접촉이 용이한 지역적 특성을 지니고 있었다. 따라서 거란은 자신들과 고려 그리고 여진족이 동시에 교류할 수 있는 지역으로서 의주를 주목한 것으로 보인다.

1005년(목종 8)에 거란은 보주(保州 : 의주)에 각장을 개설하였다. 그런데 1086년(선종 3)에 거란은 압록강변에 각장을 다시 설치하려 하였고, 고려가 이에 강력히 반발하는 내용의 기사가 『고려사』에 나오고 있다. 이를 통해 거란이 보주에 개설한 각장은 오래도록 지속되지 못하고 어느 시점에서 폐쇄된 것으로 보인다. 이것이 언제 폐쇄되었는지는 문헌에서 찾아지지 않고 있으나 아마도 거란의 고려에 대한 2차 침략을 계기로 폐쇄된 것이 아닌가 한다. 따라서 보주에 개설된 각장은 고려 측의 특별한 반발 없이 정상적으로 기능한 기간은 5년 정도에 지나지 않았던 것으로 추측된다.

그런데 고려는 이후 거란이 다시 각장을 개설하려는 것에 대해 분명한 반대의 뜻을 강력하게 표명하고 있다. 나아가 고려가 각장 개설의 무산을 위해 적극적인 노력을 경주한 사실이 사료상에 간간이 간취되고 있다. 이 사실은 고려가 거란의 압록강변 각장 설치를 단순히 경제적인 측면에서만 받아들이고 있지 않았음을 시사해 준다. 아마도 고려는 거란의 각장 설치를 모종의 정치적인 의도가 깔려있는 것으로 이해하지 않았는가 한다. 강동 6주를 둘러싸고 거란과 첨예한 갈등을 빚은 바 있던 고려로서는 거란의 각장 개설 노력을 단순하게 받아들이기가 어려웠을 것으로 생각된다. 실제 거란이 1088년(선종 5) 2월에 각장을 압록강 변에 개설하려고 하자 고려는 중추원부사 이안(李顔)을 귀주(龜州)에 파견하여 비밀리에 국경 수비의 대책을 세우게 하였다. 그리고 고려는 같은 해 9월 태복소경(太僕少卿) 김선석(金先錫)을 거란에 보내 각장의 혁파를 요청하였다. 이것은 고려가 거란의 각장 개설 노력을 정치적인 공세로 받아들이고 있음을 잘 보여주고 있다. 여기에 더하여 고려는 거란과의 분쟁의 싹이 될 수 있는 모든 것을 사전에 차단하려는 의도에서 거란의 각장 개설에 반대하였을 가능성도 다분히 있다고 하겠다.

고려의 반대 노력에도 불구하고 거란은 각장의 개설을 계속 시도하고 있다. 이는 압록강변의 각장 개설이 거란에게는 나름대로 매우 절박한 것이었음을 시사해 주고 있다. 당시 거란 동경도의 많은 주민 특히 이 지역의 여진족들은 많은 생활 물자를 고려에 의존하였던 것으로 보인다. 약간 후대의 사실이긴 하나 『고려사』의 다음과 같은 기사가 당시의 실정을 어느 정도 암시해 주는 것으로 생각된다.

이에 앞서 금나라에서 두 번이나 공문을 보내 양식을 청구한 적이 있었으나 나라에서 국경관리에게 명령하여 거절하고 접수하지 못하게 하였다. 지난해부터 금나라 사람들이 병란과 관련하여 곡식이 고갈되었으므로 저마다 앞을 다투어 보물을 가지고 와서 의주(義州), 정주(靜州) 관문 밖에서 미곡을 교역하여 가는데 심지어는 은 1정(錠)으로 쌀 4~5석을 바꾸었다. 그러므로 장사꾼들이 다투어 가면서 많은 이익을 얻기 위하여 나라에서 아무리 형벌을 엄격하게 하고 재물을 몰수하여도 탐오 행위가 끝이 없고 비밀 교역이 계속되었다.

『고려사』 권22, 고종 3년 7월

위 사료는 1216년의 사실을 전하는 것이다. 이를 통해 의주와 정주가 그 부근 여진족들의 생활물자 공급기지로 이용되었고, 또한 고려의 상인들이 이곳에서의 교역을 통해 많은 이익을 얻음으로써 정부의 통제에도 불구하고 이 지역에서 밀무역이 성행한 사실 등을 살필 수 있다. 위의 내용이 비록 13세기의 실정이기는 하나, 11세기나 12세기의 사정 역시 이와 큰 차이가 없었을 것이다.

아마도 거란의 중앙 정부는 동경도에 거주하던 여진족들이 생활물자가 부족하여 거란 내부를 향해 약탈 세력화하는 경우를 우려했던 것이 아닌가 한다. 따라서 거란은 이런 상황을 미연에 방지하기 위해 먼저 이 곳 여진족들의 생활을 안정시킬 필요가 있었다. 거란이 고려의 반대에도 불구하고 계속해서 압록강 변에 각장을 개설하려 했던 이면에는 이런 사정이 개재해 있었던 것으로 보인다. 거란이 각장 개설의 뜻을 완전히 포기한 것은 1101년(숙종 6)이다. 이 때 거란이 압록강 변에 각장을 설치하자 고려는 즉각 거란에 사신을 파견하여 그것의 혁파를 요청하고 있는데, 거란 천조제(天祚帝)가 이를 순순히 받아들였던 것이다. 그런데 거란이 이 때 각장 설치의 뜻을 버린 것 역시 당시 여진족의 상황 변화와 밀접한 관련이 있는 것이 아닌가 한다.

10세기 이후 거란이 발해의 뒤를 이어 이 지역의 패자로 등장하게 되는 것을 계기로 일찍부터 만주 지역에 터를 잡고 생활해 오던 여진족들은 크게 양분되었다. 바로 숙여진(熟女眞)과 생여진(生女眞)이 그

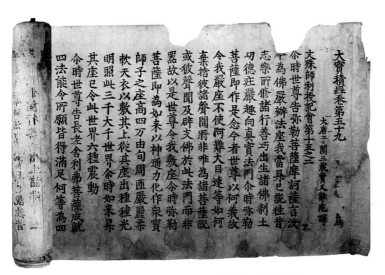

대보적경(大寶積經) | 거란의 공격을 극복하고자 현종 때 간행된 『초조대장경』 중

것이다. 숙여진은 거란의 영향권에 속해 있던 여진을 가리키는 것이
고, 반면에 생여진은 거란의 영향권 밖에 있던 여진을 말한다. 고려에
서는 고려의 서북지방에 있던 여진을 서여진(西女眞) 또는 서번(西蕃)
으로, 그리고 동북지방에 살던 여진을 동여진(東女眞) 또는 동번(東蕃)
으로 구분하여 불렀다. 대체적으로 서여진은 숙여진에, 동여진은 생여
진에 속하였다. 여진족들은 정치적 통합을 이루지 못한 상태에서 서로
갈등을 빚기도 하였고, 다른 한편에서는 고려 심지어 일본까지도 침구
하는 등 주변 나라들을 괴롭히기도 하였다. 그러다가 12세기에 접어
들면서 여진족 내부에서 큰 변화가 나타났는데, 여진족의 한 분파였던
완안부(完顔部)의 추장 영가(盈歌)가 분열되어 있던 여진족을 통합하
여 그 세력을 사방으로 뻗어가기 시작한 것이 바로 그것이다. 영가
때에 두만강까지 진출한 완안부 세력은 우야소(烏雅束)가 그 뒤를 이

어 새 지도자로 등장하면서 더 남하하여 고려와 충돌을 빚게 된다. 고려에서는 임간(林幹)과 윤관(尹瓘)을 각각 보내 이들과 맞서 싸웠으나 번번이 패하고 말았다. 연속된 패배에 충격을 받은 고려는 별무반이라는 특수 군단을 조직하여 윤관으로 하여금 동여진을 치게 하였다. 윤관이 여진을 물리치고 함흥 일대에 9성을 축조한 것도 바로 이 무렵이었다. 이렇듯 11세기 말에서 12세기 초는 완안부를 중심으로 하는 여진 세력이 크게 발흥하고 있었고, 반면에 거란 세력은 점차 퇴조해 갔다. 이런 추세 속에서 그동안 거란의 영향권 내에 있었던 여진족들이 거기서 벗어나 서서히 완안부의 지배하에 들어가고 있었다.

이 같은 저간의 사정을 염두에 두고 보면 1101년에 고려의 요청을 받아들여 각장 폐쇄를 결정한 거란의 조치는 여진족에 대한 영향력이 상실되어 가는 과정에서 나온 것이라고 할 수 있다. 요컨대 거란은 그동안 자신의 통제 하에 있던 여진족들의 생활안정을 위해 각장을 개설하고자 했으나, 이 무렵에 오면 많은 여진족들이 거란의 통제권을 벗어나게 되면서 거란으로서는 각장 개설의 실질적인 필요성이 많이 감소되었던 것이다. 이런 배경 속에서 거란은 고려의 요청을 쉽게 받아들인 것이 아닌가 한다.

그러나 위에서 제시된 사료의 내용에서 보이는 바와 같이 이후 압록강 변에 각장이 개설되지는 않았으나 의주와 정주가 밀무역장이 되어 그 기능을 대신하였다.

고려말의 정치정세와 의주 - 위화도 회군

한국 역사상에서 발생한 많은 정치적 사건들 속에서 가장 극적인

174

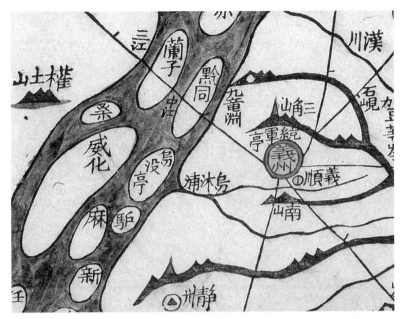

대동여지도에 나타난 위화도

것 중의 하나로서 위화도 회군을 꼽을 수 있을 것이다. 이 사건은 다른 어떤 사건보다도 정치·경제·사회·사상 등 사회 전반의 변화를 수반하는 왕조 교체의 결정적 계기가 되었다는 점에서 그것이 갖는 의미가 매우 크다. 이 사건을 계기로 거의 500년 가까이 존속한 고려왕조는 그 막을 내리게 되었고, 반면에 새로운 500년의 역사를 이끌게 되는 조선왕조가 등장하게 되었던 것이다. 이 큰 의미의 사건이 발생한 위화도는 주지하는 바와 같이 의주의 압록강 가운데에 있는 섬이다. 이런 점에서 의주는 그 과정이야 어떠하였든 한국 역사의 한 획을 긋는 역사적 사건의 현장이었다고 하겠다. 따라서 위화도 회군이 있기까지 고려말의 정치정세를 살펴보는 것도 고려시대의 의주 지역을 이해하는 데 있어 큰 도움이 될 것이다.

송악지방의 호족 출신인 왕건이 세운 고려왕조는 전반의 약 200년 간은 문벌귀족들에 의해 다스려지다가, 1170년(의종 24) 정중부 등 무신들이 일으킨 정변이 성공함으로써 향후 100년간은 이들 무신들 이 고려사회를 이끌었다. 그러다가 세계제국을 건설한 몽고의 침략에 굴복한 고려는 약 90여 년간 몽고의 지배와 간섭 하에 놓이게 된다. 몽고에 대한 고려의 굴복은 내부적으로 100년간 존속한 무인정권을 붕괴시켰으며, 아울러 권문세족이라는 새로운 유형의 지배세력이 등 장하여 고려사회를 지배하는 계기가 되었다. 이 권문세족은 기본적으 로 귀족적인 성격을 지니고 있다는 점에서 전기의 문벌귀족과 유사한 면을 보이기도 하나 실제적으로는 그 출신 배경이 매우 다양하다는 것과 친원적인 성향이 매우 강하다는 그 나름의 독특한 특징을 지니고 있다. 따라서 고려가 원(元)의 영향 하에 있는 한 권문세족의 고려사회 에 대한 지배력은 흔들리지 않았다. 이러한 상황은 14세기 중반 공민 왕이 즉위할 무렵까지 지속되었다. 원의 영향이 고려에 미치고, 권문 세족이 고려사회를 지배하는 상황은 공민왕(1352~1374)의 즉위를 계기로 점차 변화하기 시작하였다. 이 변화는 당시 대륙정세의 변화와 맞물리면서 급물살을 타게 된다.

공민왕이 충정왕(1349~1351)의 뒤를 이어 왕위에 오르는 1351년 은 원의 마지막 황제인 순제(順帝)가 즉위한 지 18년째가 되는 해이다. 이 때 원은 황제의 자리를 둘러싼 귀족 간의 분열과 갈등이 상당히 심화되어 있었고, 더욱이 순제의 방탕한 생활과 실정은 세계적인 원제 국을 쇠락의 길로 접어들게 하였다. 국가재정의 파탄과 백성 생활의 도탄은 한인들로 하여금 원제국에 반항케 하였다. 그리하여 순제 연간에는 전국에서 많은 한인 반란군이 봉기하였다. 뒷날 명을 세우는 주원장(朱元璋)은 이 때 등장한 군벌 중 하나였다. 한인 반란을 원은 무력으로 진압하고자 하였으나 별 효과는 없었다. 그리하여 원은 한때 고려에 대해 반란군 토벌을 위해 군대 파견을 요청하기도 하였다. 이 때가 1354년으로 공민왕이 즉위한 지 얼마 되지 않아 왕권은 아직 안정되지 못하였고, 고려에 대한 원의 영향력이 여전하던 때였다. 따라서 고려는 원의 원병 요청을 쉽게 거절하지 못하고 받아들일 수밖에 없었다. 그래서 고려는 일단 군대를 파견하였지만 원의 반란군에 대한 토벌이 실패로 끝나자 고려군은 이듬해에 귀환하였다.

이 당시 토벌군의 파견은 고려가 원의 지배에서 벗어나는 중요한 계기가 되었다. 즉 고려는 이를 통해 대륙의 정세 특히 원의 쇠락상을 정확히 파악할 수 있었던 것이다. 공민왕은 이 틈을 놓치지 않고 반원 정책을 실천에 옮기게 된다. 기철 등의 친원파 제거, 고려의 내정간섭 기관인 정동행성의 철폐, 원의 압력으로 변개된 관제의 원상 복구, 압록강 서쪽 지역에 대한 공략 등이 이 무렵 공민왕이 실천에 옮긴 반원책의 내용들이다. 이러한 고려의 조치들에 대해 원이 강력하게 반발하자 공민왕은 반원정책의 추진을 잠시 유보하여 양국 사이의 직접적인 마찰을 회피하였다. 그러나 두 차례에 걸친 홍건적의 침입과 흥왕사(興王寺)의 변, 원의 공민왕 폐위 그리고 이로 인한 양국의 무력 충돌 등으로 공민왕의 반원 태도는 더욱 확고해졌다.

이러는 사이 1368년(공민왕 17) 대륙에서는 주원장이 명(明)을 세워 황제에 즉위하였다. 곧이어 명은 원의 국도인 대도(大都 : 북경)를 함락시키고 원을 몽고 고원지대로 축출하는데 성공하였다. 이렇게 명이 대륙의 새로운 주인으로 자리를 잡자 고려의 공민왕은 반원친명의 입장을 더욱 분명히 하여 양국의 관계는 비교적 부드럽게 전개되었다. 그러나 명이 요동 진출을 본격화하면서 양국의 관계는 급속히 경색되어 이후 고려는 명의 무리한 요구에 시달리게 된다. 그럼에도 불구하고 공민왕은 명에 정면으로 반발하지 않고 친명적인 입장을 견지하였다.

그러나 공민왕이 갑작스럽게 암살당하고 그 뒤를 10세에 불과한 우왕(1375~1388)이 계승하면서 상황은 급변하였다. 우왕 즉위에 결정적인 역할을 한 이인임이 새로운 실력자로 등장하여 정치를 주도하면서, 고려는 지금까지의 친명 일변도의 대외정책을 수정하여 명과 원 사이에서 등거리 외교를 펼쳤다. 고려가 이렇게 입장을 바꾸게 된 데에는 그동안 일관되게 친명적인 입장을 견지하였던 공민왕의 갑작스러운 죽음, 고려에 왔다 돌아가던 명의 사신 채빈(蔡斌)이 호송관이던 김의에 의해 살해된 사건 등이 일정하게 작용하였다. 이 두 사건은 명에 대한 고려의 입장을 껄끄럽게 해 주었다. 이를 계기로 고려는 명과 일정한 거리를 두는 동시에 북으로 쫓겨 가 그동안 관계가 단절되었던 원과 다시 관계를 정상화시켰다. 이인임이 원과의 관계를 회복시키자 고려 말에 새로 등장하여 부상하고 있던 사대부 세력은 즉각 반발하고 나섰다. 이 사대부 세력은 기존의 집권세력인 권문세족과는 여러 면에서 상이한 성향을 띠고 있었고, 따라서 대내외적인 정책의 입장을 권문세족과 달리하였다. 이들은 대내적인 문제에 대해서는 개혁적인 성향을 강하게 갖고 있었는데, 이는 그동안 사회 전반에 걸쳐 권문세족들이 갖고 있었던 기득권을 없애려는 것에 초점이 맞추어진 것이었다. 대외적으로도 권문세족이 친원적인 성향을 갖고 있었다면 사대부들은 친명반원적인 입장을 명백히 하고 있었다. 결과적으로 이 양 세력은 대내외의 정책을 둘러싸고 서로 갈등할 수밖에 없었다. 따라서 당시 고려의 이인임 정권이 원과의 관계를 다시 정상화시킨 것에 대해 사대부들이 반발한 것은 그들의 성향으로 볼 때 당연한 것이었다. 이인임 정권이 비록 원과의 관계 정상화를 추구하였다고 해서 명과의 관계를 완전히 등한시한 것은 아니었다. 고려는 나름대로 명과의 관계 정상화를 위해 노력을 기울였다. 그러나 명은 여러 가지 무리한 요구로 고려를 계속 곤경에 빠뜨렸다. 예컨대 명이 고려의 사신 일행을 구금하여 5년 치의 세공(歲貢)을 일시에 납부할 것을 요구한 일, 비록 거래 품목이긴 하나 고려가 감당하기 어려운 질이 좋은 말 5,000필을 일시에 요구한 일, 요동을 폐쇄하여 고려 사절의 왕래를 금지시킨 일 등은 모두 고려를 곤혹스럽게 하였다. 이런 것들로 인해 고려 내에서 명에 대한 반감이 상당히 고조된 것도 사실이다.

그러던 중 양국의 관계를 파국 일보직전까지 몰고 간 사건이 1387년(우왕 13)에 발생하였는데, 이른바 '철령위(鐵嶺衛) 설치' 문제가 바로 그것이다. 이 때 명은 요동 지방에 남아 있던 원의 잔존세력을 평정하는데 성공하자 이를 기반으로 고려에 대해 철령위 설치를 통고해 왔던 것이다. 즉 명은 원을 계승하고 있기 때문에 과거 원이 지배하던 영역 역시 명이 승계해야 한다는 명분과 논리 하에 공민왕이 원에서 탈환한 쌍성총관부에 철령위를 설치하여 이 지역을 직접 지배하겠다는 것이었다. 물론 고려는 즉각적으로 명에게 이것의 중지를 요구하였으나 별 소용이 없었다.

이리하여 마침내 고려는 명에 군사적인 대항을 하기로 결정한다. 소위 요동정벌을 결정한 것이다. 그런데 이 결정은 쉽게 갑자기 결정된 것이 아니고 신료들 사이에 많은 논쟁을 거친 끝에 나온 것이었다. 이 요동정벌을 둘러싸고 고려 조정은 그것을 찬성하는 부류와 반대하는 부류로 나뉘어져 심한 논쟁을 벌였던 것이다. 잘 알려진 바와 같이 찬성하는 편의 대표자는 최영이었고, 반대하는 편의 대표자는 이성계였다. 이 때 사대부 세력은 이성계 편에 서서 요동정벌에 반대하였다.

최영과 이성계는 모두 공민왕 때부터 홍건적과 왜구를 격퇴하는 가운데 급부상한 당시의 대표적 무인세력이었다. 이 두 사람은 많은 전투에서 혁혁한 전과를 거둠으로써 요즈음 표현으로 '국민적인 스타'가 된 인물들이다. 그러나 서로의 출신 배경은 아주 상이하였다. 최영이 당시의 유력한 문벌이었던 철원 최씨 가문 출신이었다면, 이성계는 이와 비교가 되지 않을 정도로 보잘 것 없는 변방 출신에 지나지 않았다. 이런 출신 배경의 차이는 최영이 이성계보다 정치적으로 우세한 입장에 서게 한 것으로 보인다. 그럼에도 불구하고 이 차이는 지방 출신이 많았던 당시 사대부들이 최영보다 이성계를 선호하여 손잡게 한 중요한 배경이 되었다. 최영과 이성계는 당시 실력자로서 권력을 남용하여 온갖 부정과 불법을 자행하던 이인임을 타도하는 것에 뜻을 같이 하였다. 이인임을 타도한 뒤 정계의 중심으로 부상한 이 두 사람은 이후 뜻을 같이하는 경우보다 그렇지 못한 경우가 더 많았다. 대표적인 것이 요동정벌을 둘러싼 입장 차이였다. 물론 최영은 요동정벌을 제기하여 적극 추진하였고, 반면에 이성계는 소위 '4불가론'을 내세우

조선을 개창한 이성계와 최영 장군의 영정

며 적극적으로 반대 의견을 개진하였다. 이 4불가론이라는 것은 곧 "① 작은 나라인 고려가 강대국인 명을 상대로 싸우는 것은 국가 보전의 상책이 될 수 없다 ② 여름에 거병하는 것은 농사에 지장을 준다 ③ 여름의 더위와 비는 전쟁 활동에 많은 지장을 줄 뿐만 아니라 병사들의 전염병을 초래케 할 가능성이 있다 ④ 거국적인 원정을 틈타 왜구가 들어오면 나라가 위태로워진다" 등을 말한다. 이러한 주장은 당시의 상황에서 볼 때 매우 타당하고 설득력이 있는 것들이라고 하겠다. 그러나 당시 권력의 추는 이성계보다는 최영 편에 더 기울어져 있었다. 그리하여 최영은 우왕을 설득하여 많은 반대가 있었음에도 불구하고 전격적으로 요동정벌을 결정하고 전국에 총동원령을 내렸다. 이어 최영 자신은 8군도통사가 되고, 조민수와 이성계를 각각 좌군도통사와 우군도통사로 삼아 출진을 하게 된다. 그러나 최영은 우왕의 만류로 평양에 남고, 이성계와 조민수로 하여금 계속 진격케 하였다.

이성계와 조민수가 이끄는 고려 원정군은 일단 의주에 당도하여 압록강을 건너게 되는데, 마침 이날 많은 비가 와서 강을 건너던 군사 수백 명이 표류하여 물에 빠지는 등 군사들이 큰 곤욕을 치렀다. 이 때문에 원정군은 더 나아가지 못하고 압록강 가운데 있는 섬 위화도에 진을 쳤다. 그리고 이성계와 조민수는 그동안 있었던 일과 요동정벌의 부당함을 지적하면서 회군의 영을 청하는 내용의 서신을 올렸다. 그러나 우왕과 최영은 이들의 요청을 묵살하고 더욱 진격을 재촉하였다. 결국 이성계는 회군하고자 하는 자신의 뜻을 여러 장수들에게 밝히게 되고, 이에 모든 장수들은 이성계를 따르기로 결의하는 것으로서 화답하였다. 이렇게 하여 역사적인 위화도 회군은 이루어지게 되었다. 모든 군사를 이성계와 조민수에 딸려 보내고 평양에 홀로 남아 있던 최영은 저항 한 번 못하고 회군하여 온 이성계 군에 잡혀 일단 유배되었다가 곧 처형되고 만다. 이 요동정벌은 그동안 고려왕조가 일관되게 추진하였던 북진정책의 마지막 실천이었으나 위화도 회군으로 인해 중도에 그치고 말았다.

최영이 고집스럽게 요동정벌을 추진한 것은 기본적으로 간절한 우국충정에서 비롯되었다고 할 수 있겠으나, 한편으로 당시의 정치 정세를 염두에 두고 보면 나름대로의 정치적인 계산 역시 그 추진의 한 배경이 되었을 가능성 역시 농후한 것으로 보인다. 주지하는 바와 같이 이인임을 축출한 이후 최영과 이성계는 정계의 핵심으로 자리 잡고 정치를 주도하는 입장이 되었다. 그러나 이 두 사람은 출신 배경을 비롯하여 여러 가지로 서로 상반된 면을 많이 갖고 있어서 정치적으로 도 그 색깔을 달리하였다. 그 결과 최영과 이성계는 정치적으로 볼 때 동지적 관계 보다는 라이벌 관계에 가까웠다고 하겠다. 이런 점에 서 최영은 자신의 최대 라이벌이라고 할 수 있는 이성계를 제거하는 하나의 방편으로서 요동정벌을 이용하였을 가능성은 충분하였다. 요 동정벌을 선두에서 가장 적극적으로 반대하였던 이성계를 그 요동정 벌의 선봉장으로 삼아 출진케 하고 있는 묘한 장면 자체가 여러 가지 정치적인 해석을 가능케 해 주는 것으로 보인다.

위화도 회군을 계기로 먼저 최영을 제거한 후 이성계와 조민수는 우왕까지 폐위시키는 것에 뜻을 같이하여 이를 실천에 옮겼다. 그러나 이 두 사람은 우왕의 후계자 선정을 둘러싸고 서로 의견을 달리하였 다. 이 와중에 조민수가 한발 앞서 우왕의 아홉 살 난 어린 왕자였던 창을 왕으로 옹립하는 데 성공한다. 물론 조민수는 이를 계기로 이성 계 세력을 제거하고 자신이 권력을 독점하려는 생각을 하였던 것으로 보인다. 그러나 오히려 조민수는 이성계 세력의 역공으로 조정에서 축출되고 만다. 이를 계기로 이제 이성계 일파는 견제세력이 없는 가 운데 정치권력을 독점하게 된다. 이성계와 손잡은 사대부 세력은 위화 도 회군을 계기로 그동안 미루어왔던 제반 개혁을 강력하게 추진하게 되거니와 이것이 새 왕조 창업의 기반을 다지는 작업이었음은 그 이후 의 역사가 입증하여 주고 있다.

14세기를 불과 10여 년 남기고 이루어진 위화도 회군은 고려왕조 운명의 끝을 세기의 종말에 맞추게 한 동시에 새 왕조의 출발이 15세기라는 새로운 세기의 시작과 발을 맞추게 해주었다. 한마디로 위화도 회군은 한국 역사에서 새로운 장을 열게 해 준 획기적인 사건이라고 할 수 있다. 이런 점에서 의주, 압록강, 위화도는 아주 특별한 의미를 지니고 있는 역사 현장이 되기에 충분하다.

엄성용 | 광운대학교 정보과학교육원 교수

명대의 요동 총사령부와 조선 | 서인범

의주 지역의 특징은 17세기 초 평안도의 한 관찰사가 상주한 글 속에서 단적으로 엿볼 수가 있다. 즉 "의주부(義州府)는 중국과 접경하고 있어 조금만 통제를 잘못하여도 반드시 사단을 야기합니다"라는 것이다. 의주는 국경지대라는 지리적 문제로만 국한되지 않고 정치·경제·국방·사회·외교를 포괄하는 여러 문제를 발생시킬 소지를 안고 있다. 이러한 다양한 문제에 대처하기 위해서 명조(1368~1644)의 조선 인식과 요동이라는 지역적 특성을 염두에 둘 필요가 있다. 과연 명은 조선을 어떻게 인식하고 대우하였을까? 명초부터 명말까지 사건의 추이를 고찰해가며 살펴보기로 하자. 특히 명조와 조선 사이에 위치하고 있는 요동은 어떠한 지역이었으며, 요동도사의 역할은 무엇이었는가에 대해 다각적으로 접근하여 중국을 이해하는 길잡이로 삼고자 한다.

안휘성(安徽省) 봉양현(鳳陽縣)의 빈농출신인 주원장(朱元璋)은 1356년(공민왕 5) 2월 몽골족이 세운 원(元)의 강남지역 거점인 집경로(集慶路)를 공략한 뒤 이곳을 응천부(應天府)로 개칭하였다. 즉 명(明)의 초기 수도인 남경(南京)이다. 그는 원 말기에 봉기한 군웅 중에서 소주(蘇州)에 거점을 둔 최대의 강적 장사성(張士誠)을 물리치고 강남지역을 거의 손에 넣게 되었다. 그는 곧이어 1367년 원을 타도하기 위해 북벌을 단행한다. 북벌을 단행하기 앞서 '호로(胡虜)를 몰아내고 기강을 세워 백성을 구제한다'라며, 이민족 지배체제에서 벗어나 한족(漢族) 국가를 회복한다고 하는 명백한 민족주의적 기치를 내걸었다.

북벌이 순조롭게 진행된 1368년(공민왕 17) 주원장은 남경에서 황제위에 오르면서 국호를 명, 연호를 홍무(洪武)라고 정하였다. 북벌군이 원의 수도인 대도(大都 : 북경)를 향해 진격하자 원의 마지막 황제인 순제(順帝)는 대도(大都)를 탈출하여 상도(上都 : 開平)로 피하였다. 마침내 다음해 8월 대도는 명의 손에 넘어가 북평부(北平府)로 개칭되었다. 937년 후진(後晉)의 석경당(石敬瑭)이 거란에 이 지역을 양도한 이래 430여 년 만에 한족(漢族)의 손에 되돌아간 것이다. 원의 순제는 상도(上都)에서 다시 응창(應昌)으로 달아났다가 그 곳에서 병사한다. 이후에도 그 자손들은 자신들을 '북원(北元)'이라고 칭하며 몽골고원에서 원조의 회복을 도모하였으나 그 꿈은 끝내 이루어지지 않았다.

그런데 1398년(조선 태조 7) 홍무제가 죽고 손자인 건문제(建文帝, 惠帝)가 22세로 등극하게 된다. 건문제는 즉위하자 측근인 황자징(黃子澄)·제태(齊泰)의 의견을 받아들여 북변방위의 요지에 주둔하고 있던 삼촌들의 세력을 삭감하는 정책을 실시하였다. 건문제가 최후의 타깃으로 삼았던 인물은 최대의 군사력을 보유하고 北平(북경)에 진주하고 있던 연왕(燕王)이었다. 그러나 1402년(조선 태조 2) 건문제는 4년 간의 전투 이른바 '정난의 변'에서 패하여 응천성이 함락 당하자 후비들과 불 속에 뛰어들어 자살한다. 제위에 오른 연왕 즉 성조(成祖) 영락제(永樂帝)는 자신의 거점인 북경으로 수도를 옮기려고 1407년부터 북경성 축조 준비를 시작하여, 드디어 1420년 말 완공하였다. 다음 해인 1421년에는 북경으로의 천도를 선언하였다. 이후 응천은 남경으로 불리게 된다.

한편 조선·여진·몽골과 국경을 맞대고 있는 요동지역(현 요녕성 일대)에 명은 요동도사(遼東都司) 즉 요동총사령부를 설치하여 이들을 통할하였다. 영락제가 북경으로 천도한 이후 조선 사행(使行)이 북경으로 들어갈 때 반드시 거쳐야 하는 중요한 교통로가 된 것이다. 명이 내지는 행정계통인 주·현(州·縣)을 설치하여 통할한데 반해, 요동은 군사계통인 위소(衛所, 뒤에서 구체적으로 설명)를 설치하여 다스린 지역이다. 조선의 입장에서 보면 요동도사가 차지하는 위상은 단지 북경에 이르는 사행로에 그치는 것이 아니라 명과의 외교 통로로서의 중요성을 갖고 있는 것이다.

앞으로 신의주 특구가 개설되면 그 반대편에 자리잡고 있는 중국의 단동(丹東)을 중심으로 한 국경지대에서의 인적 교류는 물론 물적 교류도 활발하게 진행될 것이다. 이 지역의 특징을 17세기 초 평안도의 한 관찰사가 상주한 글 속에서 단적으로 엿볼 수가 있다. 즉 "의주부 (義州府)는 중국과 접경하고 있어 조금만 통제를 잘못하여도 반드시 사단을 야기합니다"라는 것이다. 의주는 국경지대라는 지리적 문제에만 국한되지 않고 정치·경제·국방·사회·외교를 포괄하는 여러 문제가 발생할 소지를 안고 있다. 이러한 다양한 문제에 대처하기 위해서 명조(1368~1644)의 조선 인식과 요동이라는 지역적 특성을 염두에 둘 필요가 있다. 과연 명은 조선을 어떻게 인식하고 대우하였을까? 명초부터 명말까지 사건의 추이를 고찰해가며 살펴보기로 하자. 특히 명조와 조선 사이에 위치하고 있는 요동은 어떠한 지역이었으며, 요동도사의 역할은 무엇이었는가에 대해 다각적으로 접근하여 중국을 이해하는 길잡이로 삼고자 한다.

명은 조선을 어떻게 인식하고 대우하였을까?

동아시아 국제질서의 원리는 중국을 중심으로 한 조공(朝貢)체제였는데 그 중에서도 무역이 제일 중요한 내용이다. 명의 종합법전이라고 할 수 있는 만력 『대명회전』이나 청대(淸代)에 편찬된 명의 역사서인 『명사』의 「외국열전」 중에서 조선을 제일 처음에 기술하고 있다. 이러한 역사서 기술의 체제상에서 보더라도 조선은 중국과 가장 중요한 관계였다는 점을 바로 알 수 있다.

만력 『대명회전』의 조공 관련 기록을 보면 조선은 육로로 봉황성(鳳凰城)을 경유하여 북경으로 들어갔다. 조공 기한은 3년 1공 즉 3년에 1회 조공하는 것이 원칙이었으나 성조 영락제 이후는 매년 황제의 탄생일인 성절(聖節)이나 정월, 황태자의 탄생일인 천추절(千秋節)에도 사신을 파견하여 조공을 하였다. 그 뿐만 아니라 경사스런 일이 있거나 은혜를 받은 일이 있으면 시기를 정하지 않고 조공을 행하였다.

그 결과 조선을 '여러 나라와 비교할 때 가장 공손하고 진실한 나라'라고 서술하고 있다.

그렇다면 이러한 관계는 언제부터 시작되었고 과연 명조가 멸망할 때까지 변함없이 지속되었을까 하는 점이다. 명이 건국하였을 때는 아직 조선이 성립되지 않은 고려 공민왕(恭愍王) 말이었다. 명의 홍무제는 즉위하자 곧 사신을 고려에 파견하여 새서(璽書)를 하사하였다. 이에 공민왕은 홍무제의 즉위를 축하하면서 방물(方物)을 보내는 동시에 자신을 고려왕으로 책봉해 줄 것을 요청하였다. 홍무제는 금인(金印)과 고문(誥文)-임명사령장-을 사여하였고, 고려는 매년 정단과 성절에도 사신을 보내 조공하였으며 원으로부터 받은 금인(金印)도 명에 반납하였다. 즉 원과의 관계를 완전히 단절했다는 것을 의미한다.

그러나 홍무 5년(1372, 고려 공민왕 21) 원의 잔존세력인 나하추(納哈出)가 명조의 군사기지인 우가장(牛家莊)을 습격하는 사건이 발생하였다. 홍무제는 이 사건을 고려가 공모하였다고 보고 고려를 비난하였다. 그런데 2년 뒤 공민왕이 시해되고, 게다가 명의 사신을 호송하던 고려의 밀직부사(密直副使) 김의(金義)가 그들을 살해하고 나하추에게 망명하는 사건이 벌어졌다. 이러한 사건이 벌어진 후 고려는 공민왕의 시호를 청하였으나 홍무제는 고려가 단지 황제의 이름을 빌어 백성을 다스리려는 것에 지나지 않는다며 허락하지 않았다. 더 나아가 요동지역 장수들에게 변방의 방비를 엄격히 하여 고려에서 조공하러 오는 자들을 통과시키지 못하도록 명하였다. 후에 고려 사신이 남경에 도착하자 요동총병관(遼東總兵官)에게 다음과 같이 유시하였다.

고려는 임금을 시해하고 또 칙사를 살해하였다. 앞서는 군이 조공해 올 것을 청하고도 시기를 지키지 않더니 이제 주의(周誼)라는 사신을 파견하여 거짓된 문사(文辭)로 속이고 있는 것을 보면 반드시 변방의 우환이 될 것이다.

고려를 신뢰하지 못한 것이다. 이러한 냉랭한 관계는 홍무제가 예부(禮部)에 명하여 고려가 조공 시기를 어긴 것과 배신들의 오만한 죄를 문책하고 지난 5년 동안의 공물을 보낼 것을 약속한다면 조공을 허락하도록 하는 데서 완화의 조짐을 보였다. 때마침 요동도사 당승종(唐勝宗)도 고려의 편을 들어 말을 조공품으로 바치게 되면서 두 나라의 관계는 정상화의 길을 걷기 시작하였다.

그런데 1387년(홍무 20, 고려 우왕 13) 요동에 철령위(鐵嶺衛)를 설치하고 철령위 북방의 동서쪽은 요동도사에서, 남쪽은 고려에서 관할하여 국경을 침범하는 일이 없도록 통보하면서 재차 위기를 맞게 된다. 이 조치는 고려를 자극하여 우왕은 최영(崔瑩)에게 요동정벌을 단행케 하였다. 이 정벌은 결국 위화도(威化島)에서 이성계가 회군하여 우왕을 폐위하고 창왕(昌王)을 옹립하게 되면서 종료되는데, 명은 요동도사에 수비를 엄중히 하고 사람을 보내어 고려의 사정을 정탐하도록 지시하였다. 이윽고 이성계가 등극하게 되자 홍무제는 고려가 동쪽에 치우쳐 있어 중국이 다스릴 수 없다고 판단하고, '고려가 하늘의 도리에 순응하고 인심에 화합하며 변경을 침범하지 않고 사신이 왕래할 수 있다면 괜찮다'는 의사를 표시하고 '조선(朝鮮)'이라는 국호를 하사하였다.

그러나 조선에서 태조가 등극하고 나서 얼마 지나지 않은 시점에서 요동도사가 조선이 여진을 꾀어 압록강을 넘어 침략해 들어온다고 상주하자 홍무제는 사신을 파견하여 조선이 분쟁을 일으킨다며 질책하였다. 그 주된 내용은 먼저 조선이 요동에 사람을 보내어 예를 표시하는 척 꾸미고 포백(布帛)과 금은(金銀)으로 요동지역의 장수들을 유인하고 있다는 것, 여진을 유인하여 몰래 압록강을 건넜다는 것, 입으로만 신하를 칭하면서 늘 작고 쓸모없는 말을 보낸다는 것, 국호를 바꾸어 주었음에도 아무 소식이 없다는 것이었다. 이에 조선은 사죄하고 공물을 바치는 동시에 도망해 온 명의 군민을 요동으로 돌려보내 주었다. 이 당시 조선에 대한 불신은 아직 명이 요동의 여진을 본격적으로 초무하지 못한 의구심에서 비롯되었던 것이다.

홍무제에 이어 영락제가 즉위한 후 조선과의 관계는 친밀한 방향으로 움직인다. 『태종실록』(조선왕조실록) 태종 3년(1403) 9월 갑신조에 잘 나타나 있다.

(태종이) 국왕의 면복(冕服)과 서적을 청하였다. 이것은 그가 중국의 성인의 도와 제도 · 문물을 흠모하는 것이다. 그 뜻이 가상하다.

즉 영락제는 조선 태종이 왕이 쓰는 예복, 서적을 청하는 것 자체가 중국의 예제(禮制)를 따르는 것이라며 왕에게는 금인(金印) · 고명(誥命) 등을, 왕비에게는 진주와 비취로 만든 비녀 등을 하사하였던 것이다. 이후 1년 사이에 수 차례의 조공이 행해졌고, 북경으로 천도한 후로는 조선과의 관계가 더욱 친밀해져 사대(事大)의 예가 더욱 공손해지는 한편, 명도 각별한 예로 조선을 대하였다.

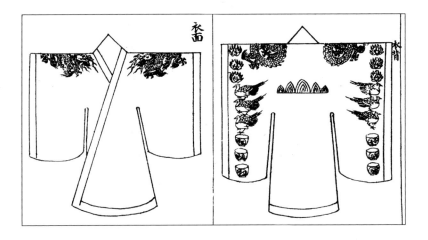

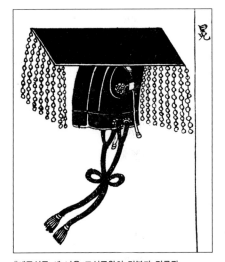

『세종실록』에 나온 조선국왕의 면복과 면류관

그런데 후에 서술하겠지만 명 조정에서 외교를 담당하는 예부(禮部)도 아닌 일개 한 지역을 관할하는 요동도사가 조선에 무례한 언사를 사용하여 멸시하는 태도를 보인 적이 있다. 1433년(선종 선덕 8, 조선 세종 15)에 모린위(毛隣衛)와 건주위(建州衛)가 야인여진(野人女眞)을 꾀어 국경을 침략하여 군민을 약탈하자 조선은 병력을 동원하였다. 이에 요동총병관 무개(巫凱)는 조선이 멋대로 건주위를 공격하였다며 조선을 힐문할 것을 명 조정에 요청하였다. 당시 조선만이 아니라 모린위·건주위·야인여진이 서로 명 조정에 상주하여 변명하자, 선덕제(宣德帝)는 요동에 칙령을 내려 방비를 굳게 하도록 명하였다. 더욱이 1492년(홍치 5, 조선 성종 23)에는 명에서 특별히 파견하여 요동에 진주하고 있던 태감(太監) 위랑(韋郎) 등이 조선을 '외이(外夷)'로 표현하거나 '몰래 서로 결탁하여 우리 변경에 근심을 끼칠지도 모른다'는 등 공손하지 못한 문서를 보내왔다. 당연히 요동도사의 무례한 문서를 접한 조선은 분개하지 않을 수 없었다. 당시의 임금인 성종은 명이 조선을 예의의 나라로 대해 왔다며, 이러한 처사에 대해 명에서 외교를 담당하는 예부에 문서를 보내 항의하는 것이 어떻겠냐고 신하들에게 논의케 하였다. 그러나 신하들은 중국에서 우리나라를 가리켜 외이(外夷)라고 한 것은 이전에도 있었던 일이니 예부에 문서를 보내 요동도사로부터 노여움을 살 필요는 없다는 의견을 개진하였다. 결국 성종은 예부에 문서를 보내지 않고 요동도사에만 문서를 보내기로 결정을 하였다. 즉 조선은 요동도사의 무례한 행동에 대해서도 명 조정에 직접 항의하지도 못하고 요동도사에만 문서를 보내 해결하려고 하였던 것이다.

영종 정통연간(1436~49)에는 몽골족의 한 부족인 오이라트가 여진을 유혹하여 명을 배신하도록 유혹하였으나 조선 세종이 이를 거부하고 즉각 이러한 사실을 명에 알리자, 정통제는 세종의 충성심을 가상히 여겨 이를 권장하는 조칙을 내리는 동시에 많은 물품을 하사하였다. 경종 경태(景泰) 2년(1451, 조선 문종 1)에는 건주여진이 몰래 조선과 통교를 한다고 보고 그들과의 관계를 끊을 것을 명하였고, 1459년(영종 천순 3, 조선 세조 5)에도 변방의 장수로부터 건주여진과 조선이 결탁하고 있어 중국의 우환이 될 것이라는 상주가 올라오자, 천

순제(天順帝)는 조선 세조에게 '무모한 일을 그만두지 않으면 후회하게 될 것이다'라는 칙서를 보냈다. 또한 조선이 여진에게 상과 관직을 주는 것은 명과 대결하려는 것이며, 항상 예절과 의리를 지키더니 어째서 과오를 저질러 자신의 나쁜 점을 감싸려고 하느냐며 질책하였다.

1507년(무종 정덕 2, 조선 중종 2)에 연산군의 아우에게 왕위 계승을 허락해 줄 것을 요청하자, 명 예부는 조선은 옛날부터 예의지국이며 조정에 공손하기를 매우 돈독히 하였다고 인정하면서도, 한편으로는 조선은 멀리 떨어져 있기 때문에 자세한 사정을 알 수 없으니 사신을 파견하여 정황을 살필 것을 제안하고 있다.

세종 가정제(嘉靖帝, 1522~1566)는 조선 중종이 예의를 안다고 하면서 최근에 사신을 통해 뇌물을 주고『대명회전』중에 나오는 조선왕조의 세계(世系) 문제를 정정해 줄 것을 요구한 데 대해 질책하였다. 가정제는 조선의 임금인 중종이 너무 가볍게 문제를 처리한다고 보고 문서를 보내 공손하게 상례(常例)를 지키고 정성스럽게 세사(歲事)나 행하며 사행들을 엄중히 단속하여 문제를 발생시키지 말 것을 훈계하였다.

조선초에는 정조사만 보내다가 세종 때가 되면 황태자의 생일인 천추절에도 사신을 보냈다. 더욱이 황제의 비(妃)가 죽었을 때는 파견하지 않아도 될 진향사(進香使)를 보냈고, 성절(聖節)이 지났으면 사신을 보내지 말아야 하는데도 뒤늦게 파견하곤 하였다. 이러한 조선의 태도에 대해 명은 '너희 나라 사신이 자주 오는 것은 다만 매매를 위한 것이다. 어찌 사대하는 정성이라 할 수 있겠는가'라고 조선에 대한 비판적인 인식을 나타냈다. 이러한 인식은 조선 상인들의 잘못된 관행에서 초래된 것이다. 즉 사행들과 동행한 상인들이 숙소인 북경 회동관(會同館)에 도착하면 즉시 물건을 내려놓고 매매를 하여 마치 숙소가 장바닥 같았다는 것이다. 명에서 실시한 과거에 '조선은 예의의 나라라 하면서 중국에서 이익을 꾀하니 왕래를 막는 것이 좋은가'라는 문제가 출제될 정도였다고 한다. 사행이나 상인들의 이익을 탐하는 문제가 명의 관료나 사대부들에게 조롱을 받게 된 것이다.

그러나 반드시 이와 같은 인식만 있었던 것은 아니다. 조선을 다녀간 명 사신들이 요동의 광녕(廣寧)에 도착하여 광녕태감·총병관·도어사와 대담을 할 때 도어사(都御史) 이승훈이 다음과 같이 이야기를 하였다.

> 내가 만일 이 곳에 오지 않았다면 조선이 사대하는 성의를 어떻게 알 수 있었겠는가? 우리나라 사람으로 오랑캐 포로가 되었다가 조선으로 도망가면 매번 사신이 오는 길에 송환하며, 의복과 노자 등의 물품도 마련해 주었다. (명)조정을 공경하게 섬기는 것을 알 수 있다. 내가 이 곳 직무를 마치고 조정으로 돌아가게 된다면 이러한 뜻을 상주하여 특별히 상을 내리도록 청하겠다.

북경에 거주하고 있던 명의 관료들은 조선 상인들의 행태로 인해 조선을 무시하는 경향이 있었던 데 반해, 조선과 직접 국경을 맞대고 있던 요동지역의 관료들은 조선을 직접 몸으로 체험하고 조선의 사대가 정성스럽다는 것을 인정하였던 것이다.

임진왜란이 발생하자 명 조정에서는 조선과 일본이 서로 짜고 침략하였다, 혹은 조선이 불궤(不軌 : 반란)를 도모하였다, 혹은 조선이 일본과 모의하여 명을 친다는 유언비어가 널리 퍼졌다. 그러나 이러한 상황 하에서도 신종 만력제(萬曆帝, 1573~1620)는 예부에 명하여 조선을 구하여 울타리를 든든히 하고 군량을 보내어 위급함을 구하도록 하였다. 만력 후반기에 후금(後金, 후의 淸)의 누르하치가 세력을 떨치며 조선으로 접근해가자 명은 조선에게 군비를 철저히 하고 변방을 엄중히 경계하도록 하였다. 그러나 요동에서 조선과 후금이 강화하였다는 소식이 들려오자 명은 조선의 광해군(光海君)이 겉으로는 중립을 지키는 체하면서 속으로는 그들에게 순종한다고 보고 관료를 파견하여 잘 타이를 것을 결정하였다. 이에 대해 광해군은 200년 동안 사대하는 충성심은 죽어도 변함이 없다고 해명하였다. 광해군의 간절하고 지극한 문장을 대한 만력제는 예부와 병부의 건의를 받아들여 광해군의 마음을 안정시켜 주도록 하였다.

명이 쇠락하고 후금이 흥기하자 조선은 후금을 이적(夷狄)이라며 인정하지 않았으나, 1627년(희종 천계 7, 조선 인조 5)의 정묘호란과 1636년(의종 숭정 9, 조선 인조 14)의 병자호란으로 청(淸)에 항복하고 형제 관계에서 군신 관계로 전환되었다. 조선이 청(淸)의 책봉(冊封)체제 하에 들어간 것이다. 그렇지만 여전히 조선은 명을 종주국으로 대하였다. 즉 명의 연호인 '숭정'이라는 연호를 계속해서 사용하였으며, 명이 멸망한 1644년(조선 인조 22) 이후에도 조선은 연호 대신에 간지(干支)를 사용하였다. 이는 이민족 왕조인 청에 대한 사대(事大)관계라는 이면에 스스로 중화의 정통을 계승한다는 의식이 잠재해 있었던 것이다.

요동 총사령부란?

요동지역은 역대 이래 주·현을 두어 관할하였으나 1371년(태조 홍무 4, 고려 공민왕 20) 멸망한 원의 장관으로 요양(遼陽)을 통치하던 유익(劉益)이 이 지역의 지도·병사·말·군량 등을 가지고 투항해 오자 특별히 요동위지휘사사(遼東衛指揮使司)를 설치하고 그를 종3품 벼슬인 지휘동지(指揮同知)라는 무관직에 제수하였다. 당시 원의 나하추가 금산(金山)이라는 곳에 거점을 두고 변방을 소란케 하자 정료도위지휘사사(定遼都衛指揮使司)를 설치하여 이들을 방비케 하였다. 그러나 곧 요동도사라는 이름으로 고치고 소속 주·현을 모두 폐지하고 25개의 위(衛)를 설치하였다. 다만 1409년(성조 영락 7, 조선 태조 9) 명에 투항한 이민족을 위해 개원(開原)에 안락주(安樂州)와 자재주(自在州) 만을 설치하였다.

그렇다면 위라는 것은 무엇인가? 명조 병제의 기본은 위소제(衛所制)로 군호(軍戶)를 관할하는 것이 위소라고 보면 이해하기 쉽다. 군사 112명으로 편성된 것이 백호소(百戶所, 長은 정6품의 百戶), 10개의 백호소로 구성된 것이 천호소(千戶所, 長은 정5품)이고, 5개의 천호소로 구성된 것이 위이다. 즉 1위는 5,600명의 군사로 편성되며 그 장(長)은 정4품의 지휘사(指揮使)이다. 이 지휘사의 상급부대가 도지휘사사(都指揮使司)이고, 도지휘사의 상급부대가 오군도독부(五軍都督府, 중군·전군·후군·좌군·우군)이다. 도독부는 정1품의 좌도독(左都督)·우도독(右都督), 종1품의 도독동지(都督同知), 정2품의 도독첨사(都督僉事) 등으로, 도사는 정2품의 도지휘사 1명, 종2품의 도지휘동지 2명, 정3품의 도지휘첨사 4명 등으로 구성되었다. 지금 문제로 삼고 있는 요동도사는 편제상 좌군도독부(左軍都督府)의 통솔 하에 놓여 있었고, 오군도독부 위에 병부(兵部)가, 그 위에 황제가 있는 시스템이다.

요동지역에는 공(公)·후(侯)·백(伯)으로 임명한 요동총병관(遼東總兵官)과 황제의 이목(耳目) 역할을 담당하여 기강을 세우며 여러 관료들을 감찰하는 도어사(都御史), 요양(遼陽)과 광녕(廣寧)에는 황제의 군주체제를 유지하기 위해 파견된 태감(환관)이 진주하고 있었다. 이 중에서 특히 환관은 지금의 정보부의 역할을 담당하여 지방의 군사령관이 반란을 일으키는 것을 방지하는 황제의 수족이나 마찬가지인 존재였다. 자연 이들의 세력은 막강하여 중국 역사상에 있어 한대(漢代)와 더불어 명대가 환관의 폐해로 나라가 망하였다고 할 정도이다.

시대별로 약간의 차이가 있겠지만 요동의 인구는 명초에는 29만~39만 명 정도로, 여기에 고려·여진·몽골 등의 이민족을 포함하면 대략 50만 명에 달한다. 명대의 호적은 세금과 요역을 담당하는 민호(民戶), 군사의 역할을 담당하는 군호(軍戶), 궁궐이나 건물을 짓는 장호(匠戶), 소금을 생산하는 조호(竈戶) 등으로 크게 나눌 수 있다. 요동지역은 군사지대였던 관계로 대부분 이 지역의 호적을 구성하고 있는 것은 군호 즉 군사의 가족이었다. 중국학자 조수기(曹樹基)의『중국인구사』4권 명시기(明時期, 復旦出版社, 2000)라는 책에는 군사의 가족이 40만 명을 차지하고 있었다고 한다. 이러한 점으로 명대의 요동지역은 군사지대였다고 보면 틀림이 없다.

그런데 요동도사 관할하의 25개 위(衛) 중에서 우리가 눈여겨 볼만한 곳이 한 곳 있다. 바로 동녕위(東寧衛)라고 하는 곳이다. 요동

지방의 역사·제도 등을 서술한『요동지(遼東志)』를 보면, 동녕위(東寧衛)에는 고려인이 홍무(洪武) 연간에 3만여 명, 영락(永樂) 연간이 되면 패잔병으로 형성된 만산군(漫散軍) 또한 4만여 명이 포함되어 있었다. 헌종 성화(成化, 1465~87) 초, 즉 조선에서는 대략 성종 연간이 되면 요동 호구(戶口) 중 고려인이 3/10을 차지하게 된다.

구체적으로 요동의 지리·풍속 등에 대해 알아보자. 먼저 지리라는 측면에서 보자면 북경(北京)으로부터 요동의 광녕위(廣寧衛)까지는 모두 민둥산이어서 그 사이에는 초목이 없다. 만리장성의 시발점인 동시에 천하제일의 요새인 산해관(山海關)을 지나면 5리(里, 명대의 1 리는 약 560m) 간격으로 작은 돈대(墩台)를 설치하여 적이 침입하면 봉화를 올릴 준비를 갖추어 두었다. 산해관 바깥쪽은 산맥이 동쪽으로 길게 뻗어 있으며 광녕위(廣寧衛)에 이르는 길은 몽골의 한 부족인 타타르가 사람과 물건을 약탈하는 지역이었다. 해주위(海州衛)의 동쪽에 안산(鞍山)이 있는데 남쪽으로 내려와 천산(千山)이 되며, 이 이후로는 여러 봉우리의 중첩된 모습이 마치 창이 늘어서 있거나 병풍으로 둘러싸인 형상으로 이루어져 있다. 동남쪽으로는 압록강에 도달하며 동쪽으로는 여진의 지역으로 들어가게 된다.

요동도사에서 가장 큰 도시인 요양(遼陽)은 고려는 물론 타타르·여진이 왕래하고 조공이 끊이지 않기 때문에 혼잡을 염려하여 오래 전부터 성 밖에 집 한 채를 지어 놓고 주위의 담을 엄밀하게 관리하고 있었다. 이 곳은 관리가 늙은 군인들을 감독하여 수비케 하고 오로지 조선 사신만 머물러 쉬게 하였다. 이 요양에는 고려 시가가 있고 민가가 번성하여 강남의 가흥부(嘉興府)에 견줄 만 하였지만, 가흥성(嘉興

城) 밖은 시가지가 서로 맞닿아 있었는데 반해 요동성 밖은 닭 울음소리와 개 짖는 소리가 서로 들리지 않으며 해자로(垓子路) 옆에는 무덤이 이어져 있을 정도로 황량하였다. 북쪽으로는 평탄하고 끝없는 들판이 펼쳐진다.

요동에서부터 의주까지는 대략 300리인데 왕래할 때에는 장마와 풍설로 양식이 끊기며 인마(人馬)가 굶주릴 때가 많다. 특히 동팔참(東八站)-의주에서 요동도사로 가는 도중에 설치한 8군데의 역참-지역은 조선의 평안도보다 크고 토지가 비옥하였으나 여진과 접해 있는데다 큰 요새도 없어 언제든지 도둑들이 침입하여 약탈하고 죽여 빈집들로 가득 찼다. 그러나 이 지역 사람들은 조선의 말을 잘 알아서 평안도 사람과 별반 다르지 않았다. 동팔참 수백 리에 사는 백성과 동녕위의 백성은 관부(官府)에서는 한어(漢語)를, 집에서는 조선말을 사용하였다. 이들은 본래 평안도에 살던 백성들이다. 이 일대에 사는 백성이 날로 번성하여 점점 조선의 경계지역으로 접근해 가고 있었다. 1488년(효종 홍치 원년, 조선 성종 23) 성종 임금의 특별 임무를 지니고 제주도에 건너갔다 부친상을 당하여 급거 귀국하는 도중에 풍랑을 만나 중국 절강성 지역에 표류한 최부가 남긴 『표해록』에도 이 지역의 특징을 다음과 같이 묘사하고 있다.

해주(海州)·요동(遼東) 등지의 사람들은 반은 중국 사람, 반은 조선 사람, 반은 여진(女眞) 사람이다. 석문령이남(石門嶺以南)에서 압록강까지는 대개 우리나라에서 이주한 사람들이므로 갓과 옷, 말씨와 여자의 머리장식이 우리나라와 같았다.

조선 사람들이 이 지역에 많이 거주하며 전통의 옷차림을 간직하고 있었던 사실을 알 수 있다. 그러나 이 지역을 오가는 길은 산은 높고 물이 깊어 물줄기 하나가 활처럼 굽어 8·9차례나 건너지 않으면 안 될 정도였다. 여름철 장마에 물이 넘쳐흘러도 배를 이용할 수 없었고, 겨울철에는 얼음이 미끄럽고 눈이 깊어 사람과 말이 넘어져 죽는 경우가 많았다.

계속해서 최부는 요동지역 사람들의 조선에 대한 인식을 기술하고 있다. 요동 사람들이 산동에 장사 일로 왔다가 최부 일행이 도착한 사실을 알고는 청주·엿·두부·떡 등의 물품을 가지고 와서는,

> 우리 요동성은 귀국과 이웃하여 정의(情誼)가 일가(一家)와 같다. 오늘 다행히 객지에서 만나게 되어 약소한 물품으로 예를 표하고자 한다.

요동 사람들이 조선 사람을 일가(一家)와 같이 여기고 있다는 점이다. 이에 최부도 사방을 둘러보아도 서로 아는 사람이 없었는데 후한 은혜를 입으니 마치 한집안 일가친척을 대하는 듯하다고 대답하였다.

요동 총사령부는 어떠한 역할을 하였을까?

요동도사 즉 요동 총사령부는 조선과의 사이에서 어떠한 역할을 수행하고 있었을까? 말할 나위도 없이 조선이나 여진·타타르에 대한 방비가 주임무였다. 고려가 조선으로 바뀌는 시점에서 홍무제는 요동도사에게 조선 공사(貢使)의 출입을 금지시키고, 이 지역에 요새지를

설치하고, 성황(城隍)의 수리 및 압록강 부근까지 기병(騎兵)이 순시할 것을 명하였다. 그러나 명조가 멸망할 때까지 요동도사와 조선은 일체가 되어 요동에 어떠한 사건이 발생하면 즉시 조선에 보고하고, 조선에 문제가 발생하면 즉시 요동도사에 통지한다고 하는 서로 표리를 이루는 관계를 맺었다. 이러한 관계로 인해 조선 사행들은 황제의 칙령(勅令)을 보고 거기서 얻은 정보를 기록하여 조선 조정에 전달할 수가 있었다.

다음으로 조선 사행의 호송을 들 수 있다. 명의 건국 당시에는 홍무제가 남경에 도읍을 정하여 조공로로 해로를 이용하였다. 홍무제 당시에 문하시랑찬성사(門下侍郎贊成事) 정도전(鄭道傳)이 남경으로 들어간 것이 그 한 예이다. 그러나 1411년(성조 영락 9, 조선 태조 11)부터 조선은 사행길로 육로를 요청하였고, 영락제가 자신의 거점인 북경으로 천도를 감행하자 조선의 사행로는 육로로 의주에서 요동을 거쳐 북경으로 들어가게 된다. 자연 사행로로 육로를 이용하기 시작하면서 요동도사의 중요한 역할의 하나로 사행을 호송하는 일이 주어졌다. 요동도사의 관청이 있는 요양에 조선 사행이 도착한 다음 날 도사와 견관례(見官禮)·사은례를 행하였다. 그 후에 무관인 천호나 백호 1명을 파견하여 북경까지 호송하였다. 또한 조선의 사행이 귀로에 오르게 되면 압록강까지 그들을 호송하는 임무를 맡았다. 이 때 도사는 조선 사행이 통과하는 역참에 문서를 보내 역마·봉급·운임 등의 비용을 제공케 하는 한편, 각 부(府)에서는 관원을 파견하여 연도를 수행케 하였다. 단 요동에서부터는 진순관(鎭巡官)이 통사(通事)를 선발하여 조선의 경계지역까지 호송하였다. 이 당시 명의 통사는 일반 민호 출신이 아니라 군인, 그것도 천호·백호 등 장교였다는 사실이었다는 점도 특색이라 할 수 있겠다.

앞에서 잠깐 언급한 최부 일행이 광녕역(廣寧驛)에 도착하자 광녕태감·총병관·도어사(都御史)·도사(都司)·참장(參將) 등이 찾아와 옷·모자·신 등의 갖가지 물품을 나누어주면서 본국에 돌아가면 반드시 오늘 받은 물건을 왕에게 아뢸 것을 요구하였다. 게다가 총병관은 말과 짐 싣는 말을 내주겠다고 하였으며, 백호 30여 명, 군인 200여명, 역에서 요역을 담당하던 관부(館夫) 10여 명에게 최부 일행을 호송케 하였다.

그러나 시대가 흘러감에 따라 사행호송에 있어서도 여러 가지 문제점이 노출되었다. 연산군 이전에는 명조의 홍려시(鴻臚寺)에 속하여 빈객을 맞아들이는 일이나 조공에 관계되는 일을 담당하는 실무자격인 서반(序班)은 요동도사까지만 조선 사행을 호송하는 것이 관례였는데, 점차적으로 압록강은 물론 의주 의순관까지 갔다. 단지 서반 만이 아니라 호송군사도 동반하여 온 데 문제점이 있다. 대체적으로 명의 사신이 문관인 경우에는 호송군이 2·3천 명이었고, 태감인 경우에는 총병관이 8천 명을 거느리고 와 5·6일 간을 머물렀다. 조선 조정의 입장에서 보면 이들의 행동은 감동할 만한 일이지만 접대하는 의주는 부담이 크다고 하소연하였다. 의주에서는 군사들에게는 양식은 물론 선물도 주어야 했던 것이다. 의주에 축적해 둔 곡물만으로 이들을 접대하기에는 부족하여 안주(安州) 등지에서 공급하지 않으면 안 되는 상황이 되었다. 이에 탕참(湯站)이나 봉황성(鳳凰城)의 군사가 나오는 일에 대해서는 요동도사나 광녕(廣寧)의 총병관·태감에 알려

폐단을 해결하려 하였다.

요동도사의 또 하나의 임무는 황제의 명을 조선에 전달하거나 문서를 전달하는 일이었다. 예를 들면 조선 정조사의 일행 중 관압사(管押使)의 하인들이 명 조정에 귀국 시에 인사를 하지 않는 사람이 많다고 요동도사에 알렸다. 그러자 요동도사는 재차 이러한 내용을 조선에 통보하였다. 명 예부나 요동도사의 문서를 조선에 전달하는 경우는 천호·백호 등 장교를 파견하여 전달하였다. 이 때도 사행호송과 마찬가지로 동녕위 소속의 천호·백호 등이 문서를 가지고 오는 경우가 많았다.

그런데 문서의 종류에 따라 임금이 모화관(慕華館)에 거동하여 칙사를 맞이하는 경우와 의주(義州) 의순관(義順館)에서 문서를 건네받는 경우가 있었다. 이러한 차이는 명 조정에서 파견되어 오는 사신의 형태나 문서의 종류, 즉 황제의 칙서인 경우에는 조선에서 반접사를 의주에 파견하여 맞아들였기 때문이다. 그러나 점차적으로 요동도사의 문서를 가지고 오는 장교들도 한양으로 들어오게 된다. 1497년(효종 홍치 10, 조선 연산군 3)에는 표류한 조선인을 압송해 온 요동천호가 문서를 국왕에 직접 전달하겠다고 하자, 의주목사가 이러한 일은 전례가 없다며 일단 그를 달래고 조정에 보고하였다. 조정에서는 요동사람으로 문서를 가지고 온 자를 한양으로 보내 접대한 예가 없다며 관품이 높은 관료를 보내 잔치를 베풀어주고 선물도 후하게 하사하여 무마시키려고 하였다.

그러나 임진왜란이 끝나자 많은 중국인들이 공문도 지참하지 않은 상태에서 압록강을 제멋대로 넘나들어도 조선의 변방지역 관원들이

제지하지 못하는 풍조가 만연하게 된다.

외교와 정보 획득의 장(場)

조선과 요동도사와의 관계를 단적으로 잘 나타내고 있는 기록을 한 가지 소개해 보자. '조선은 해외의 나라이므로 명 조정에서 일어나는 일에 대해 전부 알 수가 없으므로 하례(賀禮)를 올릴 경우가 생기면 예부가 요동에 문서를 보내고, 요동이 조선에 문서를 보내도록 요청하여 허락을 받는다.' 즉 여기서 우리는 요동도사는 명과 조선의 연락을 매개하는 존재였다는 점을 추측해 낼 수 있다.

조선은 군무(軍務)에 관한 사안은 요동도사에게 통고하는 것이 일반적이었던 것 같다. 요동 산해위(山海衛)에 양곡을 운반하다가 폭풍을 만나 조선 풍주진(豊州鎭)에 표착한 명나라 장교에 대한 사유를 적어 요동도사에 문서로 통고하거나, 왜구에게 포획 당하였다가 도망하여 온 강남지역의 백성과, 요동에서 도망해 온 군인 등을 압송하여 요동으로 보냈다. 또한 요동 군인이 의주 사람을 때려죽인 사고가 발생하자, 조선 세종은 군인을 처벌하기 위해 요동도사에게 문서를 보내 황제에게 상주하도록 요청하였다. 평안도 사람이 요동으로 도망해 가자 그들을 돌려보내기를 요청할 때도 요동도사에 문서를 보냈고, 여진의 침입사건이나 왜적의 소식을 요동도사에 보고하자 요동총병관이 곧바로 황제에게 이 사실을 알렸다.

연산군 당시에 국경지역에 해당하는 해랑도(海浪島)라는 섬이 문제로 떠올랐다. 요동지역의 금주위(金州衛)·개주위(蓋州衛) 동남쪽에는 72개의 섬이 있었는데, 이 중에서 가장 큰 섬이 해랑도였다. 이 섬에 중국인으로 중죄를 범한 사람이나 조선 사람들이 도망가서 거주하거나 왕래하는 문제가 발생하였다. 즉 세월이 흘러 조선인들이 중국인들과 결혼해서 언어나 복식도 비슷하여졌다. 이들을 송환해 오는 경우 중국인들도 잡아오거나 부상을 끼칠 줄 모르는 문제가 일어날 가능성이 있었다. 게다가 조선에서는 이 지역이 앞으로 국경문제를 야기할 수 있다고 판단하고 이들을 송환하려고 하였다. 그러나 이 문제는 조선이 결정한다고 해결될 일이 아니었다. 먼저 요동도사에 문서를 보내 통보하고 허락을 받아야 했던 것이다. 조선은 여러 번 공문을 보내 요구하였으나 요동도사는 묵묵부답으로 일관하였다. 이에 조선은 요동도사에 재차 요구하고 그것이 받아들여지지 않는 경우에는 직접 명 조정에 요구하는 방안을 토론하였다. 결론적으로는 조선은 명 조정에 문서를 보내 해결하려는 것은 요동도사를 협박하는 일이라며 명 황태자의 생일을 축하하러 가는 천추사(天秋使)에게 요동도사에 가서 요청하도록 하였다. 한편으로는 통사를 보내 요동도사가 명 조정에 상주하지 않으면 조선이 직접 상주하겠다고 압박을 가하였다. 이후에도 중국인들이 배를 타고 건너 와 의주지방을 습격하여 군장을 탈취하거나 조금도 거리낌없이 함부로 활보하는 지경에 이르렀다. 이에 조선은 요동도사에 이들을 통제해 줄 것을 요청하였다.

그렇다면 왜 조선은 바로 명 조정에 문서를 보내 해결하려고 하지 않았는가 하는 점이다. 앞에서도 언급하였지만 일찍부터 조선은 표류하거나 여진 등지에서 도망해 온 중국인, 포로로 잡은 왜구 등은 요동에 송환하였다. 그런데 이 와중에 중국인들이 조선 군사에 반항하다 부상을 입는 경우가 발생하였다. 조선은 이들이 중국에 돌아가 만약 조선이 자신들이 중국인임을 알고도 활을 쏘아가며 부상을 입혔다고 주장하면 사대의 예에 어긋난다며 걱정하였다. 이에 조선은 명 예부에 문서를 보내 알릴 것인가를 의논하였다. 그러나 당상관과 의금부는 "중국인 사건에 대해 직접 예부에 알리자는 임금의 분부는 지당하다고 하면서도 우리나라 사행들이 북경에 갈 때는 언제나 요동을 거치므로 요동을 노하게 해서는 안 된다. 지금 요동을 경유하지 않고 예부로 직접 문서를 보내면 요동은 반드시 견책 당할 것이다"라는 의견을 제시하였다. 요동도사의 심기를 거슬리지 않으려고 한 조선의 태도를 엿 볼 수 있다.

다음은 정보 획득이다. 한양에서부터 북경까지는 너무 먼 거리였기에 조선은 황제나 각 부서가 요동도사에 내린 조칙이나 명령 등을 베껴 가지고 와 명 내부에 관한 정보를 획득하였다. 예를 들면 1521년(무종 정덕 16, 조선 중종 16) 명 사신의 입을 통해 정덕제가 죽었다는 소식을 들은 조선은 관원을 요동으로 보내 정보를 알아내도록 서둘렀다. 아울러 요동도사가 정덕제의 죽음을 슬퍼하는 문서와 새 황제의 등극을 알리는 문서의 여부도 알아보도록 하였다. 그 결과에 따라 사은(謝恩)하는 문서를 작성토록 하려고 하였던 것이다. 물론 명 조정에서도 정식으로 조선에 공문을 보내 알려왔으나 조선은 그 전에 이 사실을 탐지하고 요동에 관리를 파견하였던 것이다. 왜냐하면 조선의 예문(禮文)에 황제의 부음을 듣는 그 날 즉시 모두가 슬퍼한다고 되어 있었기 때문이다. 명조에 대한 조선의 사대의식을 짐작할 수 있는 부분이다. 또한 가정제가 제위에 오르자 그 친아버지인 흥헌왕(興憲王)의 존호를 어떻게 할 것인가 하는 대례의(大禮義) 문제가 발생하였다.

이 때에도 문서의 형식에 친아버지라는 의미의 '본생(本生)'이라는 글
자를 넣어야 할지를 판단하지 못한 조선은 요동에 압해관(押解官)을
파견하여 알아보도록 하였다.

다음으로 들 수 있는 문제는 상업활동이다. 조선후기 명과의 무역
으로 의주에서 행한 중강개시(中江開市)가 있다. 임진왜란 중에 기근
을 당한 조선이 1593년(신종 만력 21, 조선 선조 26) 유성룡(柳成龍)
의 건의로 풍년이 든 요동지방에서 군량과 마필을 조달하기 위해서
시작한 공무역(公貿易)이다. 요동 지방에 연이어 풍년이 들었으니 중
강(中江)에서 시장을 열어 물품을 유통시킬 것을 건의한 것인데, 이
때에도 요동도사에 시장 개설 여부를 문서로 요청하였다. 그러나 중강
개시는 세월이 흐르다 보니 낮에 시장을 여는 것이 아니라 밤에 열고
서로 약탈을 자행하는 폐해가 발생하였다. 1600년(신종 만력 28, 조선
선조 33)에 조선에서 밀지를 보내 중강개시를 금지시켰다. 본래 명은
이 곳에 관리와 진강성유격(鎭江城遊擊)을 파견하고 있었다. 게다가
요동도사나 총병관 혹은 태감이 사적으로 관계를 맺고 있는 가정(家
丁)이 의주에 머무르면서 시장을 관리하고 세를 거둬들이고 있었다.
조선은 폐단이 많은 중강개시를 금지하고 싶었으나 만약 시장을 폐지
하면 임란 때 조선을 도와 준 은혜를 저버리는 것이라고 판단하였다.
결국 조선은 요동도사에 문서를 보내 요동도사가 명 조정에 허락을
받은 뒤 금지하도록 요청하였다.

그런데 이러한 다양한 문제가 요동도사와 의주 더 나아가 조선 사
이에 발생하면 이 외교문제를 해결하려고 노력하는 자가 통사(通事)
였다. 통사는 명조의 예부와의 접촉이나 사행 중에 발생한 외교적인

문제를 상사에 보고하였다는 점에서 실무외교관 역할을 하였던 것이다. 또한 명 황제의 등극이나 사망, 혹은 황후의 사망, 전쟁이나 반란이 발생하면 조선에서는 사행들이 이를 재빨리 조선에 알렸다. 만약 그렇지 못한 경우에는 요동에서 정보를 얻지 않으면 안되었다. 통사중에 요동탐청통사(遼東探聽通事)라는 직책이 그것을 말해 준다.

통사는 요동지역의 군사정보를 조정에 전달하였는데, 1410년(성조영락 8, 조선 태종 10) 의주(義州) 통사 이룡(李龍)이 요동에서 돌아와서 요동 군사 1만 명이 북경으로 가다가 타타르 군사를 산해위(山海衛)에서 만나 싸우다가 크게 패한 사실과 요동은 성(城)을 굳게 지키고 있는 정황을 보고하였다. 이러한 사실을 접한 조선 태종은 의정부와 의논하고 서북변(西北邊)을 방비케 하였다. 다음 달에는 계속해서 통사 박무(朴茂)가 요동의 정황을 보고해 왔다. 더욱이 1471년(헌종성화 7, 조선 성종 2)에는 통사를 요동도사에 파견하여 문서를 바친 뒤에 도사가 혹시 황제에게 상주하거나 총병관에게 보고한 내용과 결정 사항을 자세히 보고 듣고 오도록 명하기도 하였다. 1600년(신종만력 28, 조선 선조 33)에는 조선 사은사로부터 명 조정은 황태자 책봉과 관혼례를 거행할 절차를 검토하고 있다고 보고하였다. 당연히 조선에도 조칙을 내릴 것이 분명하니 미리 조선이 행할 절차를 준비하는 것이 어떻겠냐는 것이었다. 이런 소식에 접한 조선은 먼저 요동도사에 통사를 파견하여 소식을 염탐하는 한편, 의주부윤도 계속해서 탐지하도록 하였다.

그런데 문제는 통사 중에는 학식이 없어 말을 전할 줄 모르거나 또 사신이 하는 말의 내용을 파악하지 못하는 폐단이 존재하였다. 예를 들면 명조에서 요동도사에 문서를 보내는 경우 요동도사가 이를 등사하는데 원문이 이문(吏文)으로 표기되어 있었다는 점이다. 이문은 명조의 관청 사이에서 사용되는 문서로 대단히 난해하여 특별히 공부를 하지 않으면 해독할 수가 없었다. 이에 조선에서는 나이가 적고 배움이 가능한 자들을 요동에 보내 서너 해 동안 습득케 하는 방안을 제시하였다. 일찍이 예조에서 자제들을 요동도사에 보내 학습시키는 문제가 제기되었다. 요동에 자제들을 보내 경서를 배우고 여가에 이문(吏文)과 한어(漢語)를 익히면 비록 숙달되지는 못하더라도 말은 할 줄 아는 통사는 만들 수 있을 것이라고 보았다. 왜 그러면 그토록 이문을 배우려고 하였던가 하는 점인데 그것은 명 조정에 문서를 보내거나 주청을 할 때 이문이라는 문서 양식에 따르지 않으면 안 되었기 때문이다. 만약 이 이문을 해독하지 못하면 사대하는데 큰 우환이 되었다. 조선에서는 명 조정의 일을 알 수 없고, 혹시 변란이라도 발생하면 조선에 문서를 보내오는데 그 문자와 언어를 이해하지 못하거나 조선에서 답하는 문자가 잘못 기재되면 명조의 뜻에 거슬려 노여움을 사게 되었다.

교류의 장(場)

일반적으로 우리는 교류라고 하면 인적 교류와 물적 교류로 나누어 생각할 수 있을 것이다. 먼저 인적 교류를 알아보기 전에 명의 과거제도에 대해 간략히 살펴볼 필요가 있다. 왜냐하면 요동에도 유학이 설치되었기 때문이다. 명의 과거제도의 특징은 학교제도를 이용하였다는 점이다. 명은 유능한 인재를 관료로 등용하기 위해 일찍부터 과거를 실시하였다. 과거제의 실시와 병행하여 학교제도를 시행하였던 것인데, 북경에는 국자감이 설치되어 고관의 자제나 지방에서 추천 받은 학생들을 입학시켰다. 또한 지방에는 부(府)·주(州)·현(縣)에 각기 부학(府學)·주학(州學)·현학(縣學)을 설치하여 지망자를 시험하여 학생으로 입학시켰다. 이들을 생원(生員)이라고 하는데 생원의 신분을 획득하지 못하면 과거에 응시할 수 없었다.

그렇다고 한다면 주(州)·현(縣)이 설치되어 있지 않았던 요동에는 유학이 설치되어 있지 않았는가 하는 의문이 떠오를 것이다. 그렇지 않다. 홍무제는 즉위한 다음해에 부(府)·주(州)·현(縣)에 유학(儒學)을 세우게 하였고, 15년 지난 후에 처음으로 요동에 유학을 설립하여 무관의 자제를 가르치도록 하였다. 이를 위학(衛學)이라고 한다. 여기에는 군호만이 아니라 군사지대에 거주하고 있던 일반 민호 출신들도 입학하여 과거에 응시할 수 있었다.

요동도사 관할 하에는 14군데의 위학이 설치되어 있었다. 요양성에는 도사학(都司學)이, 위(衛)에는 위학(衛學)을 설치하였는데, 1433년(선종 선덕 8, 조선 세종 15)에 조선 세종이 자제를 북경의 태학(太學)이나 요동에 보내어 유학할 수 있도록 요청하였으나 선덕제는 허락하지 않았다. 이에 조선에서는 요동 향학(鄕學)에만 입학하더라도 괜찮은 일이라고 판단하고 재차 허락을 청하였으나 선덕제는 국자감이나 요동 향학에 입학시키는 것을 끝내 허락하지 않았다. 이문과 한어를 조선에서 공부하는 것보다는 요동의 위학에 자제들을 보내는 것이 낫다는 의견이 계속 나왔지만 명이 이를 받아주지 않았던 것이다. 할수 없이 조선은 자제들을 의주에 보내 요동에 내왕하면서 중국말을 배우도록 제안하였다. 조선초에는 문신이면 대부분 한어에 능하였고, 어전통사(御前通事)도 문신이어서 통역에 그렇게 큰 불편함은 없었다. 그러나 어렵게 이문을 배워도 점차 높은 관직에 승진할 수 없게 되자 침체되어 갔다.

한편 명조 사신들이 왜 조선은 자제들을 국자감에 입학시켜 줄 것을 황제에게 요청하지 않았는가 하는 질문이 나오자, 또다시 조선에서도 요동 위학에 자제들을 입학시켜 이문과 한어를 배우게 하였으면 좋겠다는 의견이 제시되었다. 조선은 요동의 인심이 옛날 같지 않고 북경을 왕래하는 데도 뇌물을 주지 않으면 일이 성사되지 않는 상황하에서 사대부의 자제를 파견하면 그들이 온갖 방법으로 갖가지 요구를 해 올 것이라는 우려를 표명하였다. 게다가 의주 상인들이 장사를 하면서 왕래하는데 많은 폐단이 발생할 것이라는 점을 들어 소극적으로 대처하였다.

이렇게 요동의 위학의 입학이 거절당하고, 한편에서는 조선이 소극적으로 대응하게 됨에 따라 사행들은 요동 지역의 관료나 신사들 간의 교류를 통해 새로운 지식을 습득하였다. 조선 세종 때는 중국의 명사가 요동에 귀양왔다는 말을 듣고 신숙주·성삼문 등을 보내 한어와 이문을 배우게 하였다. 1486년(헌종 성화 22, 조선 성종 17) 성절사 질정관(質正官)인 이창신(李昌臣)이 북경에 갈 때 조선의 성종은 송대(宋代)의 문호로 당송8대가(唐宋八大家)의 한 사람인 소식(蘇軾, 1036~1101)의 문집인 『소문충공집(蘇文忠公集)』을 사 오도록 명하였다. 그러나 북경에서는 그 서적을 구하지 못하였다. 다행히 북경에서 돌아오는 요동에서 우연히 진사 출신으로 지현(知縣)을 역임한 소규(邵奎)

라는 인물을 만나 책을 손에 넣을 수 있었다. 당시 소규는 벼슬을 버리고 한가롭게 살고 있었으며, 재주와 덕망이 매우 높아 요동의 관리들이 모두 존경하는 인물이었다. 소규는 책값을 받으려고도 하지 않았을 뿐더러 먼 훗날 서로를 잊지 않는다는 정표로 시(詩)를 지어 주었다. 소규는 경사(經史)에 박식하였고 자훈(字訓)에 정밀한 인물이어서, 후에 시강관(侍講官)이 된 이창신은 나이가 젊고 글에 능한 사람들을 선발하여 그에게 보내 공부시킬 것을 권하기도 하였다. 최부도 광녕역(廣寧驛)에 도착하였을 때 성절사(聖節使) 채수(蔡壽)를 만났는데, 채수도 우리나라 사람이 한어(漢語)와 이문(吏文)을 잘 알지 못한다고 하면서 질정관(質正官)을 명 조정에 보내지 말고 소규에게 보내도록 성종에게 상언하기도 하였다.

1574년(신종 만력 2, 선조 7) 성절사 박희립을 따라 서장관(書狀官)으로 북경에 갔다 온 허봉(許篈)의 사행일기(使行日記)에 보면, 조선 사신이 요동을 지나가게 될 때는 항상 이 지역의 관료는 물론이고 생원들이나 감생, 전직관료들과 대화를 나누었다고 한다. 중국의 신사(紳士)―관료경험자나 학위 소지자층―들과 대화를 나누려고 할 때 마침 통사가 자리를 비우자 사행들이 그들을 불러 꾸짖을 정도였다. 조선의 관리들이 어느 정도 중국의 신사들과 토론이나 대화를 나누고자 했던 사실을 짐작할 수 있다.

다음은 물적 교류라는 측면에서 살펴보자. 우선 명조와 조선 사이의 무역에 대해 간략히 서술하고 주로 은이라는 품목에 대해 알아보기로 한다. 당시 두 나라 사이의 제일 중요한 교역품인 인삼에 대해서는 따로 편목을 나누어 서술하였으므로 여기서는 생략하기로 한다.

요동은 조선과 인접했던 관계로 요동인들이 국경을 넘어와 상업 활동을 하였다. 특히 요양은 조선 사신들이 왕래하는 곳이라 이 지역의 부호와 세력 있는 자들은 조선의 사신들이 온 사실을 알고 이익을 꾀하여 자신만 살찌게 하려고 능라(綾羅)와 단포(段布) 등의 물건을 짊어지고 와 교역을 행하였다. 그러나 이들은 인삼·베·초서(貂鼠) 등의 물건과 바꿀 때 공평하게 교역을 하지 않았다. 이들은 달콤한 말로 조선 상인들을 꾀어 성(城)에 들어가서 양초(粮草)를 지급하여 준다고 이유를 대거나, 거짓으로 친우나 형제라고 호칭하면서 법에 어긋나는지 아닌지도 모르는 물건을 가지고 이익을 취하기도 하였다. 중국인들이 강계(江界)에서 면포와 비단을 매매하는 경우 조선은 이들을 모두 요동에 돌려보냈다.

그런데 조선 측에서도 문제를 야기했다. 조선에서는 법으로 명 조정에 들어가는 사신들은 상업 활동을 금지하였다. 만약 이를 어기는 자가 있으면 가산을 전부 몰수하고 수군(水軍)에 편성하였다. 그러나 사신을 수행하는 사람들이 몰래 금은이나 저포(苧布)와 마포(麻布)를 많이 가지고 가거나 또는 서울의 상인들이 몰래 압록강에 이르러 호송군을 꾀어서 이름을 바꾸어 대신 가서 요동에서 무역하여 중국에 비웃음을 당하는 문제가 발생하였다. 단 통사들은 요동으로 가서 무역할 때 사포(私布)의 수량을 정해 주어 사무역(私貿易)을 허용하였다. 그러나 그들은 이를 기회로 삼아 정한 수량 이외의 물건을 몰래 가지고 가서 오로지 사적인 일에만 힘쓰고, 관(官)의 무역은 조금도 신경을 쓰지 않았다. 통사는 말 2·3필을 무역하여 견책이나 면하려고 할 뿐이고 베를 도로 싣고 오는 폐단을 일삼았다.

만력 『대명회전』에 보면, 조선이 명에 바치는 공물로 인삼·말·포(布)·붓·종이·수달 가죽 등과 함께 금·은으로 된 식기를 들고 있다. 1377년(태조 홍무 10, 고려 우왕 3) 고려와의 관계가 아직 정립되지 않고 의심하고 있을 때 금 100근과 은 1만 냥, 말 100필을 공물로 바치도록 하였다. 그러나 고려는 금은 많이 산출되지 않아 말로 대신 바치게 된다. 조선에서는 금(金)·은(銀)은 본래 산출되지 않고, 단지 전에 원나라 객상이 왕래하면서 판매하여 아주 소량만을 보유하고 있었다. 그것도 10년이 채 못되는 사이에 부족해졌다. 이에 조선은 토산물을 공물로 납부케 해줄 것을 요청하였다. 그 결과 1429년(선종 선덕 4, 조선 세종 11)에는 금이나 옥으로 만든 그릇 대신 다른 토산물로 바치도록 하였다.

조선에서는 16세기 초에 단천(端川)과 강계(江界) 등지의 광산 개발로 은이 산출되었다. 16세기는 세계적으로 은의 유통량이 비약적으로 증가한 시대이다. 이는 신대륙의 은광산의 개발이나 일본의 은 생산의 증가에 기인한다. 조선에서도 고려말부터 조선초에 걸쳐 은이나 지폐·포(布)나 미(米) 등이 화폐로 사용될 정도였다. 그러나 은의 용도는 많아졌지만 점차적으로 공급이 부족한 상황에 처하게 되었다. 이러한 상황 하에서 은이 중국으로 들어가자 조선 성종 때부터 어사를 중로(中路)에 파견하여 불시에 검문하여 은을 소지한 자들을 체포하여 사형에 처하였다. 그러나 북경에 가는 자 중에서 마포(麻布) 대신에 은을 소지하고 들어가는 문제가 끊임없이 제기되었다. 북경에 들어가는 사람들은 한양에서 가지고 가는 것뿐만 아니라 중로(中路)에서도 은을 사들여 요동에서 진사(眞絲)·채단(綵緞) 등을 사들였다. 더욱이

16세기 중엽에는 북경으로 향하는 사행들이 소지한 은이 많을 경우에는 1만 냥, 적게는 수천 냥을 가지고 무역을 하여 돌아올 때는 중국 물품을 실은 차량은 이루 헤아릴 수 없을 정도였다고 한다.

단천에서 은이 많이 산출되자 폐해도 속출하였다. 군민이 이를 몰래 훔쳐 통사에게 전매하고, 통사는 이를 북경에 갈 때 다량으로 소지하고 갔다. 북경으로 가는 역관이 은을 많이 가지고 가서 금법을 어기고 사사로이 장사를 함으로써 폐해를 끼친 것이다. 결국 이러한 상행위는 명의 비웃음을 사고 나라를 욕되게 하여 끝내는 화를 조선 조정에 전가시키는 요인이 되었다.

한편 중국에서도 15세기 전반에는 절강성·복건성을 중심으로 연간 100만 냥(약 37톤) 정도가 산출되었다. 이후 은의 생산은 감소하였으나 수요는 증대되어 갔다. 그 중요한 요인으로 들 수 있는 것이 명 중기부터 세금을 은으로 납부한 데 있다. 게다가 요동을 중심으로 한 북변 지역에 군사비로 매년 400만 냥 정도를 공급하지 않으면 안되었다. 몽골족의 한 부족인 오이라트가 경제적 이익을 얻기 위해 북변을 침입하기 시작한 영종 정통연간에 매년 은 10만 냥 이상이 요동에 공급되었다. 이 액수는 타타르가 강성하여 북변을 소란케 하는 가정연간이 되면 20만 냥을 넘게 된다. 이 은의 용도는 군사의 급여나 성의 수축 등에 사용되었다. 이렇게 많은 양의 은이 요동에 흘러들어 갔지만 은은 대개가 상인들 손에 넘어갔다.

1630년대가 되면 일본에서 은 생산이 급격히 증가하여 거꾸로 중국·조선으로 은이 흘러들어 간다. 왜(倭)의 은이 유포되자 조선인은 법을 어기면서까지 북경으로 가지고 가 매매를 하여 조선의 두통거리가 되었다. 다량의 은이 요동으로 흘러들어 가는 상황 하에서 조선 측의 사행들이나 상인들은 어떠한 목적으로 은을 소지하고 요동지역으로 간 것일까? 그 이유는 물론 은을 중국으로 가지고 가면 중한 죄 -교형(絞刑)-로 처벌을 받는데도 불구하고 매매에서 나오는 이익이 많았기 때문이다. 조선의 사행이나 상인들은 은을 요동이나 중국에 가지고 가서 산호(珊瑚)를 구입한 것이다. 산호라는 것은 갓의 장식품으로 연산군 당시에는 갓에 영자(纓子)가 없어 필요가 없었으나 중종 시대가 되면 사치스러워져 가난한 선비들조차도 비단 옷을 즐겨 입는 풍조가 생겨났다. 자연히 산호나 비단인 사라능단(紗羅陵緞) 외에 백사(白絲) 등의 구입에 은이 필요하였던 것이다. 백사를 물들여 능단을 짜는 자가 사대부 집안에도 있을 정도였다고 한다. 물론 선조 이후 중국의 빠른 말을 사는 데도 은을 사용하였다. 이렇게 조선에서 요동으로 흘러 들어간 은은 이 지역의 부유한 상인들이 남경을 포함한 강남지역의 물건을 구입하는 데 사용하였던 것이다.

서인범 | 동국대학교 교수

조선의 북문, 의주 | 차인배

조선초 압록강·두만강을 경계로 변경을 구획하고, 강 연안을 따라 국경도시를 형성하였다. 국경도시의 조성은 이민족의 약탈과 적국의 침략으로부터 내국인을 방어하고, 유민의 무절제한 월경을 저지하여 조·중 간의 불필요한 외교적 마찰을 줄이기 위한 조치였다. 국경도시는 외교적으로 중국의 사절을 영접하고 환송하는 대외적 관문이었으며, 경제적으로 조선과 중국의 교역장이기도 하였다. 이들 국경도시 가운데 의주(義州)는 요동반도와 한반도가 연접한 지리적 특성으로 중국과 조선의 외교·국방·교역에 중요한 역할을 하였다. 또한 의주는 압록강 하류의 비옥한 삼각주가 분포되어 농업에도 유리한 조건을 가지고 있었고, 압록강을 통해 서해안과 내륙을 연계하는 해운의 기착지이기도 하였다. 역사상 의주는 이성계가 조선을 개창하는 계기를 마련했던 '위화도 회군'을 단행한 지역이었으며, 임진년에 일본이 조선을 침범했을 때 국왕 선조(宣祖)가 도성을 떠나 피난했던 곳으로 역사적인 의미도 크다.

나・당전쟁 후 신라의 국경은 서쪽으로 대동강에서 동쪽으로 청천강을 잇는 내륙 이남으로 확정된 이래 별다른 변화가 없었다. 영토팽창 의지가 고려말 공민왕대부터 꾸준히 시도되었지만, 홍건적과 여진족의 침입으로 빈번히 좌절되었다. 조선은 1432년(세종 14)부터 1449년(세종 31)까지 여진족의 침입을 대비하여 두만강 하류 지역에 종성・온성・회령・경원・경흥・부령 등 6지역에 진(鎭)을 설치하였다. 또한 그 곳에 사민정책(徙民政策)을 펴 삼남지방의 주민을 이주시키고 조선 영토로 확정하고자 하였다.

　조선초 압록강・두만강을 경계로 변경을 구획하고 강 연안을 따라 국경도시를 형성하였다. 국경도시의 조성은 이민족의 약탈과 적국의 침략으로부터 내국인을 방어하고, 유민의 무절제한 월경을 저지하여 조・중 간의 불필요한 외교적 마찰을 줄이기 위한 조치였다. 북방의 국경도시는 외교적으로 중국의 사절을 영접하고 환송하는 관문이었으며, 경제적으로 대중국무역의 전초기지였다.

　국경도시 가운데 의주(義州)는 요동과 한반도가 연접한 지리적 특성으로 조・중간 외교・국방・교역의 핵심지였다. 또한 의주는 압록강 하류의 비옥한 삼각주를 끼고 있어서 농업에도 유리한 조건을 갖추고 있었고, 압록강을 통해 서해안과 내륙을 연계하는 해운의 기착지이기도 하였다. 의주는 이성계가 '위화도 회군'을 단행하여 조선을 개창하는 계기를 마련했던 발상지이자, 임진년에 왜가 조선을 침범했을 때 국왕 선조(宣祖)가 도성을 떠나 피난했던 치욕스러운 곳이기도 하다. 이와 같이 조선시대 의주는 명실상부 조・중 간 외교의 장이자 서북 국경방어의 중요한 거점이었다.

중국 접경지역에 대한 평안도의 관방시설 │『해동지도』(18세기 중엽)

서북 국경방어의 최전선

압록강 연안에는 자연 지형 조건으로 인하여 일찍부터 군사도시가 형성되었다. 조선의 국경이 확정되는 태종~세종 연간 국경방어체제가 정비되었는데, 의주 역시 이 때부터 국방 요충지로 주목받았다. 조선전기의 국방은 진관체제(鎭管體制)로, 전국의 중요한 군사거점에 거진(巨鎭)을 설치하고 주변의 제진(諸鎭)을 통솔하는 구조였다. 진관체제는 1455년(세조 1)에 평안도·함경도에 국한되었던 군익도체제를 전국적으로 확대함으로써 마침내 1457년(세조 3) 전국에 진영(鎭營)을 설치함으로써 완성되었다. 진관 편제는 비교적 규모가 큰 주진(主鎭)과 중간 규모인 거진(巨鎭), 그리고 그 하급부대인 제진(諸鎭)으로 구성되었다. 지휘관으로는 주진에 절도사(節度使)가, 거진은 절제사(節制使) 및 첨절제사가, 제진에는 절제도위(節制都尉) 혹은 만호(萬戶)가 배정되었다. 이러한 진관체제는 을묘왜변(1555년)을 계기로 제승방략(制勝方略)체제로 개편되었다. 그러나 임진왜란 발발 초부터 제승방략체제가 붕괴되자, 유성룡(柳成龍)이 진관체제 복구론을 제기하여 주진(主鎭)－거진(巨鎭) 체제에서 전·후·중·좌·우의 5영(營),

222

영장(營將) - 속오군(束伍軍) 체제로 전환되었다. 즉 조선의 국방체제는 임진왜란을 계기로 국경지역의 수비체제도 변화되었다.

조선초 평안도는 의주·삭주·강계 세 곳에 거진을 설치하였다. 이후 세조의 국방 편제는 자신의 무리한 왕위계승에 반발하는 정치적 변란에 대비해 국경 수비보다는 내지의 국방강화에 역점을 두고 정비하였다. 예종~성종 연간에는 내정은 비교적 안정되었지만 국경지역에 여진족의 소란으로 평안도에 총 6개의 진관을 확장하였고, 국경에는 의주 거진을 포함하여 13개의 독진(獨鎭)을 재편하였다. 즉 진관체제가 국경에서 내지로 연결되는 거진을 중심으로 대규모 군대의 침략을 방어하기 위한 것이라면, 독진체제는 국경선을 따라 국지적으로 배치되어 여진 기병 등의 소규모 기습을 저지하기 위한 방안이었다. 서북방어선은 압록강을 따라 연립한 강변7읍(江邊七邑), 즉 의주(義州) - 삭주(朔州) - 창성(昌城) - 벽동(碧潼) - 이산(理山) - 위원(渭原) - 강계(江界)를 연계하여 설치하였다. 이 중 의주가 강변 7읍의 시발점으로 군사적으로 중요한 위치를 차지하였다.

한편 국경도시에는 국방을 위해 산성(山城)·읍성(邑城)·구자(口子)·보(堡)·진(鎭) 등의 군사시설을 설치하였다. 평시에는 압록강변의 진관을 중심으로 구자, 보, 진, 읍성을 연계한 방어체제가 형성되었고, 유사시에는 내지의 거진을 중심으로 읍성, 산성을 거점지로 배치하여 전술의 탄력성을 보였다.

의주 지역의 산성과 읍성의 축성은 태종 즉위 후 양계의 국방과 관련하여 본격적으로 시작되었다. 1402년(태종 2) 조선의 정세는 대외적으로 명나라가 만주에 건주위(建州衛)를 설치하여 긴장을 조장하는 한편, 대내적으로 함흥 행재소에 머물던 태조를 모시러 간 차사 박순(朴淳)이 안변부사(安邊府使) 조사의(趙思義)가 일으킨 반란에 휘말려 피살되는 등 불안정하였다. 태종은 혼란정국을 타개하기 위해 평양, 안주, 의주, 이성, 강계 등 서북면의 주요 거점 5지역에 성을 수축하여 북방에 대한 통제를 강화하였다. 축성의 구조는 석성(石城)보다 비용과 시간이 절약되는 목책(木柵)을 임시로 세웠고, 상황이 안정되면 석성으로 개축하기로 하였다.

양성지(梁誠之)는 "의주성을 수축하지 않으면 의주가 없어지는 것과 다름없고, 의주가 없어지면 하나의 도가 없어지는 것과 같다"고 하여 의주가 군사적으로 중요한 지역임을 역설하고 이를 방비하기 위해 성곽수축의 필요성을 강조하였다. 이후 의주성은 1409년 9월부터 이듬해 10월에 이르러 삼문(三門)과 궁가(弓家)의 단장(短墻)을 갖추어 완공되었다. 의주 성곽은 개축을 거론하였는데, 1450년(세종 32)에는 의주 본읍을 방어하기 위한 읍성(邑城)과 국경을 따라 직선으로 배열하는 행성(行城)을 2중으로 수축하였다. 1566년(세조 12)에는 의주성을 증축하였는데 성의 높이를 12척에서 14척으로 높이고, 1백 50척마다 망루를 세워 방어력을 보강하였다. 1473년(성종 4)에는 적이 왕래하는 요로이며, 위화도가 내려다 보이는 오언대(吳彦臺)에 봉수대(烽臺)를 설치하여 적의 침입을 조기에 발견하여 후방에 전달할 장치를 마련하였다. 1481년(성종 12)에는 의주에 관문(關門)을 설치하여 통행하는 내외국인의 통행을 단속하였다.

이러한 의주의 축성과 보강이 지속적으로 진행되었지만 "광대들은 몸을 눕히고도 올라갈 수 있고, 찬비(餐婢)가 상을 머리에 얹고서도

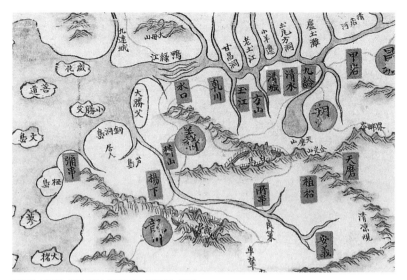

의주부 지역의 관방시설 | 『해동지도』(18세기 중엽)

내려올" 정도로 허술한 곳도 있었다. 이렇듯 보수와 축성이 신속하고
완벽하게 이루어지지 않은 이유는 인력과 재원 지원이 원활하지 못했
기 때문이었다. 의주의 지형적 특성상 축성에 필요한 목재와 석재를
구하기 힘들어 다른 지방에서 수급해야 했지만, 자재수송 인력뿐 아니
라 축성 인력도 원활히 수급하기 힘든 상황이었다. 그러나 장성 수축
은 석성 대신 토성을 임시로 쌓으면서 지속적으로 진행되었다. 1483
년(성종 14) 언양군(彦陽君) 김관(金瓘)이 의주에 장성(長城)을 쌓을
것을 제기하면서 축성 논의가 재개되었다. 즉 의주성에서 인산(麟山)
의 해구(海口)까지 약 75리에 이르는 구간에 장성 부지를 사전에 조사
하고, 의주 인근부터 성을 쌓아갔다. 당시 구룡연에 구축한 성의 규모
는 높이 6척에 둘레가 1만 6백 17척이나 되는 장성이었다. 이처럼 의
주를 중심으로 하는 방어체계는 읍성과 장성을 연계함으로써 체계적

으로 진척되었다.

표 | 의주 지역 진보 현황

진·보		규 모	파 견 관	설치시기	비 고
7진	청수진(靑水鎭)	석성, 1686척	만호(萬戶)	1493년(성종 24)	
	청성진(淸城鎭)	석성, 1940척	첨사(僉使)	1482(성종 13)	
	방산진(方山鎭)	석성, 8782척	만호(萬戶)	1445년(세종 27) 이전	
	옥강진(玉江鎭)	석성, 744척	만호(萬戶)	1500년(연산군 6)	警邊使 李克均 築城
	수구진(水口鎭)	석성, 1473척	만호(萬戶)	1493년(성종 24)	
	인산진(麟山鎭)	석성, 8206척	첨사(僉使)	15세기 전반	
	양하진(楊下鎭)		만호(萬戶)	1656년(효종 7)	
6보	건천보(乾川堡)		권관(權管)		
	소곶보(所串堡)	석성, 7712척	조방장(助防將)	1492년(성종 23)	속칭 大母城
	고미성보(姑未城堡)	석성, 646척	권관(權管)	1500년(연산군6)	경변사 이극균 축성
	광평보(光平堡)	석성, 110척	권관(權管)	〃	〃
	송산보(松山堡)	석성, 850척	권관(權管)	〃	〃
	성고개보(城古介堡)	석성, 890척	조방장(助防將)	〃	〃

한편 조선초 의주의 진(鎭)과 보(堡)는 2진 8보체제로 인산진, 방산진 두 개의 진이 있었고, 보에는 수구보, 청수보, 소곶보, 고미성보, 광평보, 옥강보, 송산보, 성고개보 등 모두 8보를 관할하고 있었다. 진의 높이는 대략 10척이고, 둘레는 4천 85척이었다. 『여지도서』에 의하면 의주부로 승격된 18세기에는 5개의 진을 증설하여 총 7진 체제로 개편하였다. 19세기 말에 작성된『관서읍지』용만지에는 청수진, 청성진, 방산진, 옥강진, 수구진, 인산진, 양하진 그리고 건천보, 소곶

보, 고미성보, 광평보, 송산보, 성고개보 등 모두 7진 6보 체제로 안정화되었다.

한편 의주가 국방상 위상이 높아짐에 따라 목사 역시 행정업무에 능통한 문관보다 군사업무에 익숙한 무관으로 임명하였다. 실제로 여진족이 무예가 출중한 조선장수를 특히 두려워했기 때문에 오랑캐를 단속하기에 무관 출신 지방관이 효과적이었다. 또한 목사 아래 실무 군관은 일반 거진이 3명을 파견하는 것과는 달리, 의주는 여진어 통역관(通事) 1명을 포함한 2명을 추가하여 총 5명이 파견되었다. 15세기 이래 강변 7읍의 거진 가운데 의주가 가장 많은 병력이 배치된 점으로 보아 국방상 중요 거점이었다는 것을 알 수 있다.

평안도 지역은 산성·읍성·구자·보 등 관방시설이 많기 때문에 이를 방비할 인원을 자체 병력만으로 충당하기 어려웠다. 따라서 병력 운영이 토병으로만 구성하기에는 한계가 있었기 때문에 타 지역 군사를 징발하여 교대로 근무시키는 부방(赴防) 형태로 이루어졌다.

표 | 15세기 강변 7읍 병력 상황

지 역	병력수	지 역	병력수
의 주	868	이 산	341
삭 주	140	위 원	148
창 성	236	강 계	824
벽 동	415	합 계	2,972

『경국대전』에 따르면 각 진관에 머무르는 정병의 운영은 4번으로 나누어 1개월씩 근무하고, 갑사는 다섯 번으로 나누어 6개월씩 근무

하도록 규정하고 있다. 이러한 원칙과 달리 평안도 병력은 3번으로 나뉘어 순번하였고, 심지어 당번군사와 차번군사를 합번하는 열악한 상황에 직면하기도 하였다. 특히 겨울철에는 압록강이 얼어붙은 틈을 타 야인들이 자주 침범하였기 때문에 도성에서 경군관(京軍官) 100명과 평안도 군사 2,000명을 별도로 선발해 파견하였다. 병력 충원뿐 아니라 결빙기에 소곶보와 성고개보를 증설하여 조방장을 파견하였다가 해빙되면 폐지하였다.

한편 의주는 임진왜란 때 선조가 피신하여 배수진을 쳤던 최후의 보루이기도 하였다. 1592년(선조 25) 4월에 왜가 부산포에 상륙하여 전쟁을 도발하였을 때 조선은 제승방략을 통해 방어선을 폈지만, 왜병의 서울진격을 효과적으로 제어하지 못하였다. 왜병은 파죽지세로 도성으로 진격하였고, 선조는 마침내 4월 30일 새벽 "나랏님이 우리를 버리고 가시면 누굴 믿고 사느냐"는 도성민의 통곡을 뒤로 한 채 돈의문을 빠져나와 피난길에 올랐다. 애초에 선조는 평양으로 피난하였다가 사태가 진전되면 다시 도성으로 되돌아 올 계획이었다. 그러나 5월 3일 마침내 왜군에 한양이 점령되고, 믿었던 임진강 방어선마저 무너지자, 또 다시 피난길에 올라야만 했다. 6월 11일 어가는 평양성을 떠나 영변, 정주를 거쳐 마지막 피난처인 의주에 이르렀다. 이 때 평양으로 진격했던 명나라 장수 대모(戴某)와 사유(史儒)가 평양성이 이미 왜군에 함락되었다는 소식을 듣고 의주로 회군하여 주둔하고 있었던 상황이었다. 선조는 의주에 머물면서 수 차례 사신을 중국에 보내 자신의 향후 신변문제를 타진하였다. 선조는 최악의 상황에는 요동으로 건너가 명에 망명할 심산이었다. 망명의사를 통보 받은 명으로서도 난처한 상황이었다. 황제는 결국 요동도사에게 선조가 망명해 올 경우 후하게 대접하여 맞이하라고 칙서를 내렸다. 한편 조선에 파병 온 명군은 왜군과의 전투에서 별다른 성과를 보이지 못하다가 평양성의 수복을 계기로 승기를 잡았다. 또한 전쟁은 영남과 호남 곳곳에서 의병의 결사항전 소식과 함께 남해에서 이순신(李舜臣)의 승전보로 역전되었다. 의주로 피난갔던 국왕 일행은 그 해 10월 일본과의 강화가 성립될 무렵, 서울을 떠난 지 6개월 만에 도성으로 환궁할 수 있었다. 임란기에 의주는 선조를 비롯해 조정의 최후 피신지로서 조선을 풍전등화의 위기에서 재기를 도운 중요한 지역이었다.

의주는 청나라의 두 번의 침입을 최전방에서 방어했던 국방 요새였다. 임란의 전후 복구가 진행되는 과정에, 압록강 넘어 만주에서는 여진족 누루하치가 후금을 세워 명을 위협하였다. 명은 임진왜란 당시 군사를 보냈다는 명분으로, 이번엔 조선에 원군파병을 요청하였다. 광해군은 고심 끝에 도원수 강홍립에게 "기회를 적당히 봐서 청에 항복하라"는 밀지를 주어 파병하였다. 결국 광해군의 중립외교정책은 반정의 명목을 줄 뿐이었다. 인조는 광해군을 '폐모살제(廢母殺弟)'하고 대명의리를 저버린 패악한 군주로 몰아 반정(反正)을 단행하여 왕위에 올랐다. 인조는 반정의 명분이었던 명에 대한 사대 의리를 견지할 수밖에 없었고, 청에 대해 배타적 강경외교를 표방할 수밖에 없었다. 이 때 이괄이 논공의 불공평에 불만을 품고 난을 일으켜 정권에 심각한 타격을 주었다. 난이 진압된 후 잔당은 청에 망명하여 조선을 공격할 것을 독려하였다. 결국 1627년(인조 5) 누루하치는 3만명의 후금군을 거느리고 압록강을 건너 의주를 공격하여 점령하였다. 이 때 이

순신의 조카인 이완(李莞)이 의주부윤으로 방어를 담당했는데 항전 끝에 전사하였다. 한편 후금군은 기세를 몰아 내륙으로 남하하여 1월 21일에는 평양성을 함락시켰다. 결국 인조는 강화로 피신했다가 3월 3일 '두 나라가 형제의 나라가 되며 조선은 후금을 적대하지 않는다'는 조약에 승인하였다. 그러나 화의 후에도 조선에 참전한 후금군은 의주에 주둔하여 조선을 경계한 후 8월에야 압록강을 건너 되돌아갔다.

정묘호란 이후 청은 더 많은 조공의 양을 요구하였지만 조선은 이에 따르지 않았고, 조선인 및 후금인의 송환문제 등으로 잦은 갈등을 빚고 있었다. 청 태종은 또다시 1636년(인조 14)에 직접 12만을 이끌고 조선을 침입해 왔다. 이 때 의주부윤 임경업(林慶業)은 백마산성의 수비할 인원을 충원하여 청의 침략에 대비하고 있었다. 그러나 청 기병은 방어체제를 갖춘 백마산성을 피해 우회하여 곧바로 서울로 진격해 왔다. 의주에 구축된 최전방 방어선을 피해감에 따라 불과 6일 만에 안주, 평양을 지나 황주에 이르렀다. 결국 인조를 비롯해 여러 대신들이 남한산성에 배수진을 치고 농성에 들어갔지만, 강화도가 함락됨에 따라 끝내 버티지 못하고 치욕스런 삼전도의 맹을 체결하여 패배하였다. 청은 조선 본토를 공략하기 위해 의주를 직접 공격하기도 하고 한편 직접적인 충돌을 피해 우회하는 전법을 활용했다. 병자호란에 의해 의주는 제 역할을 하지 못했지만 서북지역의 제1의 방어도시로서 그 위상이 높았다.

조·명 출입국 관리소

국경지역은 유민들의 월경(越境)이 빈번하여 외교적 마찰을 불러일으키는 곳이기도 하다. 월경은 범월(犯越)이라고 칭하였는데, 국경을 넘는 죄를 범했다는 뜻으로 조선인이 무단으로 중국 영역으로 잠입하거나 반대로 이민족이 조선으로 잠입해 들어오는 것을 말한다. 의주를 시작으로 국경을 따라 구축된 성은 북방민의 침입을 막는 군사적 목적과 함께 일반인의 사적인 왕래를 제한하기 위한 것이었다. 그럼에도 불구하고 국경을 무단으로 넘나드는 사람은 줄지 않았는데, 그 주요한 원인은 기근으로 떠도는 유이민이 늘었기 때문이다. 월경은 크게 조선에서 명으로 가는 경우와 명에서 조선으로 넘어오는 경우로 나누어 볼 수 있다. 이들 경우에서도 월경이 자발적이냐, 혹은 강제로 납치되었느냐에 따라 본국으로 소환된 후 월경자에 대한 처벌이 달랐다. 우선 여진족에게 강제로 납치되어 월경하는 경우인데, 북방 여진족이 북쪽 강계·만포로부터 남쪽으로 의주(義州) 수구(水口)에 이르기까지 광범위하게 침범하였다. 여진족은 조선의 변경지역의 곡물과 우마, 심지어 사람까지 납치하였는데, 특히 납치한 조선인은 주로 노예로 삼아 농사일을 시켰다. 태종~성종 연간 대략 79차례의 크고 작은 여진족의 침략이 있었는데, 이 때 끌려간 조선인도 상당수였다. 1467년 (세조 13) 의주 지역이 울량합족에 피습 당하였을 때 말 80필, 소 3두를 잃었고, 창에 맞아 죽은 사람이 무려 48명에 이르는 등 그 피해가 막심했다. 조정은 여진족의 침입으로 민심이 흉흉해지고 국경방어선까지 위협받자 더 이상 방치할 수 없었다. 따라서 조선과 명은 연합작전을 통해 이들을 단속하였다. 명측의 장장(長墻)은 조선 측의 삭주지역 구령구자 봉수대(烽臺)에서 보이는 곳에 위치하였기 때문에 야인들이 압록강을 타고 내려오면 봉수대에 직상화(直上火)를 놓아 그들의

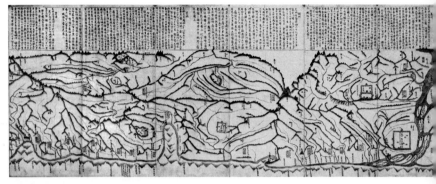
청북변상도 | 국경지역 유민의 월경이 많았던 압록강 지역의 진과 보를 그린 것이다.

남하를 저지하는 등 합동으로 적들의 침략을 막기도 하였다. 여진인은 삼도(三島)를 경작하는 의주민과 작물을 약탈하기 위해 침범하는 경우가 일반적이었으나, 때로는 의주부사가 사냥을 위해 여진인의 구역에 들어가 오히려 그들을 자극하여 침범을 유도한 경우도 있었다. 1467년(세조 13)에 의주목사(義州牧使) 우공(禹貢) 등이 강을 건너 대창산(大昌山) 밑에서 사냥하였다. 오히려 여진족은 이를 구실 삼아 변방을 침공하여 재물과 인명 피해를 주었다. 이를 보고 받은 조정에서는 인민을 보호해야 할 사람이 오히려 적을 자극해 목민에게 피해를 주었다 하여, 의주부사를 임지를 이탈한 죄로 파직하였다.

한편 여진인에 포로로 잡혀간 조선인들 가운데 소수는 되돌아올 수 있었지만, 대부분은 노비로 팔리는 수모를 당했다. 송환된 자들은 간단한 조사를 받는데, 납치경위, 납치생활, 탈출과정, 그리고 적들의 위치와 상황에 대해 구체적으로 밝혀야 했다. 이는 피랍인의 진술을 통해 상대의 정보와 동태를 파악하기 위한 것이었다. 그 조사 내용을 보면,

232

1) 그 사람의 정원·신병의 유무
2) 사는 지방·부모 족친의 이름
3) 포로가 된 원인과 일시
4) 의탁해 살았던 야인의 성명과 지명
5) 도망해 탈출한 원인과 붙잡혔을 때 적중(賊中)에서 들은 일

즉 신변, 사건 경위, 포로 생활지의 동태 및 탈출 과정을 조사하였던 것이다. 뿐만 아니라 적들의 정체, 위치, 동태, 무기 등을 상세히 보고해야 했고, 그 대가로 국가에서 포상을 받기도 하였다.

조선 포로의 송환 절차는 사절을 보내 처리하였는데, 송환 후에는 조선측에서는 반드시 사은사절을 파견하여 고마움을 표시하였다. 반면 조선에서의 유민 송환은 대체로 사역원에서 차출된 통사를 관압사로 임명하여 요동도사까지 호위하여 송환하였다.

강제적으로 월경한 경우 처벌을 받지 않는 것과 달리 의도적으로 월경할 경우는 국법에 의해 처벌을 받았다. 본국을 배반하고 타국으로 망명하거나, 공모한 자도 수범(首犯), 종범(從犯)할 것 없이 참형(斬刑)에 처하였다. 또한 명에 월경했다가 붙잡힌 조선인은 우선 조사를 받고 조선에 압송되는데, 절도행위가 드러난 자는 귀국 후 도성으로 이송되어 조선의 도적률에 따라 처벌되었다. 즉 절도 3범이면 참형에 처하고 그 부모, 아내, 형제 자매, 심지어 형수까지 전 가족을 변방으로 보내는 전가사변(全家徙邊)에 취해졌다. 불법으로 국경 밖을 나가서 야인(彼人)의 재물을 훔친 자 또한 교수형(絞首刑)에 처했고, 국내의 물건을 훔쳐서 적국에서 판매한 사람은 금물(禁物)을 몰래 판 죄로 처리하였다. 이렇듯 적국에서 도적질이나 밀매를 하다 적발되면 죽음

을 면치 못하였다.

조정의 강한 통제에도 불구하고 월경은 좀처럼 근절되지 않았다. 오히려 조선후기 삼정의 문란이 가중되면서 월경범은 더욱 증가하였다.

또한 상인들은 중국과 밀무역을 위해 넘나드는 사람들도 많았다. 중국으로 건너가는 나루에서 검문을 통해 허락없이 교역하는 자들을 통제하였다. 그러나 일부는 검문소 관리인 백호(百戶)를 포섭해서 갈대로 뗏목을 만들어 건너다가 중국의 기찰 관원에 붙잡혀 인도되기도 하였다. 또한 조선 범죄자가 처벌을 피해 월경하여 도피하는 경우도 많았다. 이러한 현상은 최근 북한주민이 식량난으로 압록강을 넘어 중국으로 대거 잠입해 들어가는 것이 북중 외교의 중요한 쟁점이 되는 것과 유사하였다.

요동주민 역시 기근과 정역, 그리고 난으로 어려움을 겪기는 마찬가지였다. 중국에서 조선 쪽으로 월경하는 사람은 주로 만산군민(漫散軍民)·왜피노 한인, 여진피노 한인, 표류민 등이 있었다. 만산군민은 요동군적에 등재된 민호인데 조선으로 도망해 온 사람들로, 요동인, 여진인들이 주류였다. 세종·성종대에 명나라 변경의 소란으로 다시 만산군들이 조선으로 대거 넘어왔다. 이들은 대부분 송환되었는데 15세기 조선에서 명에 송환된 유민은 총 334회 걸쳐 22,509명에 이른다. 특히 왜의 포로가 된 한인이 조선에서 명으로 송환된 사례는 58회에 걸쳐 1,510명이었다. 세종대에는 왜피노 한인들의 명 송환여부를 놓고 의견이 분분하였는데, 송환되는 한인이 조선의 내정을 밀고할 염려가 있었기 때문이었다. 특히 조선과 일본이 내통한다는 의심을 받아

234

평안도 의주부 | 압록강 하구의 도서가 잘 표현된 여지도(규장각 소장, 19세기)

조명 외교관계가 위축될 것을 우려하였다.

압록강의 삼각주 삼도(三島)

국제하천은 연안국간에 교통 무역 등 제반사항에서 이해관계가 상충되는데 특히 하중도(下中島)의 귀속문제와 함께, 경계선 책정에 따른 문제점이 제기되기도 하였다. 특히 압록강 하구에는 40여 개의 도서가 있는데 이들 도서의 귀속은 분쟁의 소지가 있었다. 압록강은 백두산 천지 부근에서 발원한 가장 긴 강으로 명의 동북지방과 국경을 이룬다. 『신증동국여지승람』에 "압록강의 물빛이 오리머리 빛처럼 푸른 색깔을 하고 있다"고 하여 압록이라 이름을 붙였다고 한다. 압록강의 하류에 위치한 의주에는 비교적 넓은 평야가 펼쳐져 곡창지대를 이룬다. 압록강 하구에는 삼각주가 발달하였고, 강 연안은 인삼 재배가 성행하였다.

의주를 끼고 있는 압록강의 삼도인 어적도(於赤島)·검동도(黔同島)·위화도(威化島)는 삼각주로서 상류의 양질의 부유물이 퇴적한 지형이라 농사에 유리한 조건을 가진 곳이었다.

위화도는 태조 이성계가 고려말에 요동정벌을 위해 출정했다가 이곳에 주둔하였는데 대안으로 상륙하지 않고 사불가론(四不可論)을 구실로 회군함으로써 조선 건국의 토대를 마련한 역사적인 곳이다. 위화도는 구령도(仇寧島)라고 칭하기도 하였는데 여기에 사방을 조망하는 봉수대(烽臺)가 설치되었다. 이곳은 강물의 퇴적에 의해 만들어진 삼각지대로 토질이 상대적으로 비옥하여 작물 재배가 잘 되었기 때문에 의주민들은 이곳을 경작하였고, 여진족은 이곳에 침입하여 농산물을 수탈해 가는 등 조선과 야인 간에 갈등이 빈번하게 일어났던 곳이다. 1459년(세조 5)에는 건주여진(建州女眞)의 습격을 받아 경작이 일시 금지되기도 하였으나, 삼각주의 경제성 때문에 삼도경영이 지속적으로 이루어졌다. 이후 1465년(세조 11)에 의주의 3도에 경간사목(耕墾事目)을 내려, 난자도(蘭子島)·검동도(黔同島)·초모도(招募島)의 3도(島)는 의주목사(義州牧使)가, 위화도(威化島)는 인산절제사(麟山節制使)가, 신호수(申胡水)는 방산만호(方山萬戶)가 수호(守護)하게 하였다. 또한 경작 순서는 먼저 초모정을 경작하고, 다음은 검동도, 다음은 위화도·난자도를 경작하게 하였다. 한편 각 섬들의 방비는 초모정(招募亭)은 옛 터에다 목책(木柵)을 견고하게 설치하고, 난자도와 위화도는 큰 강으로 경계가 막혔으니 목책을 설치하지 않았고, 검동도 또한 물이 깊어 도적이 건널 수 없어 별도로 목책을 설치하지 않았다. 한편 섬내에서 농민은 서로 결진(結陣)하여 집단으로 유숙하였고, 밤에 초막의 울(柵)에 모여 경계를 서 자체 방어를 하였다. 1468년(세조 14)에는 이곳 농민들이, "울량합이 쳐들어 와 많은 농민들이 사로잡히고, 전세의 수가 줄어들었으며, 군사의 폐해가 많으니 경작을 금지할 것"을 간청하기도 하였다. 이에 국왕은 "옛날 한번에 백 리씩 나라를 넓혔는데, 이제 버리고 경작하지 않으면 이것은 날로 백 리씩 나라를 줄이는 것이니, 그것은 폐할 수 없다" 하였다. 따라서 종자를 뿌리고, 김매고, 수확할 때 군사의 호위를 받아 건너가서 경작을 하고 즉시 돌아와 그곳에서 유숙하지 못하게 조치하였다. 1469년(예종 1) 2월에 다시 절도사로 하여금 배를 많이 만들어 섬에 노동인력을 많이 이주시킨 뒤, 정식으로 군사를 주둔시켜 울타리(寨)를 둘러쳐 지키게 하는 등 적극적인 경영을 하였다. 또한 밭을 갈고 김매는 기간을 일정하게 정하여 그 기간에 군대의 호위를 받으며 경작하게 하였다. 신숙주는 의주의 경작할 만한 3도의 수호도(守護圖)까지 작성하였는데, 지도(地圖) 안에 새로 설치할 봉수대(烽燧臺)와 목책(木柵)을 설계하였다. 또한 이를 실행하기 위해 농사기간 틈틈이 노동력을 동원하여 항구적이고 견실한 방어시설을 만들 것을 제안하기도 했다. 한편 1470년(성종 1)에 의주 삼도의 경작을 백성들이 꺼려하는 데 대해, 적극적인 대안으로 강을 건너 책(柵)을 설치하여 수호를 엄하게 하고 그곳에 주민을 상주시킬 것을 건의하였다. 같은 해 다시 『의주삼도기경사목(義州三島起耕事目)』을 만들어 보냈다. 그 내용을 보면,

1. 잉박선(苅朴船)을 많이 만들어서 강 건너는 것을 편하게 할 것.
1. 전에 보낸 연대(煙臺)에 목책(木柵)을 설치하는 도면(圖面)을 자세히 상고하여 견실(堅實)하게 배치하고, 때에 임하여 재주 있고 용맹한 갑사(甲士)·정병(正兵)을 나누어 정해서 마른 양식과 병기를 많이 싸 가지고 밤낮으로 요망(瞭望)하여 만일 적변(敵變)이 있으면 혹은 신기전(神機箭)을 방포(放砲)하거나, 혹은 기(旗)를 쓰거나, 혹은 각(角)을 불어서 변을 알릴 것.
1. 재주 있고 용맹한 무사(武士)를 뽑아서 널리 체탐(體探)을 행할 것.
1. 미리 농민의 장정을 뽑아서 농기를 갖추게 하고 때에 임하여 절도사(節度使)가 수호군(守護軍)을 거느리고 강을 건너 목책(木柵)·연대(煙臺)·체탐(體探)에 대한 여러 일을 포치(布置)하여 끝낸 뒤에 농민을 건너게 한다. 농민은 모두 대오(隊伍)를 지어 가면서 요란(擾亂)하지 못하게 하고, 매일 새벽[平明]에 무사한 것을 보고케 하고, 군사를 내어 요해처(要害處)를 나누어 지키되,

238

해가 뜬 뒤에 농민을 내보내어 경종(耕種)하게 하고, 해가 지기 전에 농민을 목책에 들어가게 하여 항상 적을 보는 것같이 하여 경솔히 하지 말고 소홀히 하지 말 것.

1. 날을 정하여 기경(起耕)하되, 끝나면 곧 돌아오고, 날을 정하여 제초(除草)하되, 제초가 끝나면 곧 돌아오는데, 머뭇거리지도 말고 몰아치지도 말 것.
1. 농민에게 권하여 일러서 서로서로 도와서 경작할 것.
1. 많이 개간하는 것을 힘쓰지 말고 백성의 정원(情願)에 따라서 힘을 헤아려 많거나 적게 할 것.
1. 술을 마시지 말고, 사냥을 하지 말고, 날로 근엄을 새롭게 할 것.
1. 성에 돌아올 때에는 먼저 농민이 건넌 뒤에 군사들이 건널 것.
1. 관둔전(官屯田)은 힘을 헤아려 많거나 적게 하여 백성들에게 폐해가 미치지 않게 할 것.

위와 같이 사목의 마련으로 섬의 출입과 섬에서 경작할 때 군대의 경호를 철저히 받아 비교적 안전하게 경작할 수 있었다. 한편 농사철이 다가오면 삼도경작을 하기 전에 인근 창성과 삭주 사람들을 요동지방으로 보내 적의 종적을 염탐하게 하였고, 서도(西道)의 소속 당번 갑사는 모두 의주에 가서 농민을 방호하였다. 그럼에도 불구하고 삼도를 경작하는 백성들은 강을 건너 왕래하는 것을 수고롭게 여길 뿐 아니라, 또 적의 침입을 두려워하여 대부분 삼도경작을 기피하였다. 1532년(중종 27)에는 명나라 사람들이 위화도와 원직도(圓直島)에 들어와 개간하고 살았는데 조선에서 중국의 요동도사와 교섭하여 이들을 쇄환할 것을 요구하였다. 결국 섬에 거주했던 명인들은 소환되었고, 그들이 살았던 집이 모두 소각된 후에도 다시 은밀히 잠입했다.

연산군대에는 강변을 간척하여 영토를 확장하자는 의견이 나오기도 하였다. 압록강 하류에 오면 강의 지류가 의주와 적강으로 나뉘고 강 사이에 탄자도(灘子島)·어적도(於赤島)·위화도(威化島)·금동도(黔同島) 등 4섬이 끼어 있었기 때문에 남쪽인 의주 쪽으로 흐르는 강의 지류를 막아 4섬을 내륙으로 만들기도 하였다. 의주지역의 삼도경영은 농경뿐 아니라 그것을 보호하기 위한 시설을 확충하는 과정에서 국경 완충지 역할을 했던 것으로 생각된다. 결국 의주유역의 삼도경영은 방비하는 데 많은 어려움에도 불구하고 그 경제성 때문에 군대의 보호를 받으며 지속적으로 이루어졌다.

변방 의주민의 고달픈 삶

의주는 국경도시로서 국방, 외교상 중요한 곳임은 주지의 사실이다. 그러나 의주는 기후와 토지가 척박하였고, 과중한 국가의 역에 동원되는 등 의주민은 힘든 삶을 살았다. 한양과 의주와의 거리는 말을 쉼없이 달려도 3일 거리이고, 가마나 도보로 가더라도 거의 10여 일 노정이었다. 의주 지역에 벼슬을 제수 받은 관리는 거리도 멀고, 혹독한 추위 때문에 대부분 가족을 동반하지 않았다. 따라서 변방의 외로운 생활을 달래기 위해 부임지의 관기를 첩으로 삼아 염문을 일으키는 경우가 많았다. 그런데 변방의 벼슬을 마치고, 임기 후엔 그 동안 첩으로 삼았던 관기를 데리고 귀향하여 가정의 불화의 씨앗을 만들기도 하였다. 조선사회는 일부일처(一夫多妻)가 원칙이었지만, 일부다첩(一夫多妾)의 풍습이 유행하였다. 권세 있는 양반은 누구나 할 것 없이 몇 명의 첩을 두었는데 개인이 데리고 있는 노비를 첩으로 삼는 경우는 별문제가 되지 않았지만, 국가의 노비인 관노(관기)를 첩으로 삼는 것은 범죄에 해당되어 처벌받았다. 즉 국가의 녹을 먹는 관리가 국가의 재산으로 등록된 관노비(관기)를 첩으로 사취한다면, 국가기물을 착복한 것과 마찬가지였다. 따라서 국가에서는 이를 규제하였는데, 이미 혼인하여 오래된 경우는 관계를 인정받기도 하였지만, 그렇지 않은 경우는 다시 본 관아로 소환되었다.

또한 의주를 포함한 기타 변방지역은 국경 군사지역이었기 때문에 무관의 임용이 빈번하였다. 무관 외직(外職)의 임기가 절도사(節度使), 우후(虞侯), 평사(評事)는 출근일수 720일, 가족을 데리고 가지 않는 첨절제사(僉節制使), 만호(萬戶)는 900일을 근무해야 했고, 심지어 녹봉을 받지 못한 경우도 많았다. 때문에 변방지역은 당연 관리들의 기피 대상지였다.

한편 일반 백성의 변방살이 고충은 말로 표현할 수 없었다. 조선초 사민정책은 고려시대 이후 양계지역을 개척하기 위한 노력에서 비롯되었다. 세종대부터 본격적으로 이루어진 북방사민정책으로 조선의 국경이 압록강, 두만강을 경계로 하는 지역까지로 확장될 수 있었다.

북방은 척박한 지역이라 주거 인구가 많지 않았다. 따라서 조정에서는 사민정책(徙民政策)을 시행하였는데 일반 양인을 대상으로 강제로 이주시키는 늑령입거(勒令入居)와 범죄자의 전 가족을 이주시키는 작죄입거(作罪入居) 그리고 자원입거(自願入居)가 있었다. 늑령입거는 국가에서 일정한 경제적 지원이 있었기 때문에 정착하기 쉬웠지만, 작죄입거는 대체로 죄인의 신분으로 이주되었기 때문에 그렇지 못하였다. 그러나 자원입거 역시 점차 지원하는 사람이 없어 유명무실한 정책으로 전락하였다. 한편 이주해 온 사람들에게는 가혹한 노역이 기다리고 있었다. 의주인에게는 삼고(三苦)가 지워졌는데, 첫째 삼도 경영의 고역이고, 둘째 배를 만드는 고역이고, 셋째로 축성에 동원되는 고역이었다.

삼도경영의 고역은 앞서 보았듯이 삼도에 들어가 농경을 하는데, 여진족의 약탈로 농작물과 가축뿐 아니라 죽거나 납치되는 인명피해까지 빈번히 발생한 것에서 잘 알 수 있다.

또한 성을 쌓는데 동원되는 일반인의 역도 매우 고통스러웠다. 조선전기 의주 지역은 국방시설인 구자, 보, 진, 읍성, 산성 등을 신설하는 데 많은 인력이 동원되었다. 초기에는 목책을 쌓았지만 성이 부실해 석성으로 개축해야 했다. 의주 지역은 돌이 흔치 않은 지역이었기 때문에 축성을 위한 돌을 인근 지역에서 운반해 오는 일도 쉬운 일이 아니었다. 축성 인력은 날씨가 풀리는 5월부터 10월까지 주로 동원되었기 때문에 겨울철에는 동원되지 않았다. 조선전기 축성사업이 활발해짐에 따라 의주민뿐 아니라 인근지역의 주민들까지 동원되어 의주 지역민들의 반발이 심해졌다. 따라서 승려를 동원해서 축성을 하자는 제안이 나오기도 하였지만, 현실성이 없어 시행되지는 못하였다. 이러한 고충을 인정해 조정에서는 의주 인근 주민에게 명나라 사신의 짐을 나르는 기재군 동원에서 변제해 주었다. 이렇듯 의주민들은 군역과 잡다한 신역에 동원되어 생계를 유지하기 힘든 지경이어서 유리·도망하는 경우도 많았다.

의주는 유배지이기도 하였다. 도형(徒刑)과 유형(流刑)은 유배형으로, 죄인을 환경이 열악한 극지방으로 귀양 보내는 것이었다. 유형은

역을 지지 않은 반면 도형은 관청과 역 등에서 노역을 한다거나 변방에서 군역을 지게 하는 형벌이었다. 유형의 최고형은 유 3000리였는데, 한양에서 시작해서 3000리에 해당되는 지역은 조선땅에 존재하지 않았다. 이 형은 중국의『대명률』을 도용했기 때문에 사실 조선의 실정에 맞지 않았다. 따라서 조선초에는 원칙에 따라 3000리를 채우기 위해 유배자는 전라도 해안을 거쳐 경상도 지역, 그리고 다시 강원도 지역을 옮기면서 3000리를 유람하며 형을 살았다. 그러나 이럴 경우 호송 등 번거로움이 발생했기 때문에 점차 유 3000리 형은 북방 변방과 남도 해안과 도서로 유배되는 것으로 대체되었다. 따라서 의주 유배지로, 역적들의 잔당들은 충군(充軍)으로 도형에 처해져 변방의 수비를 담당하였고, 도적이나 강도의 집안 전체가 유배되어 이주되는 경우도 있었다. 그러나 의주가 유배의 땅이었음에 불구하고, 사신의 왕래가 잦은 지역이었기 때문에 전라도 지역으로 대신 보내는 경우도 있었다. 즉 외국인들을 접대하는 첫 관문인 의주에서 조선의 위신을 떨어지지 않게 하기 위한 조치였다. 예종과 성종의 사위로 막강한 권한을 가졌던 임사홍이 1478년(성종 9)에 유자광과 손잡고 사림인 현석규를 탄핵하다가 도리어 사헌부·사간원의 상소로 의주로 유배간 일이 있었다. 이 때 그의 부인이 병이 들어 임사홍을 그리워하였는데, 성종은 병든 공주를 위해 의주에 유배 가 있는 임사홍을 소환하였다. 임사홍은 임금이 자신의 죄를 사면해 준 것으로 오해하고 자기가 쓰던 방한도구를 모두 다른 사람에게 주고 서울로 돌아왔다. 그러나 서울에 도착해 자신이 돌아온 배경이 부인의 병 때문이었다는 것을 알고 크게 실망하고, 다시 의주로 되돌아갈 것을 한탄하였다 한다. 이렇듯 의주는 죄인의 유배지로서 굶주림뿐 아니라 추위와도 싸워야 할 지옥 같은 곳이었다.

차인배 | 용인대학교 강사

조선시대 사행과 호송군 | 장희흥

중국 사신들이 우리나라에 와서 처음 접하는 곳은 의주였다. 보통 사신들이 정기적으로 나오는 경우는 상관없지만 부정기적인 경우는 미리 알아서 대처하는 것이 중요하였다. 조정에서는 사신이 나오는 것을 탐지하기 위하여 요동도사나 중국에서 정보를 염탐하여 미리 대응하였다. 사신이 올 경우 만호(萬戶)는 국경으로 사람을 보내 영접하였다. 이 때 호송군을 함께 보냈는데, 간혹 요동의 군사들이 조선의 호송군을 적으로 잘못 알고 체포하거나, 월경(越境)으로 오해하여 잡아가기도 하였다. 이러한 경우 요동도사나 사신에게 석방을 부탁하였다. 사신이 도착하면 평안감사가 사신의 규모 즉, 사신이 압록강을 건너온 날짜, 북경과 요동에서 온 사람 수, 물건의 양, 호송군의 수, 사행 목적을 조정에 아뢰었다. 조선에서는 사신의 접대를 위해 원접사(遠接使)를 보냈다. 그러나 원접사가 사정이 생길 경우 의주목사나 평안도감사, 평안도 수령관(首領官)이 맞이하였다. 접대연의 상회례(相會禮) 때 앉는 위치는 도사가 북벽(北壁), 선위사(또는 원접사)는 동벽(東壁), 판의주목사는 서벽(西壁)에 앉았다.

사행의 구성과 절차

조선시대 중국 사행은 국가의 중대한 문제였다. 일종의 조공무역이라는 성격을 가지기는 하지만 우리로서는 외국의 문물을 조달하는 창구 역할을 하였다. 우리나라에서 명나라에 사신(使臣)이 가는 것을 조천(朝天), 청나라에 가는 것을 연행(燕行)이라 한다. 사행은 정기 사행인 절행(節行)과 부정기 사행인 별행(別行)으로 구별되고, 장소에 따라 정식 사행인 부경사행(赴京使行)과 통사(通事)가 요동으로 가는 요동사행(遼東使行)으로 구별된다. 절행은 정사, 부사 등을 모두 갖춘 것이라면 별행은 이를 갖추지 않은 것을 말한다.

대명 사신은 1368년(공민왕 17) 예조판서 장자온(張子溫)을 파견한 것이 처음이다. 1년 3번을 기본으로, 조선 건국 초에는 3년 1번, 1399년(정종 2)부터 1년 3번으로, 1531년(중종 26) 동지사가 포함되어 1년 4번으로 늘어났다. 대청 사신의 경우는 1637년(인조 15) 천추사(千秋使)를 없애고, 세폐사(歲幣使)가 새로 생겼다. 또한 1645년(인조 23) 동지(冬至)·정조(正朝)·성절사행(聖節使行)도 정조 때에 오면서 성절사를 겸하였다. 즉 정례 사행을 삼절겸연공사(三節兼年貢使), 줄여서 동지사 또는 절사(節使)라 하였다.

사행은 매년 10월 말이나 11월 초순에 떠나 12월 중에 연경(현 북경)에 도착하여 40~60일 정도 머문 뒤, 2월 중에 떠나서 3월 말이나 4월 초에 귀국하였다. 합병된 정조·성절행은 일부 시행되었지만 이후 소멸되었다.

	대명사행	대청사행
절 행	동지(冬至)·정조(正朝)·성절(聖節)·천추(千秋)	동지·정조·성절·세폐
별 행	사은(謝恩)·주청(奏請)·진하(進賀)·진위(眞僞)·진향(進香)·변무(辨誣)·문안(問安)·참핵(參覈)·진헌(進獻) 등	사은·진주·진하·진위·진향·변무·문안·참핵
약 사		진응행(進鷹行)·역행(曆行) 등

사행의 구성은 정사(正使), 부사(副使), 서장관(書狀官), 종사관(從土官), 종인(從人)으로 이루어진다. 정관(正官)의 인원은 시대에 따라 차이가 있다. 정사, 부사, 서장관을 삼사(三使), 이하를 종사관이라 하였다. 정사는 사행을 대표하며 사행의 등급을 말해주는데, 보통 종친(3품 이상)이나 고위 관리(2품 이상)가 임명되었다. 이들의 지위에 따라 중국에서 대우가 달라졌다. 부사는 주로 정사를 보조하며 중국에 정통한 인물로 이전에 종사관이나 서장관으로 갔던 사람이 맡았다. 서장관은 6품 문관으로 주로 사헌부 감찰(司憲府監察)이 임명되며, 사신 일행을 감독하거나 물품을 점검하며 기록을 담당한다.

종사관은 대부분 통역관으로 구성되고, 인원수는 제한이 없으며, 실무를 담당하였다. 통사의 능력에 따라 일의 성공 여부가 가늠된다고 할 수 있다. 이들 이외에 사신을 호위하는 군관 5~6인, 일행의 건강을 보살피는 의원 2명, 말몰이꾼·노비·안내자 등 30명 정도가 참여한다. 그 중에서 정사와 부사는 노비 각각 2명, 서장관은 1명을 대동할 수 있다. 이들까지 합치면 사행은 약 70명 정도였다. 또한 평안도에서 선발된 호송군(護送軍)이 의주에서 요동까지 사행단을 호송하였다.

사행의 임무는 기본적으로 사대문서의 전달과 조공품의 진상에 있었다. 이 과정에서 사신은 주체적으로 일을 처리하는 것이 아니고 '인신무외교(人臣無外交)'라는 원칙, 즉 중국 황제와 조선 국왕의 의사가 표현되는 문서를 전달하는 임무를 원칙으로 하였다.

사행 절차는 『경국대전(經國大典)』에 의하면, 문서는 출발 7·8일 전에 왕에게 전달되면, 예조(禮曹)에서 예물(禮物)의 목록을 작성하여 왕에게 아뢴 후 호조(戶曹)로 전달되고, 이를 해당 관사가 준비하였다. 이 때 예조는 사행의 인원수, 방물(方物)의 수를 평안도 관찰사에게 알린다. 준비된 예물의 봉합은 의정부·육조·사헌부·승정원의 장들이 감독한다. 표전(表箋 : 편지)은 예문관(禮文官)에서 지어 왕에게 보고하면, 이를 승문원(承文院)이 옮겨 적고, 출발 전에 의정부 등에서 다시 대조 검사하며, 출발일에 도제조가 확인하였다. 이 과정에서 정사, 부사, 서장관이 데리고 갈 자제와 수행원은 의정부가 이름을 기록하고 사헌부에서 확인하였다. 이러한 절차를 거쳐 중국에 들어가서 문서를 전달하게 된다.

사행중에 방물을 가져가는 경우는 원칙적으로 정기 사행에만 보냈다. 다만 부정기 사행의 경우에는 황제에게 감사할 일이 있을 때, 새로운 황제의 등극, 황태자 책봉 등을 축하하는 경우에 준비하였다. 특별한 공물을 별도로 바칠 때는 진헌사를 보냈다.

사행로는 일정하게 정해져 있는데, 그 이유는 민폐를 줄이는 동시에 보안을 기하기 위해서였다. 조선시대 사행로는 제1로인 의주로, '서울-의주-요양-산해관-북경'으로 이어졌다. 그 중에서 우리나라 사신들에게 중요한 장소는 의주였다. 먼저 의주에 도착하면 의순관에서 여장을 풀고 며칠을 묵으면서 입출 준비를 하였다. 강을 건너기

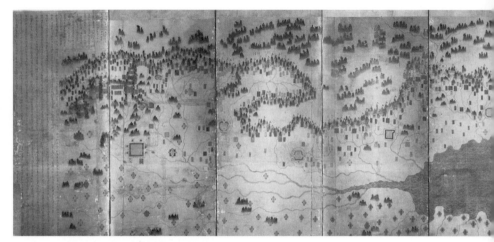

조선의 서북에서 산해관까지의 교통로를 확인할 수 있는 요계관방지도 | 이의명, 1706

전에 정관(正官) 이하의 사행 인원, 말, 세폐, 여비, 기타 물품의 적재량을 국왕에게 보고하는 도강장(渡江狀)을 작성하였다. 또한 책문(柵門)에 도착하였을 때도 같은 사항을 중국측 지방관에게 보고하는 책문보고(柵門報告)를 하였다. 중국에서 입국 허락이 떨어지면 가장 큰 난관인 동팔참(東八站) 코스를 지나게 되는데 가장 짧지만 험난한 코스였다.

사행은 보통 육로를 이용하는 것이 통례지만 요동이나 요서 지역에 14세기 원(元)의 잔존 세력이 남아 있거나 17세기 여진족이 흥기하는 경우는 불가피하게 해로를 이용하였다. 즉 1421년(세종 3)에 북경으로 천도하기 전까지, 명의 수도였던 남경으로 왕래하던 경우는 육로보다 해로가 더 편리하였다. 다만 해로로 갈 경우 조난의 위험이 크다는 문제점이 있었다. 조선초기 해로로 갈 경우 '서울-개성-의주'를 거쳐 요동반도인 여순구(旅順口)까지는 육로로 간 다음에, 해로로 산동

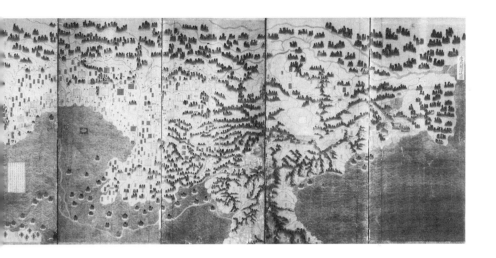

반도의 등주(登州)로 건너 다시 육로로 남경까지 가는 경로였다.

표 | 사행 거리

구간	거리(리)
서울-의주	1,530
의주-산해관	1,400
산해관-북경	670
총 거 리	약 3,600

의주에서의 사신 접대

우리나라에서 중국 사신을 접대하는 절차는 사신의 성격에 따라 차
이가 있었다. 그 임무는 주로 조서(詔書), 칙서(勅書), 국왕의 승인, 왕
세자 책봉 승인, 시호(諡號)·고명(誥命, 벼슬 임명장)의 하사, 황제의
등극과 황태자·황태후 책봉을 알리는 경우가 있다. 그 외에 요동도사

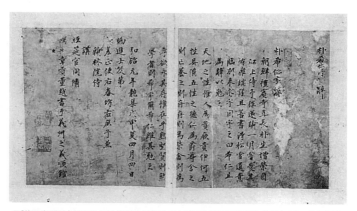

동월(董越) 필적 | 명나라 사신 동월이 의주의 의순관에서 박증영(朴增榮)에게 준 글(국사편찬위원회 소장)

의 자문, 표류인(漂流人) 송환, 월경인(越境人) 환송, 입조 화자(入朝火者, 조선 출신의 환관)의 물품 요구 등의 경우가 있다.

중국 사행의 구성은 보통 정사, 부사, 두목(頭目) 등 20~30명 정도였다. 사신이 오면 의주(義州)·안주(安州)·평양(平壤)·황주(黃州)·개성(開城) 등 5곳에 2품 이상의 관리를 선위사(또는 원접사)로 선발하여 맞이하고 연회를 베풀었다. 다만 요동도지휘사사가 오면 3품 당상관을 보냈다. 사신 접대는 임시기관인 영접도감(迎接都監)에서 총괄한다. 칙사가 한양에 도착하면 왕은 왕세자 이하 백관을 거느리고 모화관까지 행차하였다. 사신이 궁궐에 이르면 다례를 행한 다음 황제가 내린 조서나 칙서를 받았다. 이 외에도 왕세자, 종친부, 의정부, 육조가 돌아가면서 잔치를 베풀었다. 접대연은 외교의 실현 장소로서 문서나 칙서 등의 전달에서도 중요하지만 서로의 상황을 설명하고, 협조를 당부하는 장소였다. 사신이 돌아갈 경우에도 반송사를 파견하여 전송하였다. 이 과정에서 사신에게 정보가 유출되는 것을 막기 위하여 사행로에 있는 고을이나 역의 각종 문서를 숨기거나 잡혀 있는 중국인을 다른 고을로 옮기기도 하였다. 또한 일본과의 통교 사실을 숨기기 위하여 왜사(倭使, 일본 사신)를 포구에 머물게 하였다.

접대시 나라 사정에 대해 말하는 것을 일체 금하고, 부득이 할 경우는 법령을 내려 대답하게 하였다. 한편 중국 사신들이 우리의 속사정을 알지 못하게 하여 국익을 도모하였다. 중종 때 중국 조정에서 사신이 돌아오기를 재촉하는 일을 요동에 알렸는데, 이 사실을 조선 사신들이 요동도사에게 듣고, 칙서(勅書, 황제가 내린 문서)가 나오기 전에 조선에 전한 일이 있었다. 이 때 조선은 진위사를 통해 보내온 조서(詔書, 일반인에게 알리는 문서)와 자문(咨文, 외교상의 공식문서) 중 조선에 불리한 내용을 삭제한 뒤에 중국 사신들에게 보인 경우도 있었다.

조선전기 중국 사신은 문관(文官)이 오는 경우도 있지만 조선 사정을 잘 아는 조선 출신 환관들이 많았다. 문관들이 업무와 문학 교류에 힘쓰는 데 비해, 조선 출신 환관들은 권력을 이용하여 무리한 요구를 하는 경우가 많았다. 특히 조선초기 윤봉(尹鳳)의 경우 친족에게 관작을 주도록 하거나 고향인 서흥(瑞興)에 새로운 저택을 지어달라거나, 고향의 읍호(邑號)를 올려주도록 요구하였다. 대신에 조선에서는 이들을 융숭하게 대접하여 중국과 관련된 각종 정보를 얻거나, 중국에 돌아가 황제에게 조선의 사정을 잘 말해주도록 부탁하였다.

중국 사신들이 우리나라에 와서 처음 접하는 곳은 의주였다. 보통 사신들이 정기적으로 나오는 경우는 상관없지만 부정기적인 경우는 미리 알아서 대처하는 것이 중요하였다. 조정에서는 사신이 나오는 것을 탐지하기 위하여 요동도사나 중국에서 정보를 염탐하여 미리 대응하였다. 사신이 올 경우 만호(萬戶)는 국경으로 사람을 보내 영접하였다. 이 때 호송군을 함께 보냈는데, 간혹 요동의 군사들이 조선의 호송군을 적으로 잘못 알고 체포하거나, 월경(越境)으로 오해하여 잡아가기도 하였다. 이러한 경우 요동도사나 사신에게 석방을 부탁하였다.

사신이 도착하면 평안감사가 사신이 압록강을 건너온 날짜와 사신의 규모 즉, 북경과 요동에서 온 사람 수·물건의 양·호송군의 수, 사행 목적을 조정에 아뢰었다. 조선에서는 사신의 접대를 위해 원접사(遠接使)를 보냈다. 그러나 원접사가 사정이 생길 경우 의주목사나 평안도감사, 평안도 수령관(首領官)이 맞이하였다. 접대연의 상회례(相會禮) 때 앉는 위치는 도사가 북벽(北壁), 선위사(또는 원접사)는 동벽(東壁), 판의주목사는 서벽(西壁)에 앉았다.

의주에서 사신이 와서 머무르는 곳은 일반적으로 의주의 객관인 용만관(龍灣館)과 강변에 위치한 의순관(義順館)인데, 대부분 의순관에서 머물렀다. 그 이유는 의주 관사가 좁고 더러우며, 중국 사신들이 우리나라 백성의 생활이 어려운 것을 보면 체면이 손상된다고 생각하였기 때문이었다. 의순관은『증보문헌비고(增補文獻備考)』에 '옛 이름은 망화루(望華樓)로 성의 남쪽 2리 되는 압록강가에 있는데, 세조대 누(樓)를 철거하여 관(館)을 두었다'고 하였다. 중종 때 문신 김식(金湜)은 의순관을 다음과 같이 노래하였다.

바람 향해 말 멈추니 낮 연기 나는데, 오로지 동으로 가는 첫 길을

254

헤아리네.

깎인 기슭 청산에는 솔(松) 머리 합치고, 긴 강 파란 물엔 압두(鴨頭)가 평평하네.

노랫소리 길에 가득하니 사람 모두 기뻐하고, 풀빛이 하늘에 잇닿으니 만물 모두 번영하네.

의순관에 앉았으니 향기가 집에 가득한데, 배신(陪臣)이 술자리 함께 하니 임금 뜻을 전하네.

의주 외에 사신들을 위한 서북면 관승(西北面館丞)은 생양관(生陽館), 대동관(大同館), 안정관(安定館), 안흥관(安興館), 가평관(嘉平館), 임반관(林畔館), 양책관(良策館) 등이 있다. 이곳에는 각각 관승(館丞) 1인과 일정 정도의 노비가 있었다. 사신들이 통과하는 역마다 접대하는데, '칙사대접(勅使待接)'이라는 말은 여기서 나온 것이다.

사신과의 원활한 통역을 위하여 의주에는 통역관을 배치하였다. 의주는 외교상 중요한 장소로 사신들이 우리나라에 와서 처음 머무는 곳이자 중국으로 돌아가기 위해 일정 정도 머무는 곳이기 때문이었다. 1428년(세종 10) 역학훈도(譯學訓導)를 설치하고, 의주와 인근 각 고을의 자원자를 모아서 한문(漢文)과 한어(漢語, 중국어)를 가르쳐 그 학업을 이룬 자는 평양토관(平壤土官, 지방의 유력자에게 준 벼슬)에 임명하였다. 『세종실록』 지리지 의주목조에도 역학훈도 1인이 기록되어 있다.

사신은 의순관에 머물면서 일정을 협의하거나 돌아갈 때 필요한 물건을 교환하였다. 이 때 서울에 도착할 날짜를 급하게 잡거나 늦게 잡아 서로 맞지 않는 경우도 있었다. 예컨대 단종 때 중국 사신은 서울에 약 30일 후에 도착하겠다고 하였다. 원접사 한확(韓確)은 사목(事目, 규칙)에 의하면 17, 18일 정도로 일정에 따를 것을 요구하였지만 사신은 때에 따라 예의는 변하는 것이라 하면서 거절하였다. 반대로 세조 때 중국 사신은 원접사에게 10일 이내에 서울에 도착하도록 요구하였다. 원접사는 사목에 의하여 시간을 늦추어 달라고 하였지만, 사신은 각 참마다 쉴 필요는 없다고 하였다.

사신이 도착하면 인정물을 교환하였다. 대부분의 사신들이 받지 않거나 일부 물건만 받았다. 경우에 따라서는 더 많은 물건을 요구하거나 대접의 소홀함을 이유로 관리들을 매질하기도 하였다. 사신 접대시에 중요하게 여긴 것은 체면과 국익을 세우는 일이다. 중국 사신들이 우리나라를 우습게 볼 경우 이후 사신들이 여러 가지 복잡한 청을 한다고 생각하였다. 접대 장소를 용만관이 아닌 의순관으로 정한 것도 같은 이유이다. 먼저 접대시에 모든 규칙을 엄수하게 하고, 사신이나 원접사로 가는 사람들은 학문에 능통한 사람을 보냈다. 특히 의주는 관문 역할을 하기 때문에 그 형식을 강조하였다. 의주에 있는 향통사(鄕通事, 통역관)는 의관(衣冠)을 정제하게 하고, 중국에 갈 경우 의관 대신에 편복(便服)으로 가는 것을 금지하였다. 또한 사신 접대를 잘못하는 경우 관리는 처벌받았다. 즉 1488년(성종 19) 중국 사신은 접대시에 사용한 산개(傘蓋)와 용정(龍亭)·향정(香亭)이 모두 백색을 사용하였는데, 사신은 황색을 쓰지 않음을 책망하였다. 이 사건으로 의주 관리를 국문하자 이후 국가에서도 모화관(慕華館)에서의 접대연시에 사용하는 악차(幄次, 임금이 머무르는 장막)를 백색에서 황색으로 바꿨다.

그런데 사신 접대로 인한 고통은 고스란히 의주민에게 떠넘겨졌다. 특히 중국의 사신만이 아니라 호송군이 많을 경우는 더욱 심각하였다. 사신들은 의주 의순관에 머물면서 요동에서 호송군이 올 때까지 기다렸다가 돌아갔다. 그러나 요동호송군이 오는 기간이 오래 걸릴 경우 사신들은 의순관에서 몇 달을 머무는 경우도 있었다. 또한 중국에서 사신과 호송군이 오게 되면 접대와 함께 파보(擺堡)의 말(馬)까지 주었다. 그런데 접대가 과다한 것이 문제였다. 그 비용은 의주 주변의 세금에서 충당되었기 때문이다. 그들에게 공급하는 1년 비용은 쌀로 1천여 섬으로 의주가 단독으로 부담하기에는 한계가 있어 이웃의 군현에서 가져다 사용할 정도였다. 이 폐단에 대하여 황희(黃喜)는 사신을 맞이하러 가는 영봉군(迎逢軍)이 적어 사신들이 의주에서 오래 머무는 것은 한 때의 폐단이지만 호송군을 보내면 만세의 폐단이 될 것이라고 하였다. 결국 사신과 요동호송군의 접대비용의 과다지출이 문제였다.

결국 1503년(연산군 9) 노공필(盧公弼)은 요동 총병관(摠兵官)에게 요동호송군 문제를 요동도사에게 부탁해 줄 것을 건의하였다. 즉 요동호송군이 의주까지 와서 3~6일 정도 머물면서 물건을 교환해 가는 사정이 있는데 의주는 지역이 좁아 유지하는 비용이 어렵다는 것이었다. 하지만 요동 총병관은 자기가 함부로 결정할 수 있는 문제는 아니지만 요동은 광녕 총병관(廣寧摠兵官)의 관할이므로 그에게 부탁하라고 하였다. 하지만 교역은 호송군의 물건도 있지만 도사(都司) 및 총병관이 부탁한 것도 있었다. 결국 우리나라 호송군이 요동에 오래 머물면서 비용을 요구하는 것은 괜찮고, 요동군이 의주에서 천재지변으로 오래 머무는 것은 옳지 않다고 하는 것은 문제가 있다고 보고, 요동의 장수와 군사는 의순관에 와서 머물고 각 진(鎭)의 군사는 강변까지만 왔다가 돌아가게 하였다. 이러한 원칙에도 불구하고 사신들이 호송군을 요동까지 요구할 때에는 중국과의 의리상 거절하는 것은 불가능한 것이었다.

그런데 비용이 과다한 것은 사신의 성격과 관련이 있었다. 사신의 경우 문신(文臣)이면 도사가 호송군 2~3천 명을, 환관인 태감(太監)이면 총병관(摠兵官)이 8천 명을 거느리고 왔다. 그 외 본국에서 중국으로 갈 때 호송하는 군사나 만포(滿浦)에서 나오는 야인(野人)에게 공급하는 것이 많았다. 결국 국가에서는 무명을 보내기도 하였지만 일시적인 조치에 불과하였다. 이러한 적자를 해결할 수 있는 방안으로 둔전(屯田)을 개간하자는 방안이 논의되었다. 연산군 때 의주의 원직(圓直)·종달(從達) 두 섬의 밭을 당령선군(當領船軍, 수군)이 개간하여 양곡 1천 섬을 수확한 경우가 있었다. 이에 국가에서는 위화도(威化島)를 개발하자고 할 정도였다. 그러나 이 역시 국경 분쟁이 있어 쉽지 않았다.

사신들의 왕래 시 또 다른 문제는 물건을 운반하는 것이다. 물건을 운반할 때는 각 지역의 향리가 말을 이용하였다. 이 경우 원칙적으로는 단자(單子)가 있는 것 외에는 운반에 대한 책임은 없었다. 이를 계속 요구할 때에는 요동에 갔다가 돌아오는 인원에게 책임을 물었고, 돌아갈 때에도 가져온 말에다 싣고 가고, 나머지는 호송군에게 대가를 지불하고 가져가도록 되어 있었다. 나머지 물건은 의주에 보관하게 하였다.

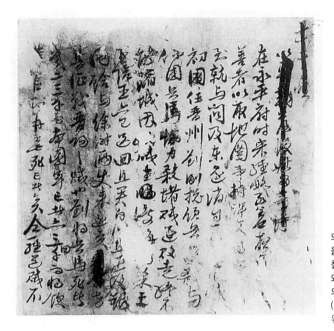

의주를 거쳐 사행
을 다녀온 송강 정
철의 연행일기(위)
와 위연철(魏延喆)
의 심양주환일기
(아래) | 국사편찬
위원회 소장

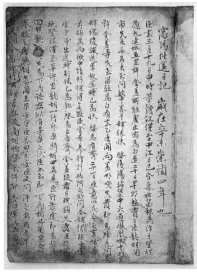

또 다른 문제는 중국 사신이나 호송군의 경우 필요한 경비나 개인의 이익을 위하여 의주에서 물건을 매매하는 경우이다. 이 경우 필요한 물건을 노정(路程)에서 강제로 교환하는 경우가 많았다. 이 때문에 사행 노정에 위치한 지역의 수령들은 상당한 부담에 시달렸다. 그 중에서 말의 공급이 문제였다. 명나라는 조선에서 말을 공급받기를 원하여 요동을 통해 말을 교환해 오도록 하였다. 하지만 일정 수준 이상의 말을 지속적으로 공급받기는 어려운 일이었다. 결국 매매가 지연되자 사신들은 의주에 머물면서 매매를 이유로 트집을 잡았다. 즉 1417년(태종 17) 명나라 환관 황엄(黃儼)·해수(海壽)는 요동호송군의 말 매매가 지연되자 군사를 풀어 독촉하였다. 결국 이원보(李元寶) 집에서 말이 발견되자 조선에서 말을 숨겨놓은 것이라 하면서 압박하였다. 또한 의주목사 박초(朴礎)에게 사신이 의주에 오래 머무르는 것은 말의 공급 여부에 달렸다고 하면서 목사를 채근하는 한편 통사 노복룡(盧卜龍)을 매질하였다. 이렇게 되자 의주목사는 국가에서 공문으로 '단지 인삼(人蔘)·추포(麤布)만 파는 것을 허가한다'라고 하면서 소나 말이 생산되면 화인(火印)을 찍고 문적(文籍)에 올려 수령(守令)이 함부로 팔 수 있는 것은 아니라고 하였다. 중국 사신들은 사람을 풀어 말을 찾았으나 더 이상 찾지 못하였다.

일부 품목의 규제가 양국 사이에 문제가 되자 우리나라에서는 중국 사람들과 금지된 물품을 교역하지 못하도록 하는 법을 만들었다. 중국 군사와 교역하다가 법을 어긴 자를 엄격히 처벌하였는데, 『경국대전』에 의하여 '장(杖) 1백, 도(徒) 3년'에 처하도록 하였다. 더욱 심한 자는 교수형에 처하고, 매매한 잡물은 관(官)에서 몰수하였다. 또한 관리와 단련사, 알고도 보고하지 않은 마을 책임자도 처벌하였다. 이를 고발한 자에게는 면포(綿布)를 주었다. 한편 봉황성(鳳凰城)과 의주 사이에 몰래 매매하는 것도 엄격히 금지하였다.

의주민의 호송군 참여와 밀무역

호송군의 구성

사행단의 왕래시에 가장 필수적인 것은 안전으로, 이를 위해 호송군을 두어 보호하게 하였다. 중국에서 오는 사신을 호위하는 영봉군, 우리나라 사신이 중국에서 돌아올 경우를 영래군, 우리나라나 중국의 사신이 중국으로 가는 경우를 호송군이라 하였다. 이를 흔히 통칭하여 호송군이라 하였다. 호송군은 『경국대전』에 평안도의 정병으로 구성한다고 하였다. 또한 평안도에서는 사신 일행이 타거나 짐을 운반하는 말을 각 지방의 향호마(鄕戶馬)에서 교대로 차출하였다. 단 강계, 위원, 이산, 창성, 삭주, 용천, 철산은 제외하였다.

숫자는 태종 16년 이전에는 30명이 정원이었고, 세종 19년에는 40명 내외, 세종 24년 7월에는 100명 내외였다가, 세조 2년 5월 200명으로 증가하였다. 호송군은 보낼 때 100명, 돌아올 때 50명 정도였다. 즉 정사·부사의 행차에는 100명, 단사(單使)의 행차에는 50명이었다. 그런데 그 부담이 크다고 하여 『경국대전』에 "영송하는 군사는 사행 때마다 전송에는 4대, 출영에는 2대를 동원하며, 단사로서 방물을 휴대하지 아니할 경우는 송영에 모두 2대를 동원한다. 요동으로 가는 관원에게는 3오를 파송한다"라고 하였다. 이는 이후 시대적 상황에 따라 변하였다.

편제는 중군과 좌·우군이 있었다. 문종 때 사은사(謝恩使)인 좌의정 황보인(皇甫仁) 등이 건의한 호송군 설비 조건에 의하면, 중군(中軍)은 홍장(紅章)으로 원경(圓徑)이 5촌(寸)이며 옷깃 앞에 달게 하고 군졸(軍卒)은 홍초기(紅軺旗)를 받들게 하였다. 좌군(左軍)은 청장(靑章)으로 길이는 8촌(寸), 너비는 3촌(寸)으로 왼쪽 어깨에 달고 군졸은 청초기(靑軺旗)를 받들게 하며, 우군(右軍)은 백장(白章)으로 사방(四方)이 4촌(寸)으로 오른쪽 어깨에 달고 군졸은 백초기(白軺旗)를 받들게 하였다. 각기 군호(軍號)와 각대(各隊)의 명칭을 구별하였다.

호송군의 규율은 국가의 위신과 관련되어 있어 엄격하였다. 규율을 어겼을 경우, 즉 호송 중에 적군(敵軍)과 마주쳤을 때 함부로 공격하거나 물러나는 경우, 행군 도중에 행렬을 이탈하거나 바르지 못한 경우, 복장을 갖추지 못하거나 물품을 분실한 경우, 군사기밀을 누설하는 경우, 도망자·지각한 사람·이유없이 헛소문을 내어 군기를 문란하게 한 경우, 명령에 복종하지 않는 경우 등은 엄격히 처벌하였다. 이것은 호송군을 이끄는 장군들도 마찬가지로 오중(伍中)에서 2인, 소대(小隊)에서 4인, 25인 대(隊)에서 8인을 잃은 사람과 군령(軍令)을 범한 사람은 군법으로써 죄를 물었다.

호송군은 무재(武才)가 있는 사람으로 말과 병기를 갖추어야만 참여할 수 있었다. 그러나 생활고로 인하여 군사가 정비되지 못하거나 기휘(旗麾)·고각(鼓角)·갑주(甲胄)·궁시(弓矢) 등을 갖추지 못한 경우가 많았다. 이 경우에는 군사를 점검(點檢)하는 한편, 갖추지 못한 자는 관(官)에 있는 물품을 지급하였다. 호송군에 대한 규율은 중국에서 더욱 엄격하였다. 그 이유는 중국이나 요동에서 문제가 생길 경우

262

이를 빌미로 사신들이 트집을 잡을 염려가 있었기 때문이다. 1459년 (세조 5) 사은사로 갔던 호송군이 돌아올 때 연산 파절(連山把截) 등지의 곡식을 손상시키는 한편 사람을 구타하는 사건이 발생하자 이들을 인솔한 천호(千戶)·백호(百戶)·두목(頭目) 등을 처벌한 경우에서도 잘 나타난다.

호송군은 군적(軍籍)으로 기록되어 함부로 바꾸는 것이 금지되었다. 간혹 이익을 위하여 다른 사람이 대신하는 경우가 있었다. 세종대 의주목사를 지낸 임귀년(任龜年)은 심온(沈溫)의 심부름꾼을 요동호송군에 충당하였다는 죄로 장성현(長城縣) 객사 청지기[客舍廳直]로 유배되었다. 호송군들은 고통이 심하여 중간에 도망하는 경우도 있었다. 도망자는 정·부사가 이름을 기록하여 다음 차례에 다시 보냈다. 실제 1448년(세종 30) 사은사 이사임(李思任)의 영봉군 김만(金萬)이 요동에서 도망하는 사건이 발생하자 사은사, 서장관, 통사 등을 감독 임무를 제대로 하지 않았다는 이유로 처벌하였다.

사신을 따라갔던 호송군이나 말이 죽을 경우 국가에서는 규정에 따라 보상하였다. 『경국대전』에 "왕복 도중에 마필을 보호하고 먹이는 것을 조심하지 아니하여 이를 사상(死傷)케 한 자에 대하여는 당해 단련사에게 죄를 지우고, 그 사상이 3필 이상일 때에는 관찰사가 왕에게 보고하여 정사, 부사, 서장관에게도 모두 죄를 지운다"라고 하였다. 1469년(예종 원년) 사신을 호송하던 말과 사람이 죽는 사건이 발생하자 호송군과 말의 원적(原籍)을 확인한 다음 동상(凍傷)한 사람은 치료해 주고, 죽은 사람은 시체가 돌아왔는지 여부를 조사한 후 소재읍(所在邑)에서 제사지내 주었다. 이들에게는 세금을 감면해 주는 한편 곡식을 지급하였고, 이것을 감독하지 못한 의주목사·단련사 등을 처벌하였다.

특히 호송군이 동팔참에서 죽는 경우가 많았다. 즉 정조사 김지경(金之慶)과 사은사 한명회(韓明澮)의 호송군 중 동상을 입은 자가 많았다. 이렇게 호송군의 수가 많아진 것은 건주여진 이만주(李滿住)의 공격 때문이었다. 당시 갑사 김종의(金從義) 등이 죽고 말 47필이 동팔참의 노상에서 죽었다. 이에『경국대전』에 의거 3년간 복호(復戶)하고, 절도사 하숙부(河叔溥)와 호송장·의주목사를 추국하게 하고, 죽은 말은 황해도와 평안도의 목장 말로써 보상하도록 하였다. 그러나 수령은 처벌이 두려워 그 수를 숨기는 경우가 많았다.

또 다른 문제로는 호송군에 참여하는 평안도 군사들의 고통이다. 1506년(중종 원년) 유순정(柳順汀)은 평안도 호송군의 문제를 지적하기를, "호송군은 산군(山郡) 백성으로 배정되었는데 이들이 의주에 도착하려면 7~8일, 의주에서 요동까지는 다시 7~8일 정도 걸리는데, 그나마 사람이 없어 지역 방어를 담당하는 부방군(赴放軍)을 대신 보내고 있어 문제이다. 평안도 백성은 겨울과 여름은 부방군을, 집에 돌아온 지 얼마 안 되어 또 호송군에 배정된다"는 것이었다. 이 때문에 백성의 고통이 심하며 도망하는 경우가 많았다.

국가에서는 호송군의 고통을 덜어주기 위한 방법으로 사신을 호송하러 갔던 호송군이 요동에서 중국에서 돌아오는 사행과 만날 수 있을 때는 어느 정도 시간이 지체하더라도 요동에서 며칠을 머문 뒤에 돌아오는 사신들을 호송하게 하였다. 그러나 이 경우도 서로 일정이 차이가 발생할 경우 큰 도움이 되지는 못하였다. 이렇게 되자 평안도에서 담당하였던 호송 임무를 다른 곳으로 옮기는 방안이 모색되었다. 하지만 충청도의 경우 한 달 일정이고, 경기도는 20여 일 정도로 이 경우도 근본적인 해결책은 아니었다. 대체 방안으로 종사관 수를 줄이는 것이 최선의 방법이었다. 1485년(성종 16) 결국 법을 바꾸어 함경도에서 정조사의 영·호송을 담당하였다. 그러나 함경도 역시 영·호송에 참여하는 군사들의 고충으로 도중에 도망하는 사례가 빈번하였다.

호송군은 그 수가 정해져 있기 때문에 함부로 숫자를 늘리거나 줄일 수 없었다. 그러나 사신으로 가는 입장에서는 호송군의 인원이 많을수록 좋았다. 그것은 물건을 운반하거나 야인들로부터 사행단을 호위하는 인원이 많아지기 때문이었다. 그러나 이유없이 호송군의 증원을 요구할 경우 처벌받았다. 1428년(세종 10) 의금부에서는 통사 허원상(許原祥)이 마음대로 호송군을 청하였다고 하여 율에 따라 장 80에 처하였다. 하지만 국가에서 중요한 사람이나 일이 있을 경우 인원을 증원하였다. 단종 때 수양대군이 사은사로 갈 때는 정식보다 4배가 많은 400명이, 1475년(성종 6) 한명회(韓明澮)가 사은사로 갈 때는 호송군 외에 별도로 400명이, 1483년(성종 14) 정월 주문사로 갈 때는 300명이 증원되었다.

또 야인들의 습격이 예상될 경우에도 증원하였다. 요동의 동팔참을 지나갈 때 적을 만나 방물을 빼앗기는 경우가 흔히 있었기 때문이었다. 이 지역은 길 자체가 험하기도 하지만 여름에는 야인들의 습격이, 겨울에는 추위가 사행을 고통스럽게 만들었다. 세조 때 야인들이 의주 조몰정(鳥沒亭)을 습격한 사건이 발생하자 안주목사(安州牧使) 장진충(張進忠)으로 하여금 적을 소탕하게 하는 한편 호송군을 더 뽑아 보내게 하였다. 세조~성종 연간에 야인들의 습격 때문에 실제 수보다 4~5배 많은 호송군이 동원되었다. 요동지역의 야인들이 문제가 되자 조정에서는 남쪽인 자유채(刺楡寨)를 경유하여 해주위(海州衛)로 가는 방안을 강구하였지만 요동이 조선과 외교 관계에 중요한 역할을 한다는 이유로 중국에서는 들어주지 않았다.

그러나 호송군의 숫자는 후기로 갈수록 증가하는 추세였다. 그 이유 중 하나는 인정물(人情物) 때문이었다. 사신이 가져갈 수 있는 물건의 양은 『경국대전』에 따르면, "명나라에 가는 경우에는 사[正使]가 베 10필, 서장관 이하의 정관은 각 5필, 타각부는 각 3필, 인삼은 사[正使] 이하 각 10근이다. 요동에 가는 자는 베 각 10필, 인삼은 각 3근, 인접국에 사행하는 경우는 사[正使]가 베 20필, 종사관 10필, 종인 3필, 인삼은 사[正使] 이하 각 10근이다. 베는 모두 10승을 쓴다"고 하였다. 그런데 인정물이 시간이 지날수록 많아진다는 것이다. 서울에서 의주까지 각 역마다 지방 수령들은 음식을 마련하고 잔치를 베푸는 한편 인정물을 내놓았다. 사행에 참여하는 사람이 당시의 정권 실세인 까닭에 지방 수령으로서는 어쩔 수 없었다. 인정물이 많아지자 각 고을에서 별도로 소와 짐꾼을 내어 수송하였는데, 그 길이가 15~20리까지 짐바리가 뻗칠 정도였다. 이 물건은 압록강을 건너면서 모두 공무역(公貿易)으로 탈바꿈되었다. 물건의 양은 많고 운반할 사람이 부족하게 되자 결국 호송군에게 운반의 책임을 지웠다. 즉 야인들의 습격이 예상된다는 명목으로 추가 호송군을 요청하지만 실제는 사신들의 물건 운반에 소용되었다.

하지만 사신들은 자신들이 물건이 많이 가져가는 이유를 중국 사람들이 물품을 요구하기 때문이라 하였다. 조선중기 이후 명나라의 지방 지배력이 약화되자 각 관문에서는 조선 사신들에게 지급하던 식량을 제공하지 않았다. 뿐만 아니라 중국으로 가는 도중에 각 관문에서 뇌물이 없으면 통과시키지 않았다. 이것은 산해관(山海關) 관리들뿐만 아니라 중국으로 가는 모든 과정에서 마찬가지였다. 때문에 뇌물을 많이 준비할 수밖에 없다는 것이다. 그러나 실제 문제는 사신들이 자신들의 이익 때문에 물건을 가져가면서도 공무역으로 탈바꿈시키고, 호송군의 말에다 짐을 싣는 것을 당연하게 생각하였다는 데 있다. 이 것을 의주에서 조사하여 금지시켰지만 사행으로 가는 사신들이 보통 조정의 고관들이기 때문에 이들의 명령을 거역하기 어려웠다. 이것은 어느덧 관행화되어 호송군은 무기 대신에 짐을 운반하는 역할을 맡았다.

말의 공급 역시 중요한 사안이었다. 자신의 말이 병들 경우 각 참 (站)이나 호송군의 말을 대신 가져갔다. 그런데 가져간 말이 추위나 사고로 병들거나 죽는 경우가 발생하였다. 당시 평안도에서는 말이 사육되지 않아서 호송군들이 말을 확보하는 것은 큰 문제였다. 그나마 호송군이 타고 갈 말을 사신이 대신 타고 가면, 이후 호송군이 타고 갈 말이 부족하였다. 또한 호송군에 참여하는 사람이 다른 사람의 말을 가져갈 경우 말을 받은 자가 자신의 말이 아니기 때문에 잘 먹이지 않아 병들게 되거나, 돌아오면서 먹이는 것이 문제가 되자 가죽을 벗겨서 돌려주는 자도 있었다. 국가에서는 개인의 말이 죽더라도 함부로 바꾸어 가지 못하게 하였다. 또한 의주목사가 거느리는 군인 가운데 죽거나 다친 말을 보고하지 않는 경우 목사는 파출시키고 군관은 직급을 깎았다.

의주민의 밀무역

호송군으로 가는 대부분의 사람들은 평안도의 군사들로 각 군이 돌아가면서 임무를 맡았다. 그러나 요동으로 갈 때는 대부분 의주 사람들이 참여하였다. 의주민들이 짐을 운반하게 된 이유는 황해도에서 짐을 싣고 의주에 도착하면 말과 사람이 지쳐 중국에 갈 수 없기 때문에 곧바로 의주 사람을 충당하여 요동까지 짐을 운반하게 한 것이다. 때문에 요동호송군이 의주에 이르면 연고가 있는 자는 모두 의주 사람으로 충당하였다. 1484년(성종 15) 동팔참에서 사행 도중에 다수의 호송군이 죽은 사건이 발생하였는데, 이들 대부분이 의주 사람이었다. 이러한 고통에도 불구하고 의주 사람들이 호송군에 참여하는 이유는 결국 물건 매매의 이익 때문이었다. 이것이 문제가 되자 의주·인산(麟山)·용천(龍川)·철산(鐵山)·선천(宣川)·곽산(郭山)·구성(龜城) 사람은 호송군에서 제외하였다. 그러나 이것은 법적인 조치였고, 실제는 대부분 의주와 그 인근 주민들로 구성되었다.

사행에는 많은 고통이 수반되기 때문에 개인적으로 물건을 가져가는 것을 인정하였다. 조정에서는 1413년(태종 13) 호송군의 노고를 위로하고 일정 정도의 이익을 도모하기 위하여 우마(牛馬)를 제외한 10새[升] 이하의 저포(苧布), 마포(麻布), 인삼(人蔘), 피물(皮物) 등의 무역을 허락하였다. 하지만 호송군들은 포물(布物)을 정수대로 하고, 다른 물건을 모두 금지하는 것은 문제가 많다고 하였다. 요동에 오래 머물 경우 농사를 망치기 때문에 이익을 금지한다면 생활이 어렵다는

268

것이었다. 결국 포(布) 10필, 인삼 5근(斤)으로 하되 입모(笠帽, 갈모) 등은 금하지 않았다. 그 양이 많고 적다는 것으로 논의가 분분하였다. 여기서 문제는 평안도 호송군들이 1인당 사포(私布) 10필씩을 가지고 갈 수 있도록 허용하였으나 그 지방 풍속이 베를 짜는데 능하지 못하다는 데 있었다.

다만 진헌금지 품목으로 지정된 금은(金銀), 저포(苧布), 마포(麻布) 등을 가져가는 행위는 엄단하였다. 『경국대전』 형전에는 "잡문서를 감추어 가지고 가는 자는 모두 장 1백에 처한다. 금지된 물품을 몰래 파는 자는 물론 활세포(闊細布), 채문도(綵紋度), 후지(厚紙), 초피(貂皮), 토표피(土豹皮), 해달피(海獺皮) 따위를 양계와 포소 및 객관에서 파는 자도 역시 금한다. 이하의 경우도 같다. 장 1백, 도 3년에 처하고, 죄장이 무거운 자는 철물·우마·금은·주옥·보석·염소·군기 따위 교형에 처한다. 부탁한 자는 모두 1등을 감한다"고 하였다. 이를 조사하기 위해 의주에서 물목을 만들고 대조하였다. 몰래 물건을 가져가는 사람은 호송군만이 아니었고 수행원 역시 경비와 이익을 위해 몰래 가져갔다. 무엇보다도 여기에 적극적인 사람들은 상인들로 통역관에게 부탁하여 무역에 참여하거나 호송군과 이름을 바꾸어 대신 요동으로 가서 장사하였다. 호송군이 법을 위배할 시에는 정도에 따라 차이는 있지만 심할 경우 재산을 몰수하고 수군(水軍)에 충당하였다.

세종 5년에 사헌부가 만든 부경시의 금방조건(禁防條件)을 보면 다음과 같다.

1. 포자(布子)와 잡물 등을 많이 붙여 가지고 가서 몰래 매매하여

그 모리(謀利)한 것을 나누어 쓴 자와, 비록 모리한 것을 나누어 쓴 형적은 현저하게 나타나지 않았더라도, 그 부탁한 바가 5·6필 이상이 되는 자는 제서유위율(制書有違律)로써 논죄하고, 3·4필 이상 되는 자는 위령률(違令律)로 논죄하며, 그 무역한 물건은 관에 몰수한다.

1. 금물을 붙여 가지고 간 자는 제서유위율로 논죄하며, 본인은 수군에 보충하고, 무역한 물건은 또한 관에 몰수한다.

1. 이익을 보려는 상인과 다른 집의 노자로서, 사신의 종이 되기를 구하여 이름을 사칭하고서 북경에 간 자와, 혹은 사신의 차비군과 호송군으로 이름을 사칭하고 대신하여 간 자는, 비록 모리를 실행하지 않았더라도 그 음모한 형적이 현저한 자는 아울러 제서유위율로 논죄하며, 그 무역한 물건과 가산은 관에 몰수하고 본인은 참부(站夫)로 정하여 노역하게 한다.

1. 사신이 이익을 보려는 상인과 타인의 노자를 사칭하여 이름을 바꾸어 가지고 데리고 간 자와 사신과 종사관과 타각(打角) 등의 수종하는 사람들과 모든 일행 속의 사람으로 정수 이외의 가지고 간 잡물은 참부로 정하여 노역하게 한다는 형벌을 제외하고는 상항(上項)의 논죄하는 예에 의하여 시행하며, 만약 금물을 몰래 끼고 간 자는, 본인은 수군에 충당하고, 중회(贈賄)를 받고 데리고 간 자는 장물을 계산하여 중한 율에 따라 처단한다. 이익을 보려는 것을 목적으로 하는 상인들과 공모하고 의주 이남의 노정에서 한정된 수량 이외의 잡물을 몰래 싣고서 수송한 자도 또한 제서유위율로 논단하며, 그 물건은 관에 몰수하고, 본인 및 휴대하고 간 말을 각참(各站)에 정속시킨다.

1. 포자와 잡물을 끼고 가서 몰래 강을 건너 이익을 도모한 자와, 의주 등지에 거주하는 사람으로 길을 지시하여 강을 건너게 한 자는, 소지한 물건과 가산을 관에 몰수하고, 주모한 괴수는 법전대로 형벌하고, 부화(附和)한 종범(從犯)은 한 등을 감하며, 사신

이 정을 알고도 강을 건너게 한 것도 또한 수범(首犯)으로 논단한다.

1. 일행 안에 참람한 일을 범한 자가 있어도, 검찰관이 이 사실을 알고서 엄폐하고 보고하지 않은 자와, 평안도 감사·의주목사·판관·차사원 등으로 능히 검거하지 못한 자도 아울러 제서유위율로 논단한다.

그러나 서울의 부상대고(富商大賈)들이 의주에 가서 호송군에게 부탁하여 물건을 대신 가져가게 하거나 보내는 사람의 이름을 사칭하고 대신 들어가서 이익을 취하였다. 결국 의주의 관노(官奴)와 군민(郡民)들이 서울 및 개성부(開城府) 부상(富商)들의 물건을 가지고 호송군으로 참여하는 경우가 많았다.

하지만 호송군이나 의주 사람들이 금지조치에도 불구하고 요동의 야인(野人)이나 중국인과 무역하는 것이 이익이라는 측면도 있지만 세금과 관련된 문제도 있었다. 즉 변방에 세공품(稅供品)으로 초피(貂皮)를 바치게 하자 이를 구할 길이 없는 의주민들은 야인들과 소와 초피를 교환하였고, 중국인과는 말을 교환하였다. 특히 말의 경우 호송군으로 중국에 들어가 도둑을 만났다는 핑계를 대고 말을 팔고 돌아왔다. 이러한 교환이 늦은 밤 한적한 곳에서 진행되다 보니 사람이 잡혀가는 폐단도 많았다. 의주의 관리와 데리고 가는 단련사·서장관 등으로 하여금 이를 단속하게 하지만 실속은 없었다. 특히 검속하는 단련사는 대부분 별시위 갑사(別侍衛甲士)로 이들이 먼저 앞장서는 형편이었다.

의주 호송군들은 짐을 싣고 가는 말을 사라능단(紗羅綾段)과 바꾸어

왔다. 말을 파는 것은 법으로 금지된 것이지만 개인의 이익을 위해서는 어쩔 수 없는 상황이었다. 하지만 국가에서는 다음 사행이나 국경 방어를 위하여 말이 필수적이었기 때문에 엄격히 단속하였다. 국가에서 엄격히 단속하는 데도 불구하고 거래가 공공연히 이루어지는 것은 요동과 시세 차이가 많이 나기 때문이었다. 1493년(성종 24) 당시 암말 값은 면포(綿布) 5, 6필 정도로 호송군이 암말 가격으로 비단 1필을 제시한 것은 현재 시세보다 배가 된다는 것이었다. 의주인이 요동에서 말을 교역하는 것을 금지시키기 위해 영·호송군의 말을 목록을 만들고 낙인(烙印)하고, 단련사로 하여금 단속하게 하였다. 돌아온 뒤에 다시 의주목사가 일일이 대조하고, 죽은 말은 가죽을 맞추어 대조하였다. 당시 의주 사람들은 암말 2필을 요동의 숫말 1필과 바꾸는 경향이 있었다. 그 이유는 우리나라의 말은 수준 이하의 둔한 말이고, 요동의 말은 좋은 말이기 때문이었다. 이 때문에 논란이 일기도 하였는데, 결국 금지한 것은 사실이지만 중국의 좋은 말과 바꾸는 것은 이익이었다.

소가 부족한 또 다른 이유는 평안도의 풍습, 즉 소를 잡아서 손[客]에게 먹이는 풍속에 있었다. 의주에서는 부경하는 사객(使客)에게 소를 대접하는 것은 흔한 일이며, 그 도의 수령인 조방장(助防將) 역시 이것을 즐긴다는 것이었다.

지참하기 편한 물건으로는 은(銀)이 있다. 부경사행 중에 은냥(銀兩)을 팔다가 매매하는 현장에서 잡히면 『경국대전』에 따라 이유를 막론하고 장 1백에 물건을 압수하고, 은냥을 판 자, 부탁을 한 자, 부탁을 받은 자, 실어다 준 자 등도 범인과 똑같은 죄로 처리하였다. 은의 경우 특별히 정사 등이 엄격히 단속하였다. 다른 사실이 나중에 발각되면 정사 등을 파출시켰다. 부경행차 때가 아닐지라도 은냥을 가지고 중국 근처에 가는 자, 의주에서 중국 물건을 가지고 서울에 와서 은을 무역하여 가는 자도 엄격하게 처벌하였다. 평상시에 의주 사람과 타처(他處) 사람들이 몰래 은냥을 중국인과 매매하는 것을 처벌하였다. 실제 1544년(중종 39) 의주에 사는 사노(私奴) 천석(千石) 등이 중국인 이정(李正)·김재(金才)와 통하여 비밀리에 은을 무역하다가 잡힌 사건이 있었다.

무엇보다도 큰 문제는 통사의 무역이었다. 사행을 구성하는 중요 인물인 통사는 공공연히 물건을 가져가 이익을 추구하였다. 이들은 여러 관공(官公) 무역품, 포목 외에 개인이 가져가는 물건이 많았다. 베나 법으로 금지한 금이나 은, 그 외에 잡물도 많았다. 실어가는 짐이 많아 군사를 추가 증원하여 군졸들이 집에 들어갈 날이 없을 정도라고 하였다. 이들은 자기들의 물건을 직접 가져가기도 하지만 부상대고들의 물건을 가져다주고 이익을 얻기도 하였다. 특히 마포(麻布)를 대량으로 준비하였다가 사사로이 역관에게 보내어 큰 이익을 얻었다.

예컨대 1539년(중종 34) 의주의 사정을 보면, 의주 향통사(鄕通事)가 요동을 출입할 때 중국인과 안면이 없더라도 경사에 갈 일이 생기면 미리 통지해 놓고 밤을 틈타 배로 물건을 운반하였다. 이후 사신 일행이 강을 건넌 뒤에 앞서거나 뒤쳐져서 요동에 도착시켰다. 특히 은(銀)이나 철(鐵)은 미리 강 건너편에 묻어 놓았다가 중국에 들어가서 캐어 가지고 갔다. 국가에서는 요동에 도착한 후와 의주 도착 후에 공무역품(公貿易品)과 일행의 노자(奴子) 및 사무역을 할 모든 물품을 점검하고, 정해진 액수를 초과할 경우에는 물건은 관에 귀속시키고 처벌하였다. 1431년(세종 13) 통사 김척(金陟)이 약물(藥物)과 진주(眞珠)를 가지고 북경에 가서 백반(白礬)과 납철로 바꿔오다가 잡힌 사건이 발생하였다. 김척은 참형에, 서장관은 국사(國事)를 누설한 죄로 참형에, 통사 장준(張俊) 역시 김척의 물건을 영봉군에게 나누어 부친 죄로 장 70대 도(徒) 1년 반에, 군인 김준미(金俊美)는 김척의 물건을 받았다고 거짓말을 한 죄로 처벌하였다. 이를 알면서도 아뢰지 않은 판내섬시사(判內贍寺事) 조관(趙寬), 통사 김옥진(金玉振)은 장 80대에 처하였다. 그러나 실효는 없었다. 국가의 체면보다는 이익이 우선하였다.

이상에서 보듯이 의주는 사신이 우리나라에 들어오는 길목으로 외교의 장이었다. 중국과의 관계상 방어와 교역이라는 이중의 성격을 지니면서 몰래 물건을 매매하기도 하고, 사행을 따라 장사를 하기도 하였다. 국가에서는 엄격히 금지하였지만 이익이 우선하였기 때문에 그 규모는 갈수록 증대할 수밖에 없었다.

장희흥 | 대구대학교 교수

대청무역과 만상 임상옥 | 박재희

임상옥은 상업을 천시하던 조선사회에서 상업으로 거부가 되었다. 이것으로 관료에 임명될 수 있었고, 또한 비천한 상인이라는 이유로 관료생활에서 물러나야만 했다. 이 사실을 우리는 어떻게 생각해야 할까? 이것을 통해 당시 조선사회가 가지는 한계를 충분히 짐작할 수 있지만, 상인으로서의 성공이 관료로 임명될 수 있었다는 측면, 즉 신분의 한계를 어느 정도 뛰어넘을 수 있었다는 사실을 숙지해야만 할 것이다. 임상옥이 의주의 거상으로 역사의 전면에 등장할 수 있었던 것은 어떤 이유에서일까? 그것도 19세기 전반에 인삼무역을 통해 거상이 되었다는 것은 어떤 역사적 의미를 가지는 것인가? 이것은 개인의 특출한 능력 때문이라고도 할 수 있겠지만, 그는 시대적 산물이다. 따라서 의주부의 역할과 만상의 활동을 살펴볼 필요가 있다. 이를 통해 우리는 만상의 역사적 위상이 어떠하였는지, 또 임상옥과 같은 인물이 역사의 전면에 등장할 수 있었던 이유도 알게 될 것이다.

임상옥, 그는 누구인가

21세기, 세계 여러 나라와 교류하는 무역의 중요성이 강조되는 시대에 폐쇄경제를 지향하던 북한은 개방경제를 취하려 하였다. 북한은 신의주를 경제특구로 지정하여 무역의 통로를 만들고자 하였다.

오늘날 경제특구로 신의주가 주목받을 수 있 있었던 것은 의주가 일찍부터 대륙과의 무역 중심지였기 때문이다. 의주는 예로부터 대륙으로 통하는 관문이요, 평안북도의 정치·문화의 중심지였다. 그런 만큼 각종 물화의 교류 집산지로서 상업도 가장 활기를 띤 지역으로, 경제면에서도 손꼽히는 곳이었다. 그러나 일제시대 신의주를 만들면서 의주의 모든 역할은 그곳으로 옮겨졌다.

의주의 상인인 만상(灣商)이 무역상으로서 활약하여 의주의 위상을 높였다. 그렇다면 무역상으로 성공한 대표적 인물은 누구일까? 우리가 역사소설과 TV 드라마로 방영되어 알고 있는 임상옥(林尙沃)이다. 그는 1779년(정조 3)에 태어나, 1855년(철종 6)에 죽은 의주 출신 무역상으로서 19세기 인삼무역으로 거상(巨商)이 된 만상이다. 그렇다면 임상옥이 어떻게 인삼무역으로 거상이 될 수 있었는지 그에 대한 일화를 통해 짐작해보자.

임상옥은 사신 일행을 따라 인삼을 가지고 중국에 도착하였다. 그는 인삼 짐을 풀고 객사에 앉아 개미떼처럼 몰려들 중국상인들을 기다리고 있었다. 당시 중국 사람들은 조선 인삼을 마치 특효약처럼 생각하여 많은 사람들이 조선 인삼을 기다리고 있었기 때문이다. 그러나 이번에는 인삼 짐을 푼 지 몇 일이 지나도 웬일인지 중국상인들이 한 사람도 나타나지 않아 당황하지 않을 수 없었다. 곧 중국상인들이 인삼 값을 떨어뜨리기 위해 불매운동을 벌이고 있다는 사실을 알게 되었다. 사신일행을 따라온 그로서는 사신의 귀국일자에 맞추어 모든 일을 해야만 했다. 그런데 귀국일자가 임박해지는데도 불구하고 불매운동의 영향으로 인삼을 하나도 팔지 못하였다. 이제 그는 염가로라도 인삼을 판매하지 않으면 안될 형편이었다. 그러나 중국상인들의 간계를 탐지했기에 그는 오히려 그들에게 역습을 가할 묘책을 강구하였다. 그럴 수 있을 만큼 거상으로서의 담략을 지닌 인물이 임상옥이었다.

임상옥은 어느 날 객사 창고에 쌓아둔 인삼 뭉치를 마당에 내다 쌓아놓고 불을 질렀다. 숨어서 그의 동정만 살피던 중국상인들은 뜻밖의 사태에 너무나 놀랐다. 이 소식을 전해들은 중국상인들은 일시에 모여들어 연기와 불길에 휩싸인 인삼 뭉치를 끄집어내기에 바빴다. 그러나 임상옥은 불길 속에서 꺼낸 인삼 뭉치를 다시 불에 집어던지려 하였다. 이제 중국상인들은 임상옥을 붙잡고 애원을 하였고, 인삼 값은 그 자리에서 10배 이상 뛰어올랐다. 불매운동으로 뱃심을 부리던 중국상인들은 값의 고하를 따질 겨를도 없이 다투어 인삼을 사 갔다.

생소한 타국 땅에서 중국상인들의 텃세, 즉 인삼불매운동을 극복하고 일약 수백만 금을 벌어 거부가 된 임상옥은 은괴와 비단을 싣고 귀국하게 되었다. 당시 임상옥은 늙은 어머니에게 "은괴를 쌓으면 마이산만 하고 비단을 쌓으면 남문루만 하겠습니다"고 하였다. 그 표현에 과장이 있었다 하더라도 그가 축적한 재부가 어느 정도였는지를 쉽게 짐작할 수 있다.

임상옥이 축적한 재부의 정도가 상당하였다는 것은 북한의 대정수리조합과 관련해 전해 내려오는 한 토막의 일화를 통해서도 알 수 있다. 대정수리조합 창설로부터 약 80여 년 전인 순조(純祖) 년간의 일이다. 조선 인삼을 가지고 청나라와 무역을 하여 천하의 거부가 된 임상옥은 관개사업에 착안하여 조선 조정으로부터 부지사용 허가를 받았다. 그는 수백만 금의 공사비를 들여 수로공사를 진행시켰다. 그러나 측량기술이 부족하여 끝내 수로를 제대로 잡지 못하였다. 그는 결국 힘이 다하여 공사를 포기하고 말았다.

일제시대 일본인들이 대정수리조합을 창설하고, 공사를 시작하고 보니 그 지대가 바로 임상옥이 관개사업을 위해 수로공사를 진행시켰던 곳이었다. 그런데 이곳의 부지사용허가권이 오래 전 임상옥이라는 사람의 명의로 그대로 남아 있었던 것이다. 대정수리조합은 이 부지사용허가권에 대한 반대급부로 개간지인 논 50정보를 그의 후손에게 나누어주었다는 이야기이다.

임상옥에 대한 일화, 그는 과연 실존인물인가? 그는 구한말의 사학자이자 언론인이었던 문일평(文一平)에 의해 역사적 인물로 발굴되었다. 문일평은 자신과 동향이었던 의주출신의 무역상인 임상옥에 대해 서너 장 정도의 평전을 남겼다. 이것이 그에 대한 거의 유일한 기록이라고 할 정도로 그에 대한 기록은 거의 남아있지 않다.

문일평은 임상옥을 역사의 현장으로 끌어내면서 다음과 같이 평했다. "지하에 묻힌 유물을 파내는 것만이 문화적 발굴이 아니라, 사회 저층에 묻힌 역사적 인물을 들추어내는 것도 역시 문화적 발굴이다." 이것은 실존인물 임상옥을 역사소설이나 TV드라마 소재로 채택될 수 있는 가능성을 다분히 보여주었다 하겠다.

문일평의 평전 이외에 임상옥에 대한 기록은 조선왕조실록에 등장한다. 조선왕조실록 기록은 우리에게 임상옥이 역사적 인물임을 확인할 수 있도록 도와주는 연대기 자료로서 중요하다. 그러나 조선왕조실록에는 오직 단 한번 등장할 뿐이다.

임상옥은 1832년(순조 32) 곽산군수(郭山郡守)로 특별 임명되어 한때 관료생활을 하기도 하였다. 그가 곽산군수로 있을 때인 1834년 7월에 의주부 일대가 큰 수해를 입게 되었다. 그러자 무역상인으로서 축적한 돈을 털어서 이재민 구호에 앞장섰다. 그는 그 공로를 인정받아서 1835년(헌종 1)에 구성부사(龜城府使)로 임명되었다. 그러나 비천한 상인 임상옥을 구성부사로 임용하는 것은 옳지 않다는 비변사의 탄핵을 받아 관료생활에서 물러났다. 임상옥이 비록 탄핵을 받아 관료생활에서 물러나기는 했지만, 무역상인으로서 또 관료로서 국가의 인정을 받은 것은 사실인 듯하다.

임상옥은 상업을 천시하던 조선사회에서 상업으로 거부가 되었다. 이것으로 관료에 임명될 수 있었고, 또한 비천한 상인이라는 이유로 관료생활에서 물러나야만 했다. 이 사실을 우리는 어떻게 생각해야 할까? 이것을 통해 당시 조선사회가 가지는 한계를 충분히 짐작할 수 있지만, 상인으로서의 성공이 관료로 임명될 수 있었다는 측면, 즉 신분의 한계를 어느 정도 뛰어넘을 수 있었다는 사실을 숙지해야만 할 것이다.

임상옥이 의주의 거상으로 역사의 전면에 등장할 수 있었던 것은 어떤 이유에서일까? 그것도 19세기 전반에 인삼무역을 통해 거상이 되었다는 것은 어떤 역사적 의미를 가지는 것인가? 이것은 개인의 특출한 능력 때문이라고도 할 수 있겠지만, 그는 시대적 산물이다. 따라서 의주부의 역할과 만상의 활동을 살펴볼 필요가 있다. 이를 통해 우리는 만상의 역사적 위상이 어떠하였는지, 또 임상옥과 같은 인물이 역사의 전면에 등장할 수 있었던 이유도 알게 될 것이다.

18세기 만상의 대청무역활동

조선왕조는 원칙적으로 상인의 무역활동을 금지하였다. 조선왕조의 철저한 쇄국주의 정책은 상인에 의한 무역활동을 엄격히 통제하여 중국과의 무역은 사행무역 특히 역관(譯官) 무역이 중심을 이루었다. 역관은 원래 통역을 하는 것이 주임무였지만, 조선왕조가 필요한 물품을 구입하기 위해서는 중국상인과 말을 할 수 있는 것이 필요하였기에 왕조를 대신하여 상업활동을 하였다. 그리고 조선왕조의 재정부족으로 역관에게 보수를 지급하는 것이 어려웠기 때문에 그 반대급부로 무역활동을 통한 이윤획득을 인정한 것이었다. 또한 사행 경비를 국가에서 모두 지급할 수 없었기 때문에 상업활동을 통한 이윤을 경비에 활용할 수 있도록 국가적 묵인 속에서 대청무역이 이루어지기도 하였다. 역관의 무역활동은 이와 같은 상황 속에서 이루어졌으므로 상인의 무역활동은 역관과 상호 밀접한 관련을 지니고 행해질 수밖에 없었다.

직접적으로 무역활동을 할 수 없었던 조선의 상인들은 이처럼 역관이나 관청과 결탁하여 간접적으로 무역활동에 참여하였다. 그러다가 임진왜란 중 식량확보를 위해 중국과의 사이에 처음으로 중강(中江)에 개시(開市)가 이루어지면서 상인에 의한 무역의 길이 열렸다. 그러나 개시무역은 두 나라 정부의 통제를 받아 제약이 많았고, 또 사정에 따라 폐지되기도 하였다. 때문에 상인들은 개시무역 자체만으로 만족

할 수가 없어 다른 활로를 마련하였다. 그 일환으로 상인들은 역관이나 관청과 결탁하여 무역활동 특히 조선후기 대청무역에 참여하는 것 이외에 단련사제(團練使制), 연복제(延卜制), 여마제(餘馬制) 등 사행과정 중의 제도를 이용하여 책문(柵門)에서 밀무역을 행하였다.

단련사제는 사신 일행이 심양(瀋陽)에 들렀을 때 방물(方物)의 일정 정도를 청나라에 납부하였는데, 이 때 납부품을 내려놓은 사람과 말은 곧 돌아오도록 한 제도였다. 연복제는 사신 일행이 청나라에 갔다가 돌아올 때 그들의 짐을 가지고 오기 위해 의주에서 책문으로 수백 필의 말을 보내어 짐을 싣고 오도록 한 제도였다. 여마제는 사신 일행이 압록강을 건너 책문으로 들어가는 중에 방물과 세폐(歲幣)를 실은 말이 혹시 쓰러질 것에 대비하여 여분의 말을 들여보내는 제도였다.

단련사제, 연복제, 여마제 등 책문교역은 사행과정 중에 있었으나, 국가에 의해 공인되지 않은 밀무역이었기에 모두 금지의 대상이었다. 따라서 상인들은 일찍부터 역관이나 관청과 결탁하여 간접적으로 사행무역에 참여했던 것처럼 이들과 결탁하여 책문교역을 할 수밖에 없었다. 그러던 것이 평안감사(平安監司) 이종성(李宗城)에 의해 상인들의 독자적 무역활동이 공인 받아 활성화 될 수 있었다. 이종성이 평안감사로 있을 때 사행에서 짐을 싣지 않은 말이 오고가는 경우가 많고, 의주부의 재정부족을 메우기 위해 무역세를 받는 대신 연복무역을 인정하였다. 이것이 후시(後市), 즉 책문후시가 되었다. 후시무역을 대표하는 것은 연복제였다. 당시 기록에 후시는 곧바로 연복으로 표현될 정도였기 때문이다. 이처럼 후시가 공인되면서 상인들은 역관과 상관없이 납세의 의무를 지고 독자적으로 무역에 참여할 수 있었다.

282

책문후시는 1720년대 이전까지는 상인들과 역관들이 서로의 영역을 침범하지 않는 범위 내에서 서로 문제없이 지속될 수 있었다. 그러나 1720년대에 접어들면서 대청무역을 담당한 역관과 상인들간의 갈등이 표면화되었다. 그동안 역관들은 청과 일본간의 중개무역을 통해서 상당한 이득을 보고 있었기 때문에 후시무역의 활성화에 큰 관심을 두지 않았다. 그러나 청과 일본간에 직교역이 성립하면서 역관들은 큰 타격을 입게 되었다. 이로 인해 역관들은 상인들의 대청무역로를 봉쇄하여 그들의 실리(失利)를 만회하려 하였다. 그 방안의 하나로 역관들은 상인들의 대청무역활동의 경로를 봉쇄해 줄 것을 조선왕조에 건의하기에 이르렀다.

조선왕조는 역관들의 건의를 받아들여 1723년(경종 3) 조선 상인·청 상인들과 결탁하여 책문후시를 조종하였던 청의 난두배(欄頭輩)[1]를 혁파하도록 하였다. 1725년(영조 1)에는 연복제를 혁파하고, 뒤이어 1728년(영조 4)에는 연복제에 의한 책문교역을 금지시키고, 범법자를 압록강변에 효수(梟首)하는 조치를 취했다. 그리고 같은 해 심양팔포무역(八包貿易)과 단련사제를 혁파하도록 하였다. 심양팔포는 조선과 청 사신의 접대 및 군사상 중요한 임무를 띤 아문 등 방대한 군역을 지고 있던 서로(西路) 연변(沿邊)의 관청에게 재정 마련의 방책으로 일정액의 무역을 허락한 것이었다. 이것의 혁파 논의 당시에는 의주·평안감영·평안병영·황해감영·개성부 등 5개처에 무역이 인정되고 있었다. 이들 관청의 무역을 대행한 자들은 상인들로 무역별장이라는

---

1) 사신 일행의 짐 운송을 담당한 자로서 조선의 사신들이 조선으로 돌아오는 길 즉 요동과 봉황성 사이의 운송업을 담당하던 자.

책문후시와 관련된 무역로

이름 하에 심양 팔포무역을 하였다. 조선왕조가 위와 같이 상인들의 후시무역을 금지한 이유는 조선의 상인들이 청의 상인들에게 물건값을 지불하지 않아서 영조(英祖) 때에 큰 문제가 되기도 하였기 때문이다.

조선왕조의 후시무역 금지정책에도 불구하고 상인들 특히 만상과 송상(松商)은 밀무역을 감행하였다. 책문후시는 밀무역을 공식화하여 합법화했던 것으로 밀무역의 가능성은 항상 있었다. 사신 일행이 청나라를 왕래할 때 상인들은 계속해서 기회를 엿보며 물화를 교역하려고 하였고, 청의 상인들과 협력하여 무역활동을 계속하였다. 이것은 조선왕조의 역관 중심의 대청무역 정책을 허문 결과를 초래하였다.

책문후시의 혁파문제는 조선 상인들만의 문제가 아니라, 청의 상인들도 관련되어 있기 때문에 혁파가 쉬운 것은 아니었다. 책문후시의 공인과 혁파문제를 놓고 끊임없이 갈등하는 가운데서도 공인을 주장하는 측에서는 의주 백성들의 생계문제와 의주부의 재정문제를 들고서 공인을 주장하였다. 의주백성 대부분은 지리, 환경적인 여건상 농업에 종사하기 어려웠다. 이들은 주로 상업에 종사하였는데, 국경지대라는 이점을 활용하여 국내 상업보다는 중국과의 무역활동을 통해 생계를 유지하였다. 그런데 책문에서의 교역이 조선왕조가 인정함으로써 공인되기도 하고, 그렇지 않으면 금지의 대상이 되기도 하였다. 때문에 의주의 백성 즉 만상은 조선왕조의 정책에 민감하게 반응할 수밖에 없었다.

이처럼 책문후시를 금지했을 때에도 밀무역은 계속되었고 의주부의 재정과 의주 백성들의 생계문제를 고려한 결과 마침내, 1754년(영조 30)에 연복무역 곧 책문후시의 재개를 이끌어 냈다. 책문후시의 재개는 만상에게 특기할 만한 일이었다. 왜냐하면 만상에게만 책문후시를 공식적으로 허용하였기 때문이다. 처음부터 만상들만이 책문후시를 수행한 것은 아니었다. 책문후시가 성행하면서 만상뿐만 아니라 양서(평안도·황해도) 지역 주요 도시의 상인들이 대거 참여하였다. 그런데 의주를 제외한 다른 도시 상인들은 국내 상업에도 참여하여 만상이 대청무역에 참여하려는 의지보다 미약하였다고 할 수 있겠다. 만상이 국내상업에 전혀 참여하지 않았다고 못박을 수는 없겠지만, 국경지대라는 지리적인 여건상 대청무역이 생계유지에 보다 중요한 역할을 하였던 것 같다. 그렇기 때문에 만상은 책문과 중강의 개시가 끊어진 뒤에도 법을 범하면서까지 청나라 상인과 매매를 하는 등 끊임없이 밀무역을 하였던 것이다.

만상에게만 책문후시가 다시 공인되자 책문후시를 만상후시라고 부르기도 하였다. 그런데 사행시 공인된 사무역 이외의 밀무역과 각종 폐단의 재현이 우려되었다. 따라서 이를 막기 위한 방안으로 마련된 것이 1754년 비포절목(比包節目)이었다. 비포절목에는 역관의 무역 정액에 대한 팔포무역(八包貿易)의 규정뿐만 아니라 의주상인의 만포(灣包)에 대한 액수도 규정되었다. 팔포무역은 사행의 정관(正官)에게 주는 하나의 권리였다. 조선왕조는 국초에 중국으로 가는 사행의 정관에게 사행경비와 무역의 자금으로 은(銀)을 사용하도록 하였다. 그런데 세종(世宗) 때 금은(金銀)이 국산이 아니라는 이유로 주청(奏請)하여 방물의 대상에서 면제받아 금은을 무역에서 사용하기 어려워 산삼(山蔘)으로 대신하였다. 인조(仁祖) 초년에 사행의 정관에게 각각 산삼 80근을 가져가도록 허락하면서 1포(包)에 산삼 10근씩 8포를 만들도록 하였기 때문에 이 때부터 팔포무역이라고 하였다. 국가가 공식적으로 사행의 정관에게 사용할 수 있는 무역량이 팔포였던 것이다. 이와 같이 사행의 정관이 가진 권리, 팔포무역이 만상에게는 만포라는 형태로 주어졌던 것이다. 만포무역의 정액은 정기 사행인 절사(節使)에 1만 냥, 임시 사행인 사행(謝行)의 경우에는 5천 냥, 재자행(賚咨行)에 1천 냥을 초과하지 못하도록 규정하였다. 만포는 은을 가지고 가지 못하도록 하였으며, 정해진 가격만큼 피잡물(皮雜物)을 채우도록 하였다.

만상은 18세기 중반 대청무역 상인으로 공식적인 허가를 받아 무역 활동에 종사하였다. 조선왕조의 '상인의 무역활동 금지'라는 큰 틀을 깨고 대외무역에서 특권을 인정받은 셈이었다. 만상은 이것을 기반으

로 이후 인삼무역 활성화에 중요한 역할을 하며 대청무역에 참여하였
다.

만상, 인삼무역권(人蔘貿易權)을 독점하다

1754년 만상에게만 공인된 책문후시는 1787년(정조 11)에 일시 폐
지되기도 하였다. 그러나 1790년(정조 14) 책문후시는 다시 시행되었
고, 이후 만상은 모자의 수입세와 후시무역의 수출입 세금을 거두어들
이는 일을 맡았다. 만상은 이 세금으로 사행시의 공용(公用)[2]을 책임
지게 되었다.

모자의 수입세는 세모법(稅帽法)[3]을 처음 시행할 때는 역관의 책임
이었다. 세모법은 1774년(영조 50) 호조판서 구윤옥(具允玉)이 그간
역관에게 맡겼던 모자의 수입과 판매를 모두 상인에게 맡기되 무역품
에 세금을 부과하는 예에 따라 세금을 거두어 공용에 충당하자는 건의
에 따라 시행되었다. 그러나 1780년대에 접어들면 매년 수입되는 모
자의 수가 점차 감소함으로써 세금을 거두어 공용에 충당하려는 세모
법의 실질적인 기능이 상실되었다. 그런데 반해 책문후시 즉 만상후시
는 사행무역과 상관없이 번성하고 있었다. 상인들에게 거둔 세금으로
사행의 일부 비용을 충당하던 역관들은 세금이 점차 감소하자 만상무

---

2) 봉황성에서 북경에 이르는 동안 여러 관애(關阨)의 문을 지키는 관리와 사행
   을 호송하였던 통관(通官) 등에게 지급한 인정비, 청나라의 정보를 수집하기
   위한 정보수집비, 사행 임무의 수행에 따르는 각종 인정비 및 교제비에 쓰이
   는 비용.

3) 모자무역이 18세기 후반 상인무역의 성장과 역관무역의 쇠퇴, 그리고 조선
   정부의 공용은(公用銀) 마련의 필요성이 겹치면서 모자수입품에 대해 세금
   을 부과하는 것으로 바뀌어 시행된 것.

역인 책문후시에 그 책임을 돌리려 하였다. 역관들은 책문후시의 폐단을 지적하면서 폐지할 것을 주장, 마침내 1787년에 책문후시가 폐지되었던 것이다. 그러나 책문후시 혁파 이후에도 역관무역은 개선의 여지가 없었고, 의주부의 재정도 어려워져 사행에 드는 비용을 마련하기 어려웠다. 이에 책문후시는 다시 시행될 수밖에 없었다. 책문후시는 이처럼 대청무역에서 상당한 역할을 하였고, 또한 만상의 능력을 보여주는 것이라고 할 수 있겠다. 따라서 책문후시가 다시 시행된 이후 역관이 그동안 맡았던 역할 즉 모자의 수입세와 후시무역에서 세금을 거두어들이는 일을 만상이 책임지게 되었던 것이다. 이것은 조선왕조가 후시무역에 세금을 징수함으로써 국가의 세수입을 늘리려는 목적이 강하게 부각되었다고 볼 수 있을 것 같다.

조선왕조는 만상에게 이처럼 무역상의 특권을 인정하기는 하였으나, 제한하려는 측면도 있었다. 1793년(정조 17) 사행의 정사(正使)가 의주에 도착하면 의주부윤과 상의하여 연행상금절목(燕行商禁節目)을 작성하고, 이를 기준으로 만상의 무역을 감독하는 일종의 무역정액권을 설정하였다. 그리고 정조의 화성(수원) 건립사업과 더불어 무역상의 특권을 일부 수원부에 주려고 하는 등 만상이 그동안 독점하다시피 해온 특권을 제한하려고 하였다. 때문에 만상은 일시적으로 어려움을 겪었다. 특히 1797년(정조 21) 포삼제(包蔘制)[4]가 시행되면서 대청무역에서 가장 큰 특권이라고 할 수 있는 포삼무역(包蔘貿易) 즉 인삼무역에서의 독점권을 인정받지 못해 무역상인으로서의 특권이 약화되는 듯했다.

---

4) 사행의 팔포에 산삼이 아닌 인삼을 가공한 홍삼을 채워갈 수 있게 한 제도.

포삼무역은 18세기 말~19세기의 대청무역을 대표하는 무역형태라고 할 수 있다. 포삼무역은 인삼을 가공하여 홍삼을 제조한 이후 이것을 수출하는 무역이다. 포삼무역이 이 시기 대청무역에서 가장 큰 특권이 될 수 있었던 것은 산삼의 재배에 성공하였기 때문이다.

산삼은 일찍부터 대외무역에서 차지하는 비중이 컸다. 특히 중국인들이 조선 산삼을 특효약으로 생각하였기 때문이다. 산삼은 자연적으로 생산되는 것이기 때문에 삼이 자라날 시간적 여유를 주어야만 했다. 그런데 무역상 많은 이윤을 남길 수 있는 상품이었기 때문에 계속해서 채취하였고, 산삼의 절대량이 부족하게 되어 산삼수출은 많은 제한이 따랐다. 따라서 18세기에는 팔포무역에 산삼을 채워가지 못하는 상황이 벌어졌다. 그리고 산삼 채취량은 사람이 마음대로 조절할 수 없기 때문에 조선왕조에서도 산삼 무역량을 조절할 수 없었다. 이러한 상황 속에서 이윤을 획득하기 위해 산삼을 인공적으로 재배하려는 노력들이 일어났고, 마침내 산삼을 재배하는 데 성공하였다. 이와 같이 재배된 삼, 즉 사람에 의해 인위적으로 재배된 삼이 인삼인 것이다. 이와 더불어 홍삼으로 제조할 수 있는 방법도 개발되었고, 18세기 말 인삼을 가공한 홍삼수출로 이어질 수 있었다.

포삼무역은 역관이 조선왕조에 포삼제 실시를 요청함으로써 시작되었다. 조선왕조가 역관을 부양하고 사행경비를 마련하려는 목적에서 포삼무역을 인정함으로써 역관은 통역관이자 포삼무역을 공인받은 상인으로서의 권리를 확보하게 되었다. 그러나 역관은 자본이 부족하여 그들 스스로 인삼을 사서 모으고 홍삼을 제조할 수 없어 서울지역의 상인 즉 경강상인들과 손을 잡고 무역하는 형태를 택하였다. 포삼제 실시를 위해서 경강(한강)에 홍삼을 제조하는 공장인 증포소(蒸包所)가 설치되었다. 그리고 경강상인들은 사역원(司譯院)으로부터 문서를 발급 받아 참여함으로써 역관의 포삼제 실시를 보조하였다. 경강상인들은 포삼계(包蔘契)를 구성하였고, 스스로를 포삼계인(包蔘契人)이라고 하였다. 포삼계인은 역관의 비호를 받으며 전국 각지의 인삼을 수집하고 홍삼을 만들어 역관과 결탁하여 포삼무역에 참여하였다.

한편 포삼무역에는 만상과 송상도 참여하였다. 만상은 포삼제 실시 초기 역관의 말을 끌고 가는 마부(馬夫)로 포삼무역에 참여하기는 하였지만, 직접 인삼을 수출할 수 없었기 때문에 그 이윤이 크지 않았다. 인삼수출은 이윤을 크게 남길 수 있는 무역이었기에 만상은 밀수출하여 이윤을 획득하려고 하였다. 송상도 역시 포삼무역에 공식적으로 참여할 수는 없었지만, 일찍부터 인삼과 홍삼제조에 많은 관심을 기울여 왔기 때문에 그 역할이 결코 적다고 할 수 없다. 이것은 역관이 포삼무역을 하기 위해서는 송상의 도움이 절대적으로 필요하였기 때문에 간접적으로 포삼무역에 참여시키고 있음을 보여준다 하겠다.

그런데 홍삼의 밀수출은 만상뿐만 아니라 포삼계인도 참여하였다. 포삼계인은 포삼무역의 이윤을 잘 알고 있는 만큼 밀수출을 통해서 보다 많은 이윤을 획득하려는 경향이 강하여 많은 문제점을 야기하였다. 때문에 1810년(순조 10) 6월 조선왕조는 포삼계인을 영원히 혁파하고 그 역할을 만상에게 맡겼다. 이로써 만상이 대청무역에서 가장 큰 이권인 포삼무역에 공식적으로 참여하게 되었다.

포삼무역권을 갖게 된 만상은 사역원으로부터 문서를 발급 받아 인삼을 매입할 뿐만 아니라 만상이 아닌 상인과 인삼 생산자간의 밀매를

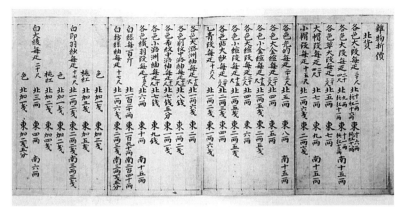

숙종 13년 의주부윤 소두산(蘇斗山)이 작성한 청·왜·조선의 화폐가격 대조표

단속할 임무와 권한을 부여받았다. 또한 사신 일행들과 같이 중국에 가서 포삼무역을 담당하는 동시에 밀무역을 하는 상인들을 정탐하는 임무도 맡고 있었다. 이로써 만상은 역관의 말을 끌고 가는 마부가 아니라 포삼별장(包蔘別將)[5]으로서 포삼무역의 중심에 위치하게 되었으며 포삼무역권을 독점하게 되었다고 하겠다.

조선왕조는 포삼무역 실시 초기에는 극히 적은 액수의 포삼무역량을 규정하였다. 그러나 조선왕조는 계속해서 매우 빠르게 무역 규모를 증가시켰다. 포삼계인을 혁파한 이듬해인 1811년에는 포삼무역량을 200근으로 증가시켰다. 무역량을 증가시킨 이유는 포삼세 총액은 고정시키면서 인삼의 밀수출을 막아보려 했기 때문이다. 밀수출의 금지는 만상의 이윤을 보장한다는 의미도 내포되어 있다고 볼 수 있다. 이와 더불어 역관 및 그들과 결탁한 각종 불법행위를 철저히 금지하여

---

5) 포삼별장은 포삼무역량 만큼의 홍삼을 만들어 무역할 수 있는 무역권자임과 동시에 포삼세 등의 돈을 부담하고 징수하는 책임이 부여된 자.

만상을 보호하고 공용을 안정적으로 확보하려는 정책을 폈다. 즉 조선왕조는 1813년 그동안 만상의 불만 요소인 모자 수입세의 면제[6]와 공용비 마련 문제를 영구히 해결하기 위한 방편으로 8가지의 폐단이 시정되어야 함을 강조한 만상구폐책(灣商捄弊策)을 실시하였다. 이와 같은 사실들은 조선왕조의 필요에 의해서지만 만상을 보호하고 무역상인으로서의 특권을 인정한다는 측면도 강하게 내포되어 있다고 할 수 있을 것이다.

1810년 만상이 포삼무역권을 독점한 이후 무역량과 세금이 증가하자 포삼별장의 수 즉, 포삼무역을 담당한 만상의 수도 계속 늘어났다. 포삼별장의 정원은 1810년의 6명에서 1851년 19명, 그리고 고종대에 이르러서는 30~40명까지 증가하였다. 19세기 만상이 포삼별장으로서 인삼무역을 독점할 수 있었던 것을 우리는 19세기 의주 거상 임상옥의 출현과 오늘날 신의주가 경제특구로 지적될 수 있었던 문제와 관련하여 생각해 볼 수 있다.

의주부와 의주상인의 공생관계

의주는 변방의 중요한 진(鎭)이요, 대륙으로 통하는 관문이요, 평안북도의 중심지이다. 특히 대륙으로 통하는 관문이기에 각종 사행으로 인한 경비지출이 많은 곳이다. 때문에 의주는 항상 지출을 위한 재화의 마련에 고심할 수밖에 없었다.

---

6) 1790년 책문후시를 공인하면서 모자수입세를 만상이 거두어 공용비를 마련하였는데, 일부 시전에는 모자 수입세를 면제해 주었기 때문에 만상이 공용비 마련에 어려움을 겪었다.

의주는 원래 논밭이 부족하여 백성 대부분이 상인으로 활동하였다. 의주부는 의주의 지역적 특성상 논밭에서 거두어들이는 관청조세가 없기 때문에 민간에서 쌀을 거두어들이는 일이 없었고, 각종 경비를 상인들에게 거두는 세금에 많이 의지하였다. 의주부는 논밭으로는 세금을 거두어들일 수 없었지만, 몇몇 농민들을 위해 오히려 제방을 쌓아 논밭을 보호하였고 다만 풍년이 들면 제방 세금을 징수하여 관청비용에 충당하였다. 그런데 흉년이 들면 세금 징수하는 것도 따라서 감축되기 때문에 비용의 대부분을 빌려서 써야만 하였다. 다시 말하면 의주부는 항상 부채를 안고 있었다고 할 수 있다. 따라서 의주부는 부채를 갚기 위한 재화 마련을 위해 여러 가지 노력들을 하였다.

의주부는 조선후기에는 후시무역과 관련하여 재화를 마련하였다. 후시무역을 공인할 때 평안감사 이종성은 의주부의 채권(債券)을 모두 불태워버리고 10만 냥 어치의 잡화를 사행편에 들여보내어 10분의 1을 세금으로 받아들였다. 이것으로 부채를 충당하였는데, 뒤에 점차 많아져서 들여보내는 물품이 30만 냥 어치나 되었다. 애당초 10만 냥으로 정한 숫자와 많은 차이가 나게 된 것은 의주부의 재정에 필요한 세금이 늘어났다는 것을 의미한다. 그렇기 때문에 의주부는 세금을 거두어들이는 아문으로 평가받기도 하였다. 의주부는 상인들에게 세금을 징수하는 한편 은화를 교환하여 이자를 늘리는 대금업을 하기도 하였다. 의주부는 재화의 생산보다는 상업이나, 은화를 교환하는 대금업을 주로 하였던 것이다. 이와 같은 대금업은 관청에서뿐만 아니라 의주 백성들도 이것을 하여 생활방편으로 삼기도 하였다.

조선후기 의주부의 재정은 앞서 본 것처럼 상업세를 거두어들여 마련하였다. 그런데 만상이 대부분 무역을 중심으로 활동하였기 때문에 무역세가 중심이었다고 할 수 있겠다. 따라서 책문후시의 중요성이 더해갈 수밖에 없었다. 조선왕조가 후시무역을 폐지한 후에는 이자를 불리기 위해 비축해 둔 1만 냥도 언제 있었느냐는 듯이 없어져버릴 정도로 후시무역이 의주부의 재정에 중요한 역할을 하였다. 즉 책문후시 및 중강후시가 단절된 이후 의주부는 더 이상 세금을 징수할 수 없게 되어 재화 비축이 없어지고 대금업도 더 이상 할 수 없을 정도가 되었다. 이처럼 의주부의 재정은 후시무역과 밀접한 관계를 가지고 있었던 것이었다.

책문후시의 폐지는 의주부의 경비 부족을 초래했을 뿐만 아니라 의주 백성들 대부분이 상인들이기 때문에 매매의 길도 단절되어 생활이 절박하게 되었다. 그리고 의주 백성들 중 대금업을 주업으로 삼았던 자들도 힘들어지게 되었다. 원래 대금업을 하는 자들은 자금이 부족한 자에게 돈을 꾸어 주어 이익을 챙기는 자들인데, 상인들이 매매의 길이 막히게 되자 더 이상 자금을 빌릴 필요가 없게 되었고 따라서 대금업을 하는 자들이 자연히 생활이 어려워지게 된 것이다. 이에 의주부 윤은 책문후시를 막은 것은 밀무역 상인의 폐단을 막으려는 것이었는데, 밀무역의 폐단은 계속 심해지고 백성의 생활도 어려워짐으로 책문후시를 다시 열어 줄 것을 청하였다. 결국 책문후시는 의주부의 재정과 의주 백성들의 생활을 위한다는 이유로 공인되어 조선말까지 계속되었다.

한편 조선왕조는 만상을 보호한다는 명분 하에 무역품에 철저한 과세를 목적으로 하는 정책을 지속적으로 펴 왔다. 예컨대 1813년(순조

13) 조선왕조는 공용 마련을 어렵게 하고 만상을 피폐케 한 8가지의 폐단을 지적하였다. 그 중에서 사신 일행의 짐에 가탁하여 세금을 면하려는 상인들의 행위는 물론 이들의 농간과 침해, 그리고 관청의 무역과 의주부 관원들의 불법적 행위가 크게 거론되었다. 조선왕조는 이러한 폐단을 바로잡아 공용을 마련하고 만상을 보호한다는 명분 하에 이듬해인 1814년(순조 14)에 의주부에 관세청을 세웠다.

관세청은 1814년 의주부윤 오한원(吳翰源)이 모자 1천 척(隻)[7]의 세금이 감축되자 수출되는 물품에 과세를 요청하면서 창설된 기관이었다. 오한원이 관세청을 창설할 수밖에 없었던 이유는 무엇일까?

의주부의 주요 수입원이었던 모자수입에 대한 과세는 18세기 중반을 전성기로 해서 점차 모자수입의 감축과 세금 감축으로 이어졌다. 모자무역은 18세기 중반 조선의 중개무역 쇠퇴와 함께 발생한 일본은(日本銀) 유입의 단절, 역관무역의 피폐, 조선왕조의 공용은(公用銀) 마련책이라는 상황에서 활기를 띠었던 것이었다. 그러나 모자무역은 국내의 은이 청나라로 유출되는 것이었다. 일본은의 유입이 단절되었는데도 불구하고 국내의 은이 청나라로 유출되는 모자무역은 지속될 수 없는 무역형태였기 때문에 감축되는 것이 조선왕조의 입장에서는 긍정적인 면으로 봐야 할 것이었다. 그러나 어쨌든 모자수입의 감축으로 사행의 공용비 마련이 어려워졌고 의주부의 재정도 힘들어졌다. 이러한 때, 앞서 살펴본 것처럼 포삼무역은 매우 큰 이윤을 남길 수 있었다. 그러므로 관세청은 18세기 말부터 감축되어 가던 모자 수입

---

7) 척은 모자를 세는 단위이다. 척(隻, 1,000立) - 부(釜, 100立) - 죽(竹, 10立) - 립(立, 1).

품에 대한 과세만으로는 재원 마련이 어려웠기 때문에 주요 수출품에 세금을 부과하여 재원을 마련하려는 것이었다. 이것은 의주부가 상인들이 내는 상업세, 즉 무역세를 거두어들이는 것이 중요한 수입원이었기 때문에 가능하였다. 또한 관세청의 창설은 무역세를 전담할 기관의 필요성이 강조되었기 때문에 가능하였던 것으로 보인다. 의주부 관세청은 모자세, 포삼세를 비롯해 후시무역의 물품 전반에 세금을 부과하였다.

관세청 설치 이전까지는 주로 수입품에 세금을 부과하던 것이 이후에는 수출품에도 관세를 부과하였다는 것이 이전과 차이점이라면 차이점이다. 18세기까지는 조선왕조의 무역구조가 수입 중심(대표적인 것이 모자수입)이었다면, 19세기는 수출 중심(대표적인 것이 인삼수출)으로 변화해 가는 무역구조를 반영한 것이라고 할 수 있다. 즉 많은 세금을 부과할 수 있는 상품이 관세를 부과할 수 있는 상품이 되어야 재원충당이 쉬워지기 때문에 19세기 조선왕조의 무역구조가 수출주도로 바뀌었음을 반영한다는 점에서 의의를 지니고 있다고 할 수 있겠다.

19세기에 창설된 관세청의 주요한 수입원은 조선의 중심 수출 상품인 포삼에 대한 과세였다. 이에 그동안 조선왕조가 포삼의 거래 한도를 증가시키거나 수세율을 높여서 관세청의 수입을 늘리고 이를 재정에 활용하였다. 관세청은 무역세를 거두어 공용을 담당하였지만, 공용을 관세청이 담당할 수 없을 때에는 그 경비가 따로이 마련되어야 했다. 따라서 관세청 수입의 감축은 곧 경상비의 지출을 의미했다. 즉 국가재정에서 공용 비용을 지급해야 했기 때문이다. 때문에 관세청은 호조의 외고(外庫)라고 인식되기도 하였다. 관세청의 역할이 이처럼 중앙의 경상비와 연계된다는 점에서 볼 때, 근대적 관세제도의 측면이 보이고 있음을 주목할 수 있겠다.

관세청은 사행을 위한 공용을 마련하는 관청으로 만상의 책임 하에 있었다. 관세청이 만상의 책임 하에 운영되었음을 살펴볼 때, 이 둘은 서로 공생하면서 살아간 것으로 보인다. 특히 '만부관세청구폐절목(灣府管稅廳抹弊節目)'에 만상을 피폐하게 한 원인을 엄하게 금지하도록 규정하고 있는 것에서 분명히 나타난다. 관세청의 운영 형태에서 우리는 만상과 의주부의 불가분의 관계를 짐작할 수 있다. 다시 말해서 만상은 의주부의 지원 없이는 대외무역에서의 활발한 활동이 불가능하며, 의주부는 만상의 활약이 없으면 재정면에서나 관세청 또는 무역의 운영면에서 어려움에 직면하게 되기 때문에 서로 공생관계라 할 수 있을 것 같다.

한편, 대청무역에서 가장 큰 특권이라고 할 수 있는 포삼제에 대한 당시의 기록을 통해 만상의 역할과 의주부 관세청 역할을 짐작해 볼 수 있다.

> 생각건대 당초 (포삼제) 창설은 오로지 역상(譯商)[8]의 생업을 돕기 위한 것이었습니다. 그런데 이것이 한번 변하여 만상무역의 밑천이 되었으며 두 번 변하여 송도(개성) 백성들의 자생의 업이 되었으며 세 번 변하여 세액이 점증함에 따라 재정을 보충하는데 이르러 슬그머니 일국의 큰 정사가 되었습니다.
>
> 『승정원일기』 2520, 철종 2년 8월 28일

---

8) 역관이 통역관이자 무역을 담당하였기 때문에 붙여진 이름.

포삼제 창설 문제에 관한 기사를 싣고 있는 승정원일기

이 기록은 포삼무역이 처음에는 역관을 위해서 시행되었고, 두 번째는 만상의 중요 수출품이 되었고, 세 번째는 개성 백성들의 인삼 재배를 통한 생업의 바탕이 되었고, 네 번째는 의주부 관세청이 세금을 거두어들여 그 세금이 점차 증가함에 따라 국가의 경비로 활용되었음을 보여준다. 이 사실을 통해 포삼무역에서 만상과 의주부가 어떤 역할을 하였는지를 대강 알 수 있겠다.

앞서 언급한 임상옥을 주제로 한 역사소설과 TV드라마는 상인 임상옥에 초점을 맞추다 보니 임상옥 한 명이 만상 전체의 이익을 대변하는 것처럼 그 시대의 영웅으로 묘사되었다. 그러나 역사적 관점에서 다시 한번 생각해보면, 그 역으로도 해석이 가능할 것 같다.

우리는 시대적 상황 속에서 의주의 거상 임상옥이 등장할 수 있었다는 점, 즉 임상옥이 역사적 산물이라는 점을 간과해서는 안될 것이다. 만상이 대청무역에서 역할을 인정받은 것은 거상 임상옥이 대청무역에서 활약할 수 있는 밑바탕을 마련하였다. 다시 말하면 19세기에 의주의 거상 임상옥이 등장할 수 있었던 것은 임상옥이 출생하기 이전인 18세기 만상이 대청무역활동을 공인받은 일, 그리고 인삼무역권을 만상이 독점하게 된 점, 의주부와 만상의 관계가 돋보이는 관세청의 설립 등을 통해 만상의 역사적 위상이 강화되었기 때문에 가능하였다는 점을 우리는 다시 한번 짚고 넘어가야 할 것이다. 물론 우리는 역사적 인물, 임상옥 개인의 상인으로서의 특별한 자질도 높이 사야 됨을 잊지 않아야 할 것이다.

박재희 | 이화여자대학교 대학원 사학과 박사수료

일제강점기 경제신도시 신의주 | 김주용

신의주는 경의선의 최북단으로서 발전하기 시작하였지만 그 실질적인 상권은 일본인에 의해서 좌우되었다. 일제의 '만한경영'(滿韓經營)이라는 기치 하에서 신의주는 중국으로 향하는 관문이었던 것이다. 일제가 압록강철교를 부설하였던 이유도 안동에서 심양, 대련으로 이어지는 교통로의 완성과 이를 통한 무역과 상권의 장악이었다. 이는 일제가 자유지대 즉 면세지대를 지정하여 자국 상인을 보호하고 보다 효율적인 대륙침략을 단행하기 위함이었다. 이른바 만한경영을 위하여 일제는 관세 징수를 면제시키고 화물의 수송을 편리하게 하며 나아가 중국은 물론 러시아까지 일본 상품의 진출을 꾀하고자 하였다. 이것의 실현을 위하여 일제가 시행한 것이 압록강철교 가설이었다.

압록강을 둘러싼 열강들의 파워게임

백두산에서 발원한 국제하천 압록강은 오늘날 새롭게 조명되고 있다. 이곳이 주목받고 있는 것은 지리적 특성과 밀접하게 관련되어 있다. 즉 북한의 특별행정구로 지정된 신의주가 압록강 하류에 자리잡고 있으며 이와 마주한 곳에 중국 단동(丹東)이 있기 때문이다. 중국측에서는 신의주의 경제특구 지정에 대하여 상당히 민감한 반응을 보이는 등 각국의 시선이 이곳에 집중되고 있는 것 또한 사실이다. 중국과 북한의 교역도 신의주－단동간이 주된 루트이다. 각국들이 신의주에 관심을 갖는 또 다른 이유는 나진·선봉지역과는 달리 물류·교통 면에서 상당히 매력적인 곳이기 때문이다. 하지만 북한과 주변국의 태도에 따라 이것은 관심 그 자체로 끝날 수도 있다.

한일합병 후 일제는 열강들의 반대를 무릅쓰고 다음해인 1911년 중국 안동(安東, 지금의 단동)과 신의주를 잇는 압록강철교를 가설하였다. 압록강철교의 가설은 일제가 추진한 대륙침략의 기동성과 신속성을 보장하는 의미가 내포되어 있다. 일제는 이렇듯 압록강 하류지역을 경제적인 가치뿐만 아니라 정치, 군사, 외교적인 가치도 아울러 지니고 있는 것으로 인식하였다. 특히 압록강은 중국과 식민지 조선의 경계선으로서 기능하였으며, 이를 매개로 한 경제활동 역시 다양한 요소를 지니고 있었다.

중국 단동은 남만주철도의 직접 관할선은 아닐지라도 심양(瀋陽)을 중심으로 행해진 교역에서 중요한 위치를 차지하고 있었다. 특히 안동지역에 한인이 다수 이주하고 있었기 때문에 일제로서는 이들을 어떻게 다룰 것인가 하는 점이 중요한 문제로 인식되었다. 또한 일본 거류

1905년 8월 10일 체결된 포츠머스 조약과 조약문

민회의 '보호'를 위해서도 이주한인에 대한 이용과 감시를 보다 용이하게 할 필요가 있었다. 안동조선인조합회, 안동금융회 등이 조직된 것도 이러한 맥락에서 이해할 수 있다.

일제는 대륙침략과 관련하여 몇 가지 중요한 정책을 실시하였다. 이 가운데 남만주철도주식회사의 설립은 자본력의 확보와 토지 및 교통 확보를 단숨에 해결한 중요한 계기가 되었다. 하지만 일제의 만주개방정책도 영국을 비롯한 열강들의 견제를 받게 되었다. 일제의 만주개방은 군사점령과 군사시설 보호를 내세워 시장의 독점을 꾀하였기 때문에 자국 상인에 대한 특권 부여가 자연스럽게 행해졌다. 이에 대하여 영국과 미국은 일제에 강한 압력을 가하였으나 오히려 일제는 청국에 외교적 압력을 가하여 특권을 인정받으려 하였다. 1905년 12월에 체결된 만주선후조약(滿洲善後條約)이 그 결과물이다.

이러한 현상은 이미 러일전쟁 직후 체결된 포츠머스조약에서 나타났다. 즉 러시아는 일제에게 남만주 일대에서의 독점적 권리를 이양하였고, 일제는 관동주 및 남만철도를 근거로 하여 신속하게 세력을 확장하고자 하였다. 그리고 1905년 12월 만주선후조약을 체결하면서 만주와 대한제국 국경무역에 관해서 상호간 최혜국 대우를 해 줌으로써 일제의 배타적 이익은 더욱 확고하게 실현되어 갔다. 나아가 일제는 청국 정부에 양국 합동의 목재회사를 설립하여 압록강 유역의 삼림 채벌에 필요한 이익을 균분할 것 등을 요구하기에 이르렀다. 이러한 상황 속에서 일제는 상공업 및 무역을 증진시키기 위해 철도 등 교통과 통신시설의 신설 및 확충 사업을 전개하였으며, 이러한 사업을 완비하는 것이 대륙침략정책을 실행하는 첩경이라고 인식하였다. 이는 일제가 국가안보 및 외교정책상 만주지역을 한반도와 연계하여 자본 침투의 중요한 '안전판'(Safety Valve)으로 간주하고 있음을 의미한다. 러일전쟁 승리 후 사회 전반에 고조되어 있던 불만을 해소하기 위해서도 일제는 국가독점자본의 축적을 시기적으로 앞당겨야 했는데 이 역시 대륙침략의 추동력으로 작용하였다.

  실제로 일제는 경의선을 연장해 만주와 연결시키기 위해 압록강철교 건설과 신의주의 대안인 안동에서 봉천(奉天 : 지금의 심양)까지 철도를 건설하여 한반도로부터 만주의 중심으로 철도를 연장하는 야심찬 계획을 완성하였다. 일제가 압록강철교를 부설하려고 계획한 것은 이미 1907년부터이다. 여기에는 만주에 진출한 상인들의 적극적인 요구가 있었다. 즉 육로 확보가 물류 비용 면에서 경쟁력을 지니기 때문에 상인들은 금융기관의 설치와 함께 압록강철교 건설을 강력하게 주장하였던 것이다. 이에 따라 일제는 1909년 건설에 착수하여 2년 뒤 1911년에 압록강철교를 완성하였다. 일제가 이토록 한반도와 중국 대륙의 관문을 연결하는 철도를 건설하는 데 적극적일 수밖에 없었던 것은 후발자본주의 국가로서 뒤늦은 이권쟁탈전에서 보다 유리한 국제적 지위를 확보하기 위함이었다. 특히 만주는 열강들의 관심은 있으나 아직 세력 이식이 명확하게 이루어지지 않은 지역이라는 점에서 일제에게는 매력적인 곳이었다. 따라서 압록강철교의 부설은 이를 보다 확고하게 관철시킬 수 있었던 안전판이었다.

이렇게 건설된 압록강철교는 일제의 식민지 조선 및 대륙에 대한 군사적 침략과 일본 독점자본의 진출을 위한 토대가 되었다. 나아가 이를 통해 운송시간의 단축 및 대량적인 수송이 가능해져서 보다 많은 잉여 창출을 보장받을 수 있었다. 따라서 압록강철교의 가설은 일제의 이익 증대를 가져오는 긴요하고 절실한 수단이었던 것이다.

한편 압록강철교의 부설에 대하여 각국의 반응은 다양한 형태로 나타났다. 미국의 경우 1905년 러일전쟁이 끝난 후 만철중립안(滿鐵中立案)을 내세워 만주에 대한 경제침투를 실행하면서 지속적으로 이 지역에 관심을 표명하였다. 따라서 일제의 철교 부설을 정치적인 측면보다는 경제적 침투에 무게를 두고 주시하고 있었다. 미국은 일제가 철교 부설을 통하여 안동지역의 상권을 독점하려 한다고 비판하였다. 다시 말해 미국은 일본이 남만주에서 독점적 이권을 획득하여 타국의 상업활동을 위협할 만큼 성장할 수 있었던 것은 압록강철교의 가설에서 비롯되었다고 인식하였다. 영국은 압록강철교의 부설을 일본이 경의선을 연장하여 대륙까지 진출한 것으로 규정하였다. 영국은 만주뿐만 아니라 동북아시아에서 러시아 세력을 견제하는 데 일본을 파트너로 선정하여 이를 적극 활용하였다. 이러한 일본이 이제 만주지역에서 독점적인 특권을 확보하고 나섰으니 영국으로서도 이에 대해 촉각을

곤두세울 수밖에 없었던 것이다. 하지만 미국이나 영국의 거센 항의나 비판에도 불구하고 압록강철교는 실질적으로 남만주에서 일제의 지위를 상승시켜 주었다. 다시 말해 압록강철교의 가설은 일제에게 시·공간의 효율화를 통한 이윤의 극대화를 가져다주는 계기가 되었다.

안동지역과 신의주의 경제실태

신의주와 안동의 무역전쟁

1910년대 초 식민지 조선의 무역액은 수입액 3,967만 원, 수출액 1,991만 원, 총 5,958만 원이었다. 이 가운데 중국과의 무역액은 수출 369만 원, 수입 409만 원, 합계 778만 원으로 전 무역액의 약 10% 이상을 차지하였다. 하지만 압록강철교 가설 이후 일본으로부터 직접 신의주를 통과하여 만주로 가는 철도화물, 통과화물이 크게 증가하면서 신의주의 지정학적 위치는 매우 중요하게 인식되었다. 신의주를 통한 무역의 중요성이 컸음을 알 수 있다. 전통적으로 한반도와 대륙의 무역통로는 의주였다. 그런데 경의선이 부설된 이후 철도를 중심으로 한 상권이 형성되면서 신의주가 번성하기 시작하였다.

일제는 러일전쟁의 소용돌이 속에서 부산과 신의주를 잇는 한반도 종단철도망을 시급하게 완성하였다. 물론 시기적으로 차이는 있지만 서울과 신의주를 연결하는 철도가 완성되면서 일제는 한반도를 식량과 자원 약탈을 위한 대동맥을 완성한 것과 마찬가지로 인식하였다. 철도는 일제에게는 군사·정치·경제적 토대를 확고히 심어 주었으며, 독점적 이윤을 보장하고 식민지적 약탈을 가능하게 한 주요 수단이었다. 신의주는 한반도 종단철도의 북쪽 종착역이었으며, 또한

1911년 압록강철교의 완성으로 대륙으로 통하는 중요 지점이 되었다. 철도의 부설과 함께 신의주는 국경무역의 중심이 될 수밖에 없는 지정학적 위치였다.

1906년 4월 경의선이 개통되면서 신의주에는 일본 거류민이 증가하기 시작하였다. 1907년 신의주의 일본 거류민은 약 1,000명으로 인근 지역까지 합하면 거의 1,300명에 달하였다. 그리고 계속 증가하는 추세였다. 초기 거류민은 음식점, 여인숙 등을 경영하는 임시 직업을 가진 자들이 대부분이었다. 이 해 신의주에 거주하는 일본인들은 압록강가교가 건설되면 안동으로 이동하여 경제활동을 지속하고자 하였다. 그 이유로는 치안의 부재, 시장 규모의 상이성을 들고 있었다. 다시 말해 이들은 압록강철교가 완성되면 신의주의 상권이 안동에 흡수될 것으로 인식하고 있었다. 그만큼 신의주에 대한 일본인들의 불만이 곳곳에서 터져 나왔다. 특히 일본인들은 시가지는 모두 철도감부(鐵道監部)가 감독, 관할하면서 일본인 거류희망자에게 과다한 지세를 징수하는 등 불편이 가중되고 있다고 호소하였다.

이에 일본 거류민은 일찍이 규약을 만들어 일본인회란 것을 조직하여 회원의 갹출금으로 위생 및 행려병인 등에 대한 비용을 변통하였지만 철도감부는 그 관할구역 내에 이들 단체의 설립을 허락하지 않고 해산시킴으로써 이 회는 그 후 일본인 구락부(俱樂部)로 개칭하여 겨우 잔무를 취급하였을 뿐이다. 당시 일본인들은 신의주의 치안에 대하여 상당한 불만을 표출하였다. 상거래를 하는데 기본적인 치안유지가 선행되어야 함에도 불구하고 행정기관으로서는 의주분대에서 파견된 헌병 8명이 있을 뿐이었다. 헌병 8명이 천여 명의 거류민에 대하여 행정을 집행하는 것은 벅차기도 할 뿐더러 일본인에게 불안을 가중시 켰기 때문에 일본상인들은 하루속히 경찰관과 헌병을 증파하여 거류민의 안전을 보호해야 한다고 요청할 정도였다. 이러한 상황 속에서도 신의주에서 일본상인의 세력은 급속하게 확대되어 갔다.

당시 신의주에 수입되는 화물은 쌀, 술, 담배, 생선류, 석유, 야채 등이었다. 루트를 보면 신의주를 통해서 선주(宣州), 곽산(郭山), 정주(定州), 평양(平壤), 용산(龍山)을 거쳐 전국으로 유통되었다. 여기에서 관세 문제가 불거져 나왔다. 즉 선천 이북의 각 지역에서는 안동현에서 무관세로 수입한 화물이 압도적으로 많았기 때문에 규정된 세금을 지불하면서 다른 항에서 수입하는 상인들은 도저히 이 지역 수입상에 대항할 능력도 없으며, 한편으로는 국가적으로도 세수입에 큰 타격을 입어 국고 수입이 감소하는 형편이었다.

신의주의 경제 상황은 중국 안동의 관세 문제와 맞물려 있기 때문에 이를 둘러싸고 갈등과 협의가 계속 표출되었다. 신의주는 지리적인 이점을 충분히 활용하지 못하였다. 기선 정박이 편리하여 각지에서 출입하는 물건은 바로 신의주를 경유하는 것이 바람직하지만 현실적으로는 관세가 부과되었기 때문에 대부분 안동을 통하였다. 따라서 일반인들은 안동에서 물건을 구매하였고 신의주에서는 일상적으로 필요한 물품을 제외하고는 판매하는 상점이 없어 그 결과 경제활동이 위축되는 경우가 많았다.

특히 신의주에 세관이 설치되면서 압록강 유역 100여 리에 걸친 지점에 이르기까지 밀수입에 대하여 단속이 필요하였으나 세관에서는 관리 확보가 쉽지 않아 단속실행에 어려움이 뒤따랐다. 그리고 그 단속이 불충분하기 때문에 공정하게 관세를 지불하면서 상거래를 하는 상인은 항상 불리할 수밖에 없었으며 그렇지 않은 자가 도리어 이익을 거두는 형편이었다. 때문에 이 지방을 관장하는 오카베(岡部)는, 이익과 수세의 편의에서 보면 철도 정거장 및 기타 통로에 세관 업무를 담당하는 관리를 두고 신의주 및 의주와 용암포에서는 과세 면제를 희망한다고 할 정도였다. 즉 1907년 오카베는 신의주 및 그 부근의 관세문제에 대하여 중앙정부에 보고하였는데, 여기에서 주목되는 점은 한반도와 대륙의 연결점인 신의주와 안동간의 상이한 세관문제로 인하여 일본 상품이 상당히 고전하였다는 것이다. 이에 그는 이를 시정하기 위해서는 신의주와 그 부근 지방에 면세제를 실시해야 한다고 통감부에 건의하였다. 이는 그만큼 안동과 신의주간의 무역이 차지하는 비중이 컸기 때문에 나타난 현상이다.

이렇듯 관세문제는 신의주와 안동의 경제상황을 변화시킬 수 있는 중요한 사안이었다. 1907년 3월에 한국정부와 청국정부는 신의주세관과 안동세관과의 사무 연락에 관한 협정을 논의하였다. 한국측에서 세관장 대리와 청국의 안동 세관장이 기명 조인하여 이를 다시 북경에서 하야시 곤스케(林權助) 공사와 청국세관을 대표하는 로버트 버트 사이에 기명한 것을 교환하면서 시작되었다. 여기에서는 3국간 통상에 편의를 주고자 하는 것이 주된 목적이었으나 협정안이 부실하여 추후 이를 다시 검토하게 되었다. 이 협정안에서는 물론 일본의 영향력이 가장 클 수밖에 없었다.

한편 압록강 출입선박의 관세부여문제는 톤세를 부과하여 그 균형을 맞추려고 하였으나 한국과 청국간의 타협점을 찾지 못하였다. 또

제시된 후 협정안의 세부조항은 당국의 현실에 비추어 도저히 실행할 수 없는 것들이었다. 예를 들면 선박의 정박장을 신의주 남쪽 다사도 (多獅島)로 하면 세관 소재지와의 거리가 26리나 떨어져 있어 세관관리가 이 사이를 왕복하는 것이 용이하지 않다는 문제가 불거져 나왔다. 또한 정박 선박에 세관의 감리를 담당하는 감리(監吏) 한두 명이 화물의 적재량을 조사하여 증명서를 작성한다는 것은 매우 어려웠으며 모두 전신을 이용하지 않으면 불가능한 사안이었다. 이렇듯 여러 가지 원인으로 인하여 신의주와 안동지역의 관세문제는 더 복잡한 양상을 띠게 되었다. 이에 따라 자연스럽게 대두된 것이 압록강에 자유지대를 설치해야 한다는 문제였다.

러일전쟁 와중에서 대한제국의 화폐개혁을 강압적으로 추진했던 총세무사 메가타 다네다로(目賀田種太郎)는 통감부 총무국장에게 압록강의 중립지대 설치와 세관문제에 대하여 다음과 같이 보고하였다.

"압록강 출입 외국 무역선에 대한 세관 취급에 관하여 신의주 이사 청 부이사관이 보낸 정황을 정확하게 통지 받았다. 1907년 5월 압록강 물 흐름이 변하고 또 결빙항으로 국제법학자의 학설에 따라 항상 한·청 양국의 국경문제를 야기하여 압록강에 정박한 선박은 때로 2중 주권 하에서 지배 및 과세되기도 하였다. 따라서 중류지역 일정한 수역에 중립지대를 설정하여 양국은 서로 양해하여 그 절대 주권을 제한하며 중복을 조화롭게 하고 상호간 일을 처리함에 있어서 먼저 중립 수역의 설정이 과연 이 목적을 달성하는지의 여부와 또 결과가 어떻게 될 것인가를 연구해야 한다. 그렇지만 압록강안의 과세 관계는 국경세관의 성질을 갖고 있기 때문에 중립구역의 설정은 오히려 이 관계를 혼란스럽게 조장할 수도 있다. 따라서 오늘 특히 양국 간에 협상을 중하게 여겨 이를 설정할 필요를 인식시키고 현재 실시하고 있는 한·청 양국의 톤세 납입서를 교부하여 이에 따라 납세, 미납세 혹은 유효기관이 경과한 후에는 선박의 희망을 참작하여 이의 납부를 명하고 통상 무역을 허가한다. 항에 입항함에 는 공정한 규칙에 기초하여 사의를 따라 이를 해당 관청의 처리에 위임하여 충분한 감독을 받는다."

이러한 논의는 압록강이 국제하천이며 열강들의 관심이 컸기 때문에 나타난 현상이다. 즉 국제하천상 국경선이 있음에도 불구하고 양국의 입장이 첨예하게 대립되어 있는 상황에서 중립지대를 설정하는 문제는 양국이 주권을 침해받지 않는 범위에서 실행되어야만 마찰을 줄일 수 있는 것이었다. 따라서 양국은 압록강을 경유하여 두 항구에 입항하는 선박에 대해서 어떠한 간섭도 하지 않는다는 것을 명시하였다. 이처럼 중립지대의 설정이 필요했던 것은 당시 이중 간섭을 배제시키고 일본상인들이 운영하는 화물선이 밀수입선으로 간주되고 있던 상황을 타개하기 위함이었다.

신의주는 경의선의 최북단으로서 발전하기 시작하였지만 그 실질적인 상권은 일본인에 의해서 좌우되었다. 일제의 만한경영(滿韓經營)이라는 기치 하에서 신의주는 중국으로 향하는 관문이었던 것이다. 일제가 압록강철교를 부설하였던 목적도 안동에서 심양, 대련으로 이어지는 교통로의 완성과 이를 통한 무역과 상권의 장악에 있었다. 이는 일제가 자유지대 즉 면세지대를 지정하여 자국 상인을 보호하고 보다 효율적인 대륙침략을 단행하기 위함이었다. 이른바 만한경영을 위하여 일제는 관세 징수를 면제시키고 화물의 수송을 편리하게 하며 나아가 중국은 물론 러시아까지 일본 상품의 진출을 꾀하고자 하였다. 이것의 실현을 위하여 일제가 시행한 것이 압록강철교 가설이었다.

신의주와 안동간에 정박한 선박에 대하여 과세권의 관할문제 및 그 해결방안에 대한 지속적인 논의가 전개되었으나 양측의 입장 차이로 격차가 좁혀지지 않았다. 1908년에도 이 문제가 불거져 나왔는데 즉 신의주와 안동 사이에 정박하는 선박이 어느 항구에 입항해야 하는가의 문제였다. 이는 관세의 문제이며 또한 상권의 문제이기도 하였다. 1908년 3월에는 청국에서 안동현의 항계(港界)를 고시하여 분쟁의 소지를 막고자 하였다. 이를 보면 상류경계와 하류경계로 나누어, 하류경계는 일본 거류지의 서남계를 한정하여 철도선로를 연장하는 선이며 상류경계는 압록강을 가로지르는 일직선이었다. 이른바 횡선과 연장선으로 대별되는 이 경계는 한국 영토주권을 침해하는 중대한 사태를 야기하기도 하였다. 물론 이러한 것이 상권 확대와 직결되었음은 두말할 필요도 없다.

안동의 경제 상황

남만지역, 좁은 의미로서 서간도지역에 한인이 본격적으로 이주한 시기는 19세기 중엽 이후이다. 청말까지 봉금지역이었던 서간도의 이주한인 문제는 중국과 일본에게는 상당히 큰 고민거리였다. 중국으로서는 밀려드는 이주한인에게 토지소유권을 인정하는 문제가 있었으며, 일제로서는 한인의 항일운동을 어떻게 탄압하는가를 둘러싸고 중국과 논쟁이 반복되고 있었다. 이러한 가운데 이주한인은 자신들의 영농기술을 이용하여 만주지역에서 가장 먼저 수전개발에 착수하였다. 수전이 개발되면서 경지면적이 확대되었고 수확량도 점차 증가하여 중국정부의 재정수입과 지주의 주머니는 풍부해졌다. 하지만 이주한인의 지위는 그야말로 법적인 보호장치가 거의 없는 상태에 직면하였다. 압록강을 건너 서간도로 이주한 한인은 황무지 개척자로서 수전개발자로서만 인정받았을 뿐이었다.

압록강은 국경하천으로서의 기능뿐만 아니라 수운을 통한 경제적 기능 또한 담당하였다. 압록강 유역의 수운 상황은 상류구역(臨江까지), 중류구역(임강에서 渾江하구까지), 하류구역(혼강하구에서 안동까지)으로 나눌 수 있다. 그런데 압록강 상류지역은 물살이 빠르기 때문에 수운으로 이용하기에는 적합하지 않았으며 이용가치가 큰 것은 중하류지역이었다. 압록강 유역의 시장은 작은 시장들이 분립하고 있는 상황이었다. 여기에서 안동은 중요한 물류중심도시였다. 집안(輯安), 임강(臨江), 장백(長白) 등의 도시들이 있었지만 다른 지역과의 교통이 유리한 안동이 그 중심이었다.

압록강 하구에 위치한 안동은 압록강 수운에 의해 반출된 곡물 및 목재의 집산지이며 특히 안동에서 반출되는 콩 가운데 80%는 압록강 유역에서 수합된 것이었다. 목재 또한 안동을 경유하고 있었다. 압록강유역의 산업은 농업보다도 압록강 목재 채벌에 의한 임업 의존 비중이 높았다. 채벌 노동자의 많고 적음과 목재 채벌량의 증가는 유역 각 도시의 상업 동향에 큰 영향을 미쳤다. 압록강 목재의 채벌 역사는 오래되었으며, 질좋은 목재를 생산하였지만 1920년대에 이르면 오지의 삼림을 채벌할 수밖에 없었기 때문에 채벌 단가가 상승하여 북만주 목재 및 길림(吉林) 목재와 대항할 수 없었다. 특히 만주국 시기 수풍

댐이 건설되었기 때문에 목재의 이동이 곤란하여 임업이 쇠퇴함으로써 이 지역의 경제도 큰 타격을 입었다.

앞서도 지적하였듯이 안동은 압록강의 수운으로 발전하였으며 일찍부터 이주한인뿐만 아니라 일본인이 거주하였던 곳이다. 일본인이 안동지역에 안정적으로 뿌리를 내릴 수 있었던 계기는 1905년 12월에 체결한 만주선후조약에 의해서이다. 물론 완전하지는 않지만 당시 조약문 제9조에는 안동과 각 지방에 일본 거류지를 획정하여 양국 관리가 이를 협의 결정하게 하는 규정이 마련되었다. 이후 안동에는 일본인이 증가하였으며 그들 대부분은 상업에 종사하였다.

안동에는 목재, 콩, 두유 등이 주된 거래품목으로서 이들 품목의 수요에 따라 경제계가 좌우되었다. 특히 목재는 일본인에게 큰 영향을 미치고 있었다. 겨울철에 백두산 지역 등에서 벌목한 목재가 수운을 통해 안동에 집산되었고 일본상인은 이를 자금화 하였다. 이러한 상황은 러일전쟁 이후 두드러지게 나타났다. 그런데 압록강 하류를 중심으로 활동하던 일본상인에게 중요한 관세문제는 안동과 신의주의 경제발전에 새로운 변수로 떠올랐다.

1906년 3월 이미 신의주에는 진남포세관출장소가 설치되었으나 중국 안동에는 세관이 설립되지 않아, 양 지역의 중간인 압록강에 정박한 선박은 신의주에서 과세하였기 때문에 양국 간에 큰 문제가 발생하지는 않았다. 물론 비관세지역인 안동으로 물류가 집중되는 현상을 빚기도 하였다. 하지만 1907년 3월 중국이 안동에 세관을 설치하면서 동일한 선박에 대하여 지배권 및 과세권을 양국 세관 가운데 어느 세관에서 장악하느냐 하는 문제가 야기되었다. 즉 외국에서 입항하는 선박은 두개의 항구 가운데 한쪽을 선택해서 입항해야 하는 문제에 직면한 것이다. 따라서 압록강에 중립지대를 설정하여 양국이 절대적 주권을 행사할 수 있도록 하는 안건이 제출되기도 하였다. 이러한 세관문제가 불거져 나왔음에도 불구하고 안동은 세관이 설치되면서 경제 중심지로 그 지위가 더욱 상승하였다. 이에 따라 금융기관의 활동이 주목되었다.

안동에 일본측 은행으로서는 1906년 7월초에 정금(正金)은행이 출장소를 설치하였으며 1909년 10월 조선은행 안동출장소가 설치되었다. 이후 1917년 정금은행이 금권(金券) 발행권을 조선은행에 인도한 후 정금은행 안동출장소의 모든 업무는 조선은행 지점으로 이관되었다. 지방은행으로서는 1911년 5월 일본인이 창립·경영하는 안동은행이 있으며, 이 은행은 자본금 50만 원의 4분의 1을 불입한 주식회사로서 상업은행의 성격을 띠고 있었다. 또한 1911년 창립된 안동저금은행은 저축예금의 활성화를 목적으로 10만 원을 자본으로 개업하였는데 영업실적이 좋은 편이었으며 그 대상은 일본인이었다. 그 밖에 일지합판압록강채목공사(日支合辦鴨綠江採木公司)는 목재 자금에 관계있는 상인에 대한 대출에 주력하였다. 중국측 금융기관으로서는 중국은행 지점이 있으며 동삼성관은호(東三省官銀號) 분호는 1907년부터 안동에 지점을 설치하여 은행 업무를 하였지만 그 영업실적은 부진한 편이었다.

이곳에서 유통된 화폐는 일본 화폐 및 조선은행권이 대부분이었다. 러일전쟁 이후 1906년 9월부터 정금은행이 강제적으로 은표를 발행하였으나 은 시세의 하락 및 환전이 불편하였기 때문에 일반적으로 일본은행권이 유통되었다. 하지만 1917년 조선은행권이 법화로 통용되면서 조선은행권의 유통량이 증가하였다. 또한 조선은행권뿐만 아니라 소양은(小洋銀), 봉천표(奉天票), 사첩(私帖) 등도 유통되고 있었다.

한편 이주한인의 금융기관 가운데 비교적 내실 있는 것은 안동금융회(安東金融會)였다. 이 기관은 1922년에 설립되었으며 한 가구당 회비를 10원으로 규정하였고 1회 불입금을 1원으로 영업활동을 전개하였다. 1926년말 회원수 7,124명, 자본금 92,180원에 달하였다. 농민에 대해서는 가구당 30원 이내, 상인에 대해서는 가구당 300원 내에서 부동산을 담보로 대출업무가 행해졌다. 따라서 일제는 농민에게는 파종기에 농업자금의 융통을 받아 수확기에 이를 변제받았고 또 상인에 대해서는 1개월을 초과하지 않는 범위 내에서 이를 회수하는 방법으로 이주한인에 대한 금융압박을 자행하였다.

또한 안동조선인 조합도 이주 농민들의 금융기관 역할을 수행하였다. 1920년 전후 압록강 대안 개간지에 거주하는 한인은 약 7만 명에 달한다. 일찍이 이주한인은 훌륭한 소작인으로 환영받았지만 중국 관민과의 분쟁이 지속적으로 야기되었다. 즉 이주한인과 중국인 지주간에 과세, 대차 등의 크고 작은 분쟁이 끊임없이 발생하기에 이르렀다. 이러한 가운데 일제는 중국과의 마찰 원인을 이주한인의 급속한 증가에서 찾고 있었다. 그러나 당시 현실적으로 비추어 보았을 때 과연한인 이주자의 증가만이 중국관민의 마찰 이유라고 단정하는 것은 무리한 견해라고 할 수 있다. 즉 당시 이주한인의 증가는 경제적인 이유가 가장 주된 것이었으며, 이러한 배경 하에서 중국 지방정부의 대한인 정책을 추론할 수 있다. 따라서 일제가 한인의 경제상황 개선을 목적으로 안동조합회를 개설하였다는 것을 액면 그대로 받아들이기는 곤란하다. 특히 남만주의 특수 상황을 고려하면 더욱 그러하다. 그러므로 안동지역의 금융기관은 실질적으로 대개 일제에 의해서 운영되고 있었으며 이주한인에 대한 금융지원도 일본인의 세력 이식을 위해 이용하거나 경제적 예속을 노렸던 것에 불과한 것이었다.

이렇듯 안동지역은 한반도와 밀접한 연관을 가지며 성장하였고 이는 압록강이라는 국제하천을 매개로 이루어졌다. 즉 압록강을 따라 형성된 도시는 중국이건 한국이건 간에 서로 일정한 영향을 주고받고 있었다. 예를 들면 압록강 최상류의 장백현과 혜산진과의 관계가 그좋은 예이다. 안동에서의 수송은 운임, 일수 면에서 혜산진 경유에 미치지 못하였고 장백을 안동 상권으로 끼워 넣기에는 어려움이 따를 정도였다. 게다가 만주국 시기인 1938년에 혜산진 - 길주 - 성진간의 철도가 개통하자 장백현은 한반도의 성진 상권에 속하게 되었고, 국경인 압록강을 넘는 통상관계가 강하였다. 만주국 성립 후에 있어서 압록강 유역의 거래는 치안이 불안하여 안동과의 거래보다도 한반도와의 교역이 선택되었던 것이었다. 또 철도 개통에 따라 봉천의 상권이 신장하게 되면서부터 안동과의 거래는 쇠퇴하였다. 이는 장백현에 국한된 현상으로 볼 수 있지만 압록강의 수운이 그만큼 각 지역의 경제 발전에 큰 영향을 미쳤음을 의미한다. 안동도 예외는 아니었다.

신의주의 경제실태

일제의 대륙침략 요구에 의해 계획된 신도시 신의주는 산업발전에

318

1920년대의 **압록강철교** |『동아일보』 1926년 7월 23일

필요한 조건을 두루 갖추었다. 1910년 일제에 의해 강제 병탄된 이후 신의주는 새로운 모습으로 변모하였다. 특히 1911년 압록강철교가 완성된 이후 신의주의 상권은 확대되었다. 또한 제1차 세계대전 당시 일제의 경제호황에 따라 신의주 역시 그 영향을 받았다. 1923년 도청 이전으로 다시 한번 도약할 수 있는 기회를 잡게 되었다. 하지만 무엇보다도 신의주 경제의 특징이라고 할 수 있는 것은 1912년 국경관세가 30% 절감되면서 무역액의 증가로 더욱 발전하게 되었다는 점이다.

주지하듯 신의주는 교통의 요지였다. 육로는 만주와 연결되어 유럽 대륙을 잇는 경의선의 종착역이며 대륙으로 나가는 출발역이다. 일제시기 초기 신의주의 경쟁력 있는 산업은 목재업이었다. 백두산의 풍부한 목재와 압록강의 수운은 신의주를 목재업의 메카로 성장시켰다. 신의주의 목재업은 러일전쟁 당시 일제의 군용철도재 보급을 위해 제재공장을 설치하면서 본격적으로 발전하였던 것이다. 특히 영림서공장을 비롯하여 종이를 생산하는 왕자제지공장은 신의주의 경제 전체를 좌우하였다. 목재업 이외에는 철공업과 정미업 등이 발달하였다.

신의주의 상거래는 주로 압록강 연안과 안동을 비롯한 만주를 아우르는 비교적 광범위한 지역에서 이루어졌다. 1920년대 말 한반도와 일본 및 중국과의 상거래가 활발하게 진행되면서 거래 물품도 다양화되었다. 일본에서 들어오는 물건으로는 청주·견직물·모직물 등이 대종을 이루었으며, 나가는 물품으로는 쌀과 콩, 목재 등 식량 원료품이었다. 이렇듯 신의주의 무역은 전형적인 식민지무역 형태를 보이고 있었다. 신의주의 상점 수는 1940년 초 5천을 헤아렸는데, 당시 인구는 약 11만 명에 달하였다.

앞서도 살펴보았듯이 신의주와 중국 안동의 무역전쟁은 오늘날에도 계속 이어진다고 하겠다. 1906년 초 관세사무가 개시되면서 당시 무역액은 불과 26만 원에 지나지 않았다. 그후 여러 가지 물류유통상에서 획기적인 일들이 벌어지면서 무역은 비약적인 증가를 보이고 있었다. 물론 그것이 식민지적 형태임에는 틀림없으나 외형적인 증가는 분명하였다. 수출입 총액을 보면 1915년에는 4백 50만 원, 1929년에는 6천 5백만여 원에 달하였다. 그러나 이후 세계대공황의 영향으로 무역액은 크게 증가하지 않았다. 또 제2차 세계대전으로 무역은 또 다른 형태를 띠게 된다. 1940년 신의주의 무역상황은 외국무역에 대한 임시조치법 강화에 따라 수출이 억제되었다. 즉 통제무역 형태를 띠게 된 것이다. 수출품 가격결정 조건에 대한 어려움 때문에 상품 수출이 현저하게 감퇴되었다. 하지만 소, 어류, 목재, 석탄 등은 오히려 그 전보다 많이 수출되었다. 이는 일제가 전시통제를 강화하면서 본국의 독점자본에게 더 많은 이익을 보장하는 것으로 이해해야 한다.

이러한 가운데 일제는 압록강의 수풍발전소와 같은 수력발전소에서 생산된 전력을 금속, 화학 등 군수공업에 이용하면서 한반도의 풍부한 자원을 수탈하기 위해 전력하였다.

신의주의 금융상황은 안동에 비하여 좋은 편은 아니었다. 물론 당시 실질적인 무역거래를 담당했던 일본인 입장에서는 신의주에 근대적인 금융기관이 존재하지 않아 도강하여 안동의 은행에서 자금을 융통하였기 때문에 경제활동을 수행하는 데 제약으로 작용하였다. 1907년 개항과 동시에 이사청이 설치되어 통상 사무를 관장하였으나 근대적인 금융기관이 없는 상태에서 통상무역은 매우 불편한 점이 많았다. 1910년 6월 조선은행 신의주출장소가 개설되면서 세관 업무를 취급하고 또 일반은행 업무도 취급하면서 무역 발전은 가시적으로 나타났다. 이후 상업 및 무역 발달에 따라 지방은행으로서 신의주은행이 설립되었으며 조선은행은 안동출장소가 지점으로 승격되면서 만주방면으로의 업무를 확대하였다. 1918년 조선식산은행 지점이 설치되면서 신의주의 상업 외연은 더욱 번성하였다. 한편 신의주은행은 1923년 만주상업은행과 합병하였고 그해 8월 만주은행과 다시 합병하여 만주은행 신의주지점이라 개칭하였다. 이외 금융조합, 무진회사, 동양척식주식회사 지소 등이 있었다. 1941년 당시 신의주 각 은행지점의 예대금 총액은 760,000원이었다. 이렇듯 신의주의 금융은 지역경제의 활성화와 국경도시라는 특수성을 충분히 활용하면서 성장하였다. 한편으로 신의주는 결빙기가 있었기 때문에 겨울에는 자금이 원활하게 돌지 않는 약점도 지니고 있었다.

해방전 신의주에는 일제의 식민지적 약탈과 대륙침략에 철저히 편승하는 펄프 및 제지공업과 군수공업, 제재업 등이 주된 산업시설이었다. 일제는 한반도의 풍부한 자원을 약탈하기 위하여 원료와 반제품을 본국으로 수송하기 편리한 동서해안지대에 공업을 배치하였다. 즉 동해안의 청진, 성진, 흥남과 서해안의 송림, 남포 등과 같은 몇몇 항구도시에 편중되었다. 특히 식량 및 농산 원료자원의 약탈과 관련된 정미공장, 제분공장, 제사공장 등과 같이 농업생산지대에 있어야 할 농산물 가공공장들까지도 해안지대에 배치하였다. 다시 말해 식민지 조선경제의 지역적, 업종별 편파성이 극명하게 나타났던 것이다.

신의주는 식민지적 기형성과 편파성으로 인해 평안북도 가공공업의 70%를 차지하고 있었다. 특히 신의주펄프-제지공장, 신의주고무공장, 신의주화학섬유공장은 대표적인 사업체였다. 신의주는 펄프 및 종이 생산의 중심지였다. 신의주펄프공장은 낟알 짚을 이용하는 소다 펄프와 자체 특수종이를 비롯한 여러 가지 종이를 생산하였다. 신의주의 공장들 대부분은 일제가 대동아공영권을 부르짖었던 시기에 설립된 것이었다. 특히 경금속 공장들은 더욱 그러하였다.

압록강 하류의 국경도시인 안동과 신의주는 육로와 수운이라는 지리적 특징을 지녔다. 하지만 경제권의 발달을 둘러싸고 첨예하게 대립하였던 것 또한 사실이다. 이렇듯 압록강 하류에서 관세문제를 둘러싼 양국의 갈등은 압록강철교 부설로 일단락되었다. 1911년 압록강철교 부설은 일제가 중국과 한반도에 대하여 자국 상품의 경제력을 제고시키는 방향을 잡게 해주었다. 일제는 철도 건설용이라는 명목으로 석탄, 시멘트, 건설자재 등을 무관세로 수입하여 시중에 판매함으로써 서양 국가들의 상품은 곧 경쟁력을 잃게 되었다. 또한 일제는 철교와 안동-심양선의 개통을 통해 중국과 협의하면서 관세의 3분의 1을 감면받게 되었다. 따라서 외국 상인들은 관세 상의 이득을 위해 해상수송보다 비싼 철도운임을 부담하면서 화물을 한반도로 수송하지 않을 수 없었다. 철로를 통하여 압록강 하류에서 독점적 상권을 확보한 일제는 남만주 일대에서 보다 확실한 경제이권을 챙기게 된 것이었다.

요컨대 압록강의 경제적 가치 및 이에 대한 각국의 관심사가 증폭되어 있는 상황에서 신의주의 경제적인 특징을 살펴보는 것은 과거가 진부한 것이 아니라 미래에 대한 일정한 길라잡이 역할을 하고 있음을 단적으로 말해준다.

김주용 | 독립기념관 한국독립운동사연구소 연구원

김일성과 신의주 학생사건 | 이주환

신의주 학생사건이 일어나기 5일 전인 1945년 11월 18일 용암포 제일교회 부설인 구세국민학교 교정에서 이용흡의 공산계가 주최하는 시민대회가 열렸다. 이 대회 석상에서 학생대표로 등단한 최병학은 그동안 소련군의 만행과 학교건물의 반환, 그리고 이용흡 등의 행위를 신랄하게 비판하였다. 최병학이 "공산당은 당원 훈련소로 쓰고 있는 수산학교를 내놓으라! 소련군의 앞잡이 이용흡과 그의 주구들은 물러가라!"고 외치자 대회에 참가했던 시민들이 이에 일제히 호응하였다. 이에 당황한 이용흡 등은 보안서원을 동원하여 해산시키려 하였으나, 학생·시민들과 충돌하는 사태가 벌어져 시민대회장은 난투장으로 변하고 수에서 밀린 보안서원들은 소련군 막사로 도망쳤다.

김일성의 귀국과 통일전선

김일성이 지휘하는 동북항일연군 제1로군 6사의 조선인 부대는 1937년 6월 4일 함경남도(현재 양강도) 혜산군 보천면 보산리의 주재소를 점령하고, 면사무소 등을 습격하였다. 세간에 '보천보전투'로 알려진 이 사건은 일제강점기 조국광복회 국내 조직과의 연계 하에 이루어진 최초의 국내 진공작전이었다. 이 작전은 6사가 수행한 전투로는 소규모의 습격전투였으나, 암울한 시기에 우리 민족에게 독립의 희망을 안겨주었다는 점에서 민중들의 뇌리에 깊이 자리하였다. 또한 김일성 개인으로서는 당시 동아일보·삼천리 등의 보도에 힘입어 전설의 항일 명장으로 이름을 알리는 계기가 되었다.

그러나 일제의 무자비한 공세가 계속되면서 동북항일연군은 많은 역량 손실을 겪어야 했다. '보천보전투'의 여파로 조국광복회 국내조직이 와해되었으며, 동북항일연군 병력과 주요 지도자들이 희생당하였다. 1939년 10월 화전현 두류도하에서 열린 중국공산당 만주성위원회와 동북항일연군 제1로군 주요 간부회의에서 적의 공세로부터 역량을 보존하고, 큰 손실을 피하기 위해 제1로군을 소부대로 재편성하여 분산 활동을 할 것이 결정되었다. 이 과정에서 김일성이 지휘하는 6사는 1로군 제2방면으로 재편성되었다. 이 부대는 1940년 3월 25일 안도현 대마록구 서쪽의 고지에서 자신들을 추격하는 화룡현 경방대대 마에다 중대를 공격하여 145명 가운데 120명을 사살하는 등 이 부대를 사실상 괴멸시켰다. 이 사건으로 일본군의 탄압이 더욱 심해지자 김일성은 1940년 10월 23일 부대원을 이끌고 소만 국경을 넘어 입소하였다. 잘 알려져 있듯이 김일성이 소속된 동북항일연군은 입소 후

1942년 7월 소련 극동전선군 88독립보병여단으로 재편되었다. 그리고 해방 직전인 1945년 7월 말 88여단 내 조선인 항일유격대원들은 하바로프스크 근처에서 김일성을 중심으로 '조선공작단'을 조직하였다. 이 조직은 조선의 해방과 더불어 김일성을 중심으로 한 당건설 사업을 준비 지도하는 기관의 성격을 갖고 있었다. 이들은 9월 5일 야영지를 떠나 귀국 길에 올랐다. 초기 귀국 행로는 열차를 이용하여 개선하는 것이었다. 그러나 압록강철교가 끊어져 블라디보스토크에서 배편을 이용하여야 했다.

결국 이들은 해방 후 한달 여가 지난 9월 19일 소련 화물선 푸가초프호를 타고 원산항에 상륙하였다. 김일성을 중심으로 한 60명 정도의 인원이었다. 이들을 맞이한 것은 원산시 군경무사령관 V. 꾸추모프 대좌와 소련군 장교 태성수·정상진·한일무 등이었다. 이들 '조선공작단'의 귀환 자체가 비밀이었기 때문에 이북지역 주민의 거족적인 환영은 없었다.

1945년 9월 22일 평양에 들어온 김일성은 외부의 노출을 꺼린 채, 건국이라는 총체적 목표를 달성하기 위해 움직였다. 이를 위해 항일유격대원들을 이북 각지에 정치공작원으로 파견하였다. 이들은 소련군 위수사령부 부사령의 직함을 가지고 활동하였다. 각지에 파견된 정치공작원들은 지역 공산주의자들과 접촉하면서 이북지역에 독자적인 공산당 조직 건설을 서둘렀다. 이 과정에서 김일성은 김용범, 박정애 등 평남지역 공산주의 지도자들의 협력과 지지를 받았다. 사실 국내적 조직기반이 별로 없었던 김일성으로서는 이들과의 '자연스런' 합작이 향후 정치 행보에 있어서 커다란 도움이 되었다.

소련군 사령부와 항일유격대 세력은 남북이 미소 양군에 의해 분리 점령된 상황을 고려하여 이북지역의 독자적인 공산당 조직에 착수하였다. 미군이 주둔한 이남에 본거지를 둔 박헌영 중심의 조선공산당(이하 조공) 중앙에 의존하는 것은 한계가 있었기 때문이다.

1945년 10월 13일 평양에서는 '서북5도당 책임자 및 열성자 대회'가 열려 조공 직속으로 북부분국이 창설되었다. 북부분국은 조공 중앙의 지휘를 받는 기관으로 탄생하였지만 사실상 독립적인 창당이었다. 이 과정에서 오기섭·정달헌 등 일부 국내공산주의자들이 코민테른 '1국 1당' 원칙을 들어 반발하기도 했으나 명분과 대세를 거스르기는 어려웠다. 김일성은 분국 창설을 주도하였음에도 실제로 책임비서 자리는 김용범에게 양보하였다. 자신이 한 정파의 수뇌라는 인상보다는 범민족적 지도자라는 이미지가 필요했던 시점이기 때문이었다.

분국 결성을 결정한 다음 날인 1945년 10월 14일 평양공설운동장에서는 10만 이상의 군중이 운집한 가운데 평양시군중대회가 열렸다. 김일성이 처음으로 대중 앞에 선을 보인 자리였다. 이 대회는 소련군을 환영하고 새조선 건설의 역량을 결집하기 위해 마련된 행사였다. 그런데 이 행사에는 일제하 '전설적인 항일영웅 김일성 장군'이 나온다는 예고에 따라 수많은 인파들이 운집하였다. 김일성으로서는 자신의 명성이 눈으로 확인된 행사였고, 소련군 당국은 그에 대해 더욱 주목하게 된 계기가 되었다고 할 수 있다.

김일성은 조선이 사회주의로 곧바로 이행하는 것보다는 일정한 자본주의적 단계를 거치는 정치노선을 제시했다. 당시 이는 이북에서 '자본민주주의혁명' 수립 노선으로 구체화되었다. 이 노선은 소련측이나 박헌영의 조선공산당이 취한 노선과 거의 동일한 입장이었다. '자본민주주의혁명' 노선을 위해 민족주의자들과의 연합을 기초로 각계각층의 광범위한 통일전선을 구축하는 일이 우선시되었다.

김일성이 주목한 통일전선의 주된 대상은 평안도 민족주의자의 '대부' 고당 조만식이었다. 조만식은 1920년대 초 조선물산장려회를 조직하여 국산품장려운동을 주도하였다. 1927년에는 좌우합작단체인 신간회 결성에 참여하기도 한 대표적인 민족주의 지도자였다. 조만식도 공산당측과의 협력의 필요성을 인정하고 있었다.

김일성은 대중 앞에 공개적으로 등장하기 전 조만식에게 깍듯한 예를 갖추고 협력을 요청하였다. 조만식 역시 김일성의 항일투쟁 공적을 높이 평가함으로써 양자의 출발은 비교적 순조로웠다. 김일성은 조만식에게 민족주의세력의 정당 결성을 권유하였다. 조만식은 이를 받아들여 1945년 11월 3일 조선민주당을 창당하였다. 조선민주당 창당은 김일성의 동료인 최용건과 김책이 직접적인 관여를 할 만큼 공산측이 신경을 쓴 사안이었다. 특히 최용건은 일부 민족주의자들의 반대에도 불구하고 부당수를 맡기까지 하였다. 창당 당시 조선민주당은 "김일성의 주도에 의해 당이 창당되었다"고 공공연히 선언할 만큼 김일성과 우호적인 태도를 취했다.

다음으로 김일성이 통일전선의 대상으로 주목한 세력은 바로 청년·학생들이었다. 해방후 각 지방에는 공산주의청년동맹(이하 '공청')을 비롯하여 해방청년동맹·농민청년동맹·학생동맹·무산청년동맹·적색청년동맹 등 다양한 명칭을 가진 청년단체들이 자연발생적으로 조직되었다. 또 기독교청년회·백의청년동맹·백호단 등이

330

조직되어 반공투쟁에 나섰다. 공청은 다른 청년단체들과 경합해야 했기 때문에 공산주의자들의 역량이 많이 투여되어야 했지만, 북한의 당시 실정은 그렇지 못했다. 서울에서는 1925년 박헌영이 주도한 공청운동의 전통이 있었고, 또 공청운동을 전개할 조직적 기반이 갖추어져 있었다. 그러나 이북의 공산주의자들 중에는 공청운동을 이끌 개인이나 집단이 거의 없었다. 그 결과 김일성의 항일유격대집단이 입북할 때까지 공청조직은 민족주의계열의 청년조직보다 상대적으로 미약하였다.

김일성을 중심으로 한 항일유격대 세력은 항일활동을 청년운동으로부터 시작하였던 경험을 바탕으로, 해방후 광범위한 청년들을 조직하는 데 많은 관심과 역량을 투여하였다. 항일유격대 세력의 김익현·김성국·박우섭 등이 공청 조직에 착수하였던 것이다.

1945년 10월 6일 평양부청 회의실에서 각계 청년대표 2백여 명이 모여 공청 준비회의를 개최하였다. 회의에서는 김일성을 명예회장으로 추대하고 선언·강령·규약초안을 심의·가결하였다. 김일성은 1945년 10월 20일 '공청일꾼협의회'를 소집하여 공청 결성의 중심이 될 청년 핵심 양성을 목표로 평양시를 비롯한 전국 각지에서 집중적인 단기 강습을 진행하도록 조치하였다.

10월 29일 개최된 공청열성자대회는 '민주주의 인민공화국'을 하루바삐 건설하자는 요지의 선언서를 채택하였다. 그리고 12명의 대회 참가자들은 '민주주의 인민공화국 수립의 중견'을 자임하면서, 중앙조직에 앞서 각 지방 공청 단체 조직에 착수하였다. 이후 각 도에서 청년 열성자회의가 열려 도 공청 조직이 만들어졌고, 시·도 공청 단체들도 정비되었다.

공산주의청년동맹이 조직을 확장해 나가자, 새로운 사태가 발생하였다. 1945년 11월 조선민주당의 창당과 때를 같이하여 민족주의 계열의 청년 운동 단체들이 수없이 조직되었고, 종교계에서도 청년부를 만들어 각계 각층의 청년들을 흡수하였던 것이다. 그 결과 공청과 여타 청년 단체 간의 대립이 첨예화되기에 이르렀고, 급기야 폭력 사태까지 발생하였다. 공산주의자 내부에서도 '공청 해소' 주장이 제기되었고, 당 내부의 갈등도 본격화되었다.

이북지역의 공산주의자들은 이념적 차이에 따른 민족주의 계열과의 물리적 충돌을 방관할 수 없었고, 더욱이 청년조직을 그들에게 결코 양보할 수 없었다. 소수의 공청 소속 청년만으로는 공산당의 정권 획득·유지와 '민주개혁' 수행이 곤란하다고 판단했기 때문이었다. 따라서 항일유격대 세력을 선두로 다수의 이북지역 공산주의자들은 공청을 주동적으로 해산하고 다른 청년조직들마저 이유없이 해산하도록 하였다. 요컨대 광범위한 청년들을 망라한 대중적인 유일청년단체를 조직하여 청년들을 자기 세력화하는 길을 택하였다. 그런데 오기섭 등 국내 출신 공산주의자들은 공청을 정예화하여 혁명세력으로 키울 것을 주장하였다. 소련의 예를 따라서 레닌청년공산주의동맹과 같은 조직을 북한에 만들어야 '노동계층의 당'에 걸맞는 후비대를 양성할 수 있다는 것이 그들의 주장이었다. 자신의 활동 기반을 가지고 있었던 일부 지방 공산주의자들은 공청 해소 대신 공청의 보조 조직으로 일반 청년동맹 조직을 결성하였으며, 다른 일부 도에서는 서울에서 개최된 조선청년총동맹대회에 도대표를 파견하기도 하였다.

이와 같이 북한 공산주의자들 내부에서 청년조직의 통합을 둘러싸고 논쟁을 벌이고 있을 때, 한반도의 최서북단에 위치한 국경도시 신의주에서 해방 이후 최초의 반공시위가 발생하였다. 이른바 '신의주 학생사건'이다. 선천에 버금가는 기독교 도시였던 신의주에서 발생한 이 사건은 다른 지방에 연쇄반응을 일으킬 가능성을 갖고 있었으며, 김일성이 구상한 통일전선에 있어서 커다란 위협이었다.

신의주 학생사건의 배경

기독교와 신의주

경의선 철도 부설의 결과로 생겨난 신의주는 한·만 국경의 관문이자 평안북도의 도청 소재지로서 국경 유일의 대도시로 급속히 발전하였다. 해방 당시의 인구는 15만 명 내외에 불과했으나 1941년의 '신의주 종합시가지계획'으로 인근의 광범한 지역인 광성면·고진면을 편입시킴으로써 그 면적은 경성시를 능가하였다.

특히 신의주에는 9개의 중등학교가 소재하고 있어 교육도시로, 또한 제1교회, 제2교회, 3·1교회, 천주교회당 등 기독교 예배당이 10여 개가 있어 종교도시로 정평이 높았다. 또한 한반도에서 가장 긴 압록강 철교를 사이를 두고 대안인 중국의 단동시(丹東市)와 연결된 국경도시였기 때문에 신문물이나, 새로운 소식 등도 어느 지역보다 빨리 접할 수 있었다.

또한 신의주와 인접하여 압록강 하구에 위치한 용천군 용암포는 러일전쟁의 도화선이 되기도 했던 곳으로 풍부한 곡창지대였다. 이곳 또한 일찍부터 기독교가 발달하여 평안북도에서 조선민주당 지부가 제일 먼저 결성되었다.

일제 강점기에 60만의 기독교 신자 중 4분의 3은 이북 지역에 있었고 더욱이 그 대부분이 평안남·북도와 황해도에 집중되어 있었다. 그 중에서도 평안북도의 선천은 '한국의 예루살렘'이라고 불렸지만, 실제로는 도청 소재지이며 인구도 많은 신의주 쪽이 신도 수도 많고 종교 도시 같은 느낌을 주었다고 한다. 1879년 백홍준과 이응찬을 비롯한 4명의 의주 청년이 영국연합 장로교 소속 목사였던 매킨타이어로부터 세례를 받음으로써 한국 최초의 개신교 공동체가 설립되기도 하였다. 신의주는 주일이면 흰옷을 입고 교회로 향하는 행렬이 줄을 이었고 상점들도 모두 문을 닫아 물건을 구입하지 못할 정도로 기독교화 된 지역이었다.

이와 같이 신의주를 비롯한 평안도가 장로교를 중심으로 한국 기독교의 중심지가 될 수 있었던 데에는 평안도의 지역 특성 때문이었다. 평안도는 조선시대 이래 지역 차별을 받았고 성리학적 사족 질서가 취약한 가운데 18세기 이후에는 무역과 상업을 중심으로 부를 축적한 자립적 중산층이 많았다. 이들은 정치적 소외, 성리학적 질서의 이완, 경제력의 발전 등을 통해 19세기 전반의 홍경래의 난에서처럼 반정부적인 성향을 띠게 되었다. 이 무렵 기독교 선교를 시작한 미국 북장로

신의주지역의 기독청년회 조직 관련 기사 |『동아일보』 1920년 6월 7일

회 소속의 선교사들은 평안도 지역을 주목하였다. 이들은 평안도가 자립적 중산층이 상대적으로 많고, 기존의 중앙정부나 성리학적 질서에 대한 반감이 높아 선교사업을 벌이는 데 가장 알맞은 지역이라고 판단하였다. 이에 따라 성리학적 질서의 붕괴와 새로운 사회체제 수립을 갈망하던 평안도는 기독교의 세례를 받으면서 문명개화를 추구하게 되었다.

평안도에서 기독교는 단순한 종교가 아니라 근대문명 그 자체였다. 기독교는 평안도인들의 정서와 이념에 막대한 영향을 주었는데, 그것은 특히 기독교계 학교의 운영에 기초한 것이었다. 즉 평안도의 청소년들은 입학 이전에 기독교 신자였든 아니든 선교사들이나 기독교를 믿는 교사들에 의해 기독교는 물론 미국으로 대표되는 자본주의와 친화력을 갖게 될 가능성이 대단히 높았던 것이다. 또한 미국유학 출신 인사들을 중심으로 하여 정치, 경제, 사회, 문화, 전 분야에서 수적으로나 질적으로 가장 앞선 지식층을 배출하였다. 그런데 신의주는 바로 이러한 평안도의 일반적 특징을 모두 갖추고 있었던 곳이라 해도 과언이 아닐 정도로 기독교의 영향이 강한 곳이었다. 이 지역 출신의 대표적 인사였던 함석헌의 증언에서 이를 확인할 수 있다. 그는 "신의주 용천 일대는 땅이 평평하고 기름져 전국에서는 유수한 쌀 고장이므로 일반적으로 자작농이 많은 비교적 넉넉하게 사는 곳이었다. 그렇기에 일제 때 전국적으로 유학생이 다른 곳보다 엉뚱하게 가장 많은 곳이 이곳이요, 기독교가 가장 왕성한 곳도 여기였다"고 이야기하였다.

해방 직후인 9월 초에 신의주에서 전국 최초로 기독교를 바탕으로 한 정당인 '기독교사회민주당'이 결성된 것도 우연이 아니었다. 이 당은 신의주 제1교회 윤하영 목사와 제2교회 한경직 목사 등이 중심이 되어 결성하였으며, 그 후 사회민주당이라 개칭하여 활동하였다. 이 정당은 기독교 정신에 의한 사회 개량을 그 정강으로 하였다. 그러나 소련군의 진주에 따른 탄압을 우려하여 윤하영, 한경직 목사가 10월에 월남하면서 남아 있던 조직은 조선민주당에 흡수되었다. 소군정 치하에서 반탁운동에 대한 탄압이나 토지개혁 등 일련의 조치가 취해지기 전에 장로교계의 대표적인 두 목사가 월남했다는 사실은 단순한 사건이 아니었다. 그것은 이미 이 지역의 기독교인이나 지식인층이 일제하부터 반소·반공 성향이 체질화되어 있었음을 시사한다. 김일성은 신의주사건의 배후로 이 사회민주당을 학생들의 배후 조종 세력으로 의심하기도 하였다.

잘 알려져 있듯이 두 목사는 한국 기독교를 대표하는 인물들이었으나, 일제 말기의 행적으로 인하여 부일의 혐의를 받고 있었다. 한경직 목사의 경우 친일 행적은 분명히 드러나지 않으나, 그의 고백에서 알 수 있듯이 일제 말기에 기독교 목사의 신분으로 신사참배를 하였다. 윤하영 목사의 경우에는 비교적 그 친일혐의가 뚜렷하였다. 윤하영은 1939년 9월 11일 한경직 목사가 시무하던 신의주 제2교회에서 결성된 기독교계의 대표적 부일협력 단체인 '국민정신총동원 조선예수교 장로회연맹'의 이사장이었다. 이와 같은 일제 말기의 행적으로 인하여 소련군 진주 후 그들의 활동이 자유로울 수만은 없었다. 월남후 이들은 미군정의 특별 대우를 받았다. 미군정의 입장에서 볼 때 미국 유학 출신 기독교 엘리트들은 영어에 능통했으며, 미국의 정서와 이념을 체득한 사람들이었다. 윤하영 목사는 미군정기에 충북지사를 역임하

평양공설운동장에서 소련군정 집회에 참석한 조만식과 소련의 세 장성 | 왼쪽부터 치스차코프 사령관, 로마넨코 소장. 레베데프 소장. 조만식

였다. 한경직 목사는 1945년 12월 월남한 신도들을 위한 베다니 전도 교회(현 영락교회)를 설립하여 세계 최대의 장로교회로 성장시켰으며, 기독교의 대표적 인사로 활동하였다. 이 같은 기독교 지도자들의 성향은 신의주 학생들의 반소·반공 의식 형성에 많은 영향을 미쳤으며, 이북지역이 소련의 식민지가 될 것이라는 소문과 더불어 사회 분위기를 뒤숭숭하게 만들었다.

한편 이 같은 기독교계의 활동과는 별도로 해방 직후인 1945년 8월 23일 '민족주의적이고 자유주의적'인 청년들을 중심으로 '우리청년회'라는 청년조직이 만들어졌다. 함석헌의 증언에 의하면 이 단체의 회장으로 자신이 추대되었지만, 자신은 이미 평북임시인민위원회 문교부장이 되었기 때문에 고문 역할에 머물기로 하고, 회장에는 김성순이 취임했다고 한다(한편 다른 자료에는 김성순이 부위원장이었다고 서술됨). 이 청년회는 1945년 8월 19일 결성된 평북청년회가 좌익주도로 구성되자 우익 청년들이 이에 반발하여 조직한 단체였다. 이 청년회는 반공 강연활동과 기관지 '우리청년'을 발간하면서 적극적인 활동을 하고 있어 당시 좌익들의 표적이 되어 있었다.

소련군의 진주와 조선의용군의 무장해제

소련군이 신의주에 진주한 것은 1945년 9월말 경이었다. 소련군의 진주에 따라 평안북도의 정치 지형에도 변화가 불가피했다. 좌익세력들이 점차 활발한 활동을 전개하기 시작했다. 1945년 8월 25일 1시 평안북도 19개 군 대표 63명의 회합으로 좌우 양파 연합의 '평북임시자치회'를 조직하였으나, 소련군 사령관의 지시에 따라 평안북도의 각 정당 사회단체를 망라하여 '평안북도임시인민위원회'로 변화하였다. 이 과정에서 좌·우익간의 치열한 대립이 노정되었다. 문제의 핵심은 조공이 서울에서 선포한 '조선인민공화국'에 대한 지지 결의안을 제출하느냐 하는 문제였다. 치열한 공방 끝에 8 : 7로 좌익이 우세한 가운데 결의안이 성립되었다. 소련을 등에 업은 일부 사이비 좌익의 활동과 일부 소련군의 부녀자에 대한 강간, 폭력, 상점 약탈 등의 행동은 주민들에게 소련군에 대한 실망감을 안겨 주었다. 함석헌의 증언을 통해 당시의 분위기를 살펴보면 다음과 같다.

이튿날 아침 청사에서 서로 만나니 하룻밤 새에 대변동이다. 거의 공산당이 돼 버렸나. 이유필 선생(평안북도임시인민위원회 위원장 : 인용자 주)이 비서격으로 신임하는 청년 하나가 있어서 일본서 무슨 전문엔가 다녔다고 내가 보기에도 가장 똑똑한 지식청년으로 보였고, 그도 무슨 부장인가 맡고 있었는데 그 사람조차 공산당 편으로 돌아버렸으니 이위원장의 심경이 어떠할까 짐작할 수 있었다.

소련군이 들어오자마자 온 시내는 공포 기분에 싸이게 됐다. 첫째로 한 것이 상점약탈이었다. 시계 만년필은 닥치는 대로 "다와이"(내라)다. 그 담은 여자 문제다. 어디서 여자가 끌려갔다. 어디서 무슨 일이 있었다하는 소리가 날마다 들려왔다.

당시 신의주의 공산당 조직은 복잡한 성격을 갖고 있었다. 여기에는 당초 백용구, 김재갑, 김인직 등 국내 전향파를 중심으로 하는 민우회계와 서울의 박헌영이 파견한 박균을 중심으로 하는 그룹의 2개가 각각 공산당 조직 재건의 기치를 내걸고 있었다. 1945년 10월 경에 이 2개가 통합되었고 민족주의계인 민족해방투쟁위원회의 이황, 김휘, 한웅 등도 여기에 입당하게 되었다. 한웅은 평북인민위원회 보안부장직을 맡고 있었지만 처음에는 '독립단'의 이름으로 활동을 하다가 일제에 협력한 후 해방 당시까지 신의주 건너편의 안동현(지금의 단동시)에서 여관을 하던 인물이었다. 이 한웅이 바로 문제의 인물이 되었다.

소련군과 공산당에 대한 반감이 학생들과 시민들 사이에서 고조되고 있던 상황에서 2번에 걸친 조선의용군 무장해제 사건이 발생하였다. 1945년 10월 중순 한청이 지휘하는 조선의용군 선견종대(先遣從隊) 1천여 명이 소련군의 허락 하에 신의주에 진입하였다. 소련군이 군악을 울리며 환영했고 주민들도 이들을 감격스레 맞이했다. 2차 대전 이후 1천여 명 정도의 대규모 병력이 조선에 진입한 것은 미·소군을 제외하고는 이번이 처음이었다. 이 병력은 신의주 동중학교에 주둔하였다. 그러나 이후 소련군의 입장이 번복되었다. 소련군 정치위원과 김일은 평북도 보안부장 한웅을 대동하고 한청을 만나, 조선의용군 선견종대의 무장해제를 요구하였다. 국제적인 약속 때문에 이북에는 소련군만이 무장할 수 있다는 것이었다. 결국 이들은 소련군으로부터 강제 무장해제를 당하고 입북 20일 만에 중국으로 되돌아갔다. 결국 한청은 1946년 개인자격으로 입북하여 철도경비대 여단장, 38경비대 연대장 등을 지내다 1953년 중국으로 돌아갔다. 선견종대의 정치주임이었던 주연은 6·25전쟁 때 사단장과 휴전회담 연락장교단 단장을 지냈다. 이 선견종대의 무장해제 사건은 일반에게 잘 알려져 있지 않았다.

이들 선견종대가 떠난 뒤 두 번째로 조선의용군 압록강지대가 신의주로 입북하였다. 이 부대는 황포군관학교 출신의 지대장 김호와 고아 출신으로 중국공산당 팔로군에서 성장한 김강이 주축이 돼 만들어진 독립지대였다. 김강은 압록강지대의 정치위원이었다. 이들은 당시 안동현의 팔로군 동북인민해방군 남만총사령부의 후원 아래 해방을 맞아 고국으로 귀환하는 조선 청년들을 흡수하여 부대를 편성하였다. 그러나 이들의 입북은 선견종대의 예에서 볼 수 있듯이 쉽게 허락되지 않았다. 결국 '북조선주둔 소련군사령부' 산하의 '평안북도위수사령부'로부터 도강입국의 허락을 받지 못한 김호는 1945년 11월 중순의 어느 날, 압록강지대를 인솔하고 철교를 도보로 행군하여 신의주에 들어갔다. 이들은 시민들의 열렬한 환영을 받고 신의주 동중학교를 숙소로 삼고 집단숙영에 들어갔다. 그런데 이날 밤에 이들은 평북임시인민위원회 보안부장 한웅이 지휘하는 보안부대의 기습포위 하에 무장해제를 당하고 중국으로 쫓겨 갔다.

이 사건은 국경 일대의 민심을 크게 뒤숭숭하게 만들었다. 그때에 비등했던 여론은 독립군의 입국을 막으려는 소련군사령부가 한웅을 매수하여 조선의용군을 기습 포위, 무장해제시켜 만주지방으로 쫓아냈다는 것이었다. 또한 이 사건은 조선의용군을 독립군으로 알고 그들의 시가행진에 박수를 보냈던 학생들과 신의주 주민들에게 반소·반공의 악감정을 고조시키는 작용을 하였다.

또한 김일성이 스스로 자인하였듯이 소련군의 진주 이후 일부의 공산당원과 보안대원, 인민위원회 간부 등은 적산이 아님에도 불구하고 적산이라는 명목 하에 개인상공업자의 재산을 빼앗아 사취하는가 하면, 모리간상배·사기협잡꾼들과 결탁하여 국가재산을 빼내어 사복을 채우는 일이 빈번히 발생하였다. 신의주 시내의 상공인들은 공산당에서 귀금속까지 빼앗아가고 영업도 마음대로 할 수 없게 하니 어떻게 살아가겠는가 하면서 불안해 하고 있었다. 이와 같은 일부 좌익들의 행태는 고스란히 학생들과 주민들의 공산당에 대한 원성으로 이어졌다.

신의주 학생사건의 발발

용암포 수산학교 사건

신의주 학생사건의 서곡을 장식한 것은 용암포 사건이었다. 함석헌의 고향에서 일어난 용암포 사건은 좌익의 수산학교 접수문제로 불거

신의주학생사건의 1주년 기념식 관련 기사 『동아일보』
1946년 11월 9일

졌다. 당시 함석헌의 뒤를 이어 용천군 인민위원장이었던 이용흡은 관서지방 유일의 수산학교를 유산계급 자제의 교육기관이므로 필요 없다고 하면서 공산당으로 하여금 접수하게 하였다. 이것이 학생들을 크게 자극하였다.

함석헌은 이용흡에 대하여 "그는 독일 유학도 했다지만 올바른 지식이 있는 것 같지도 않고, 일제시대에 무엇을 했는지도 알 수 없다. 해방 후 갑자기 나타나서 여기 저기 머리를 내놓은 사람이었는데 온건한 성격의 소유자가 아니었다. 그러나 소련이 오기 전까지는 그렇지 않다가 그들이 온 뒤부터 급작스럽게 날뛰기 시작했다"고 평가하고 있다. 즉 이용흡은 김일성의 표현을 빌려 설명하면 '당 대열에 침입한 불순 이색분자'였던 것이다. 그러나 신의주와 용암포가 곡창지대였던 관계로 일제시대 이래 소작인들의 강한 반지주감정도 일부 작용한 것으로 여겨진다.

신의주 학생사건이 일어나기 5일 전인 1945년 11월 18일 용암포 제일교회 부설인 구세국민학교 교정에서 이용흡의 공산계가 주최하는 시민대회가 열렸다. 이 대회 석상에서 학생 대표로 등단한 최병학은 그동안 소련군의 만행과 학교 건물의 반환을 외치고 이용흡 등의 행위를 신랄하게 비판하였다. 최병학이 "공산당은 당원 훈련소로 쓰고 있는 수산학교를 내놓으라! 소련군의 앞잡이 이용흡과 그의 주구

들은 물러가라!"고 외치자 대회에 참가했던 시민들이 이에 일제히 호응하였다

이에 당황한 이용흡 등은 보안서원을 동원하여 해산시키려 하였으나, 학생·시민들과 충돌하는 사태가 벌어져 시민대회장은 난투장으로 변하고 수에서 밀린 보안서원들은 소련군 막사로 도망쳤다.

이날 오후 학생들은 학교에서 긴급회의를 소집하고 시민대회의 수습대책을 의논하며, 빼앗은 총기를 전부 되돌려주고 질서를 회복한 다음 공산당과 협상할 것을 결정하였다.

그러나 이용흡 등은 19일 새벽에 용천군 부라면의 동양경금속 노조 산하의 적기대와 북중면의 불이농장 농맹원 2천 5백명을 동원하여 용암포를 기습하였다. 그들은 먼저 수산학교 기숙사를 습격하여 자고 있던 학생들을 몽둥이와 쇠사슬 등으로 구타하고, 민가도 뒤져 발견되는 학생이나 젊은이들에게 마구 폭력을 휘둘렀다.

이 소식이 19일 아침 신의주 각 학교에 기차로 통학하던 학생자치대에도 전해져 양시학생자치대(양시는 용암포에서 약 30리 떨어져 있음) 학생 60여 명이 이동준의 인솔 하에 용암포로 달려왔다. 그러나 이들은 무장한 노동자와 농맹원들의 상대가 될 수 없었다. 이에 용암포 제일교회 홍석황 장로가 그들의 폭행을 만류하며 학생들을 두둔하자 반동분자라고 하여 그 자리에서 타살되었으며, 중상자 12명을 포함하여 50여 명의 학생이 부상당하였다. 체포된 학생 또한 30여 명에 이르렀다.

신의주로의 사건의 확대

용암포 사건의 내용이 신의주에 있는 평북학생자치대 본부에 전해지자 학생들은 즉각 대책회의를 개최하였다. 이들은 신의주의 각 학교 대표 2명씩으로 조사단을 구성하여 현지에 파견, 진상을 조사하는 한편 현지 주둔 소련군사령부를 위시하여 관계 각 기관에 건의하여 사후 수습책을 강구토록 했다.

그러나 이들의 대책이 먹혀들지 않고, 이용흡의 탄압이 계속되자 평북학생자치대 본부는 11월 22일 신의주 제1공업학교 강당에서 시내 남자 6개 학교 대표자회의를 열었다. 이 자리에서 다음날인 23일 정오(후에 2시로 변경)를 기해 공산당 타도에 총궐기할 것을 만장일치로 결의하고, 6개 학교 3천 5백여 명을 3개 반으로 나누어 각기 목표물을 점령하여 공산당 간부들의 항복을 받기로 하였다. 제1반인 동중학교와 제1공업학교 학생 전원은 평북도 자치위원회와 도 보안부서를, 제2반인 제2공업학교와 사범학교 학생 전원은 평북공산당 본부, 제3반인 평안중학교와 상업학교 학생 전원은 신의주 보안서를 각각 담당하여 총공세를 취하기로 했다.

학생들은 또한 아래와 같은 호소문을 작성하여 모든 학생들의 궐기를 호소하며 자신들의 결의를 다졌다.

현재 평북공산당은 평북도민들의 여론을 배반할 뿐만 아니라 소련군의 군사력을 악용하여 약탈·강권남용·불법·기만·폭력 등 갖은 학정을 자행하고 있다. 그리고 평북도 인민위원회 보안부는 이와 같은 폭정의 본거지인 평북 공산당 본부의 지령을 받아 도민들의 생명과 재산을 빼앗고 있다. 뿐만 아니라 그들은 무제한 학원의 간섭과 적색제국주의 사상의 침투를 감행하고 있으며 민족문화의 말살을 획책하고 있다. 그러므로 우리 청년학도들은 이 같은 사실을 좌시할 수 없기 때문에 이에 총궐기하여 공산당의 통치를 결사반대하는 투쟁을 전개하기로 하는 바이다. 공산당을 몰아내자. 피난민의 대우를 개선하라. 학원의 자유를 쟁취하자. 소련군은 물러가라.

이날 학생들은 사전에 결의한 대로 하오 2시를 기해 일제히 행동을 개시했다. 그런데 제1반인 동중학교와 제1공업학생들이 목표물인 도 보안서에 도달했을 때 이미 학생들의 움직임을 탐지한 보안서원들은 만반의 준비를 갖추고 있었다. 당시 도 보안부장인 한웅은 진두지휘를 하며 공산당원들과 보안대원들로 하여금 권총과 일제 소총에 실탄을 장탄하여 무차별 사격을 가하였다. 12명의 학생이 그 자리에서 숨을 거두었다.

제2반인 제2공업과 사범학교 학생들은 평북공산당사로 진격하여 당사를 점령하고 남아있던 당원들의 항복을 받고 나오려고 할 때 소련 군의 무차별 사격으로 인하여 11명이 죽고, 1백여 명이 부상당하였다.

제3반인 평안중학과 상업학교는 교사가 시외에 있었기 때문에 목표 지점으로 이동 중 소련 전투기의 기총사격을 받고 흩어져 시내로 진입하여 타교 학생들의 대오에 합류하였다.

이러한 학생들의 시위는 현장 사망자 24명, 체포·감금 1천여 명, 시베리아 유형자 2백여 명 등의 희생자를 내었으며, 함석헌과 우리청년회를 비롯한 신의주 내의 우익들도 체포되거나, 시베리아로 유형되었다.

신의주 지역 특유의 기독교적 분위기 속에서 성장한 학생들은 대부분 유산계급의 자제들이었다. 이들은 공산주의 사상에 반대하여 봉기하였다기 보다는, 소련군 및 공산당원들이 자신들의 학교를 빼앗고 주민들을 약탈하는 광경을 보고 울분이 합쳐져 반소·반공으로 폭발한 것이다.

김일성의 대응과 권력 장악

신의주에서 학생들의 봉기는 김일성에게 정치적 위기이자, 수습여하에 따라 이북지역에서 공산주의 운동의 헤게모니를 장악할 수 있는 기회로 작용하였다.

김일성이 신의주 사건에 대한 소식을 접한 것은 1946년 11월 26일이었다. 김일성은 평안남도 민주청년단체 결성대회에 참석하여 "애국적 청년들은 민주주의 깃발 아래 단결하라"라는 연설을 하던 도중이었다. 이 소식을 접한 김일성은 즉시 신의주로 떠났다. 일부 증언들에서는 김일성이 사건 직후 바로 신의주에 간 것으로 나와 있으나, 여러 정황상 11월 26일이 맞는 것으로 보인다. 당시 신의주에는 김일성의 측근이었던 김일이 정치공작원으로 파견 나와 있었다. 김일은 후에 북한의 부수상 및 부주석을 역임하는 인물로서 함경북도 어랑군 출신으로 중국 연길현에서 반일운동에 참가하였으며, 1936년 곰의골 밀영에서 김일성과 처음 만났다. 해방 직후에 김일성 항일유격대 세력의 정치공작원으로 평안북도에 파견되었다. 원래 본명은 박덕산인데 '김일(金一)'이란 이름은 해방 직후 김일성이 새로 지어준 이름으로 오직 김일성밖에 모른다는 뜻이라고 한다.

신의주에 도착한 김일성은 김일 등으로부터 상황 보고를 받고 곧바로 사태수습에 들어갔다. 도착 당일인 11월 26일부터 11월 28일까지 김일성은 모두 4차례의 회의 및 군중대회에 참석하는 등 사태 해결을 위하여 분주히 움직였다. 먼저 26일 김일성은 민심 안정을 위해 신의 주 시내의 상공인·의사·기독교인들과 간담회를 가졌다. 이 자리에 서 김일성은 사건의 원인을 다음과 같이 진단하였다.

> 이번에 신의주 등지에서 일어난 학생소요사건은 전적으로 친일파, 민족반역자를 비롯한 반동분자들이 공산당이나 정권기관에 잠입한 일부 나쁜 놈들이 인민의 리익을 침범하는 행동을 악용하여 학생들 에게 공산당을 반대하는 소동을 일으키도록 사촉하였기 때문에 일어 난 것입니다.
> 공산당에 잠입한 불순분자들이 그릇된 행동을 공산당의 정책과 관련 된 것으로 혼동하여서는 안됩니다. 여러분들이 이번 학생소요가 전 적으로 반동분자들의 책동에 의하여 일어난 것이며 이것은 우리 민 족의 단결과 사회적 안정을 파괴하는 엄중한 결과를 초래하였다는 것을 똑똑히 알아야 합니다.

위 글에서 살펴보았듯이 김일성은 사건의 원인을 "공산당이나 정권 기관에 잠입한 일부 나쁜 놈들이 인민의 리익을 침범하는 행동" 때문 이라고 보았다. 이는 향후 김일성의 정치적 행보를 알 수 있게 해주는 대목으로, 이 사건을 계기로 김일성은 대대적인 당내 정비 작업을 주 장하게 된다.

이 간담회에 참석했던 사람들은 김일성에게 그동안 보안서원 및 일 부 인민위원회 간부들의 횡포에 대하여 해결책을 호소하고 나섰다. 이에 대하여 김일성은 철저한 책임 추궁과, 개인상공업자들이 마음 놓고 기업 활동을 할 수 있게 돌봐줄 것을 약속하였다. 그는 보안서원들이 부당하게 몰수한 귀금속을 임자들에게 돌려줄 것이며, 인민위원회에서 기업 활동에 필요한 원료와 자재, 자금대부 등을 알선하여 주겠다고 약속하였다. 또한 기독교인들에게는 신앙의 자유에 대한 보장을 약속하는 등 신의주 내의 민심 수습에 적극 대처하였다.

다음 날인 27일에는 동중학교 교정에서 시민대회를 개최하여 사태의 원만한 수습을 약속하였다. 이 대회에서 김일성은 "나라를 위해 투쟁했던 분"이라는 소개를 받고 연설을 시작하였다. 그리고 "과거의 일제 주구 노릇하던 자들이 지금 자기의 정체를 숨기고 공산당에 기어들어와서 인민들을 위협하며 사리사욕을 채우는 나쁜 행동을 하고 있다"고 주장하며, "진짜 공산주의자와 가짜 공산주의자를 똑똑히 갈라볼 줄 알아야 합니다"고 역설하였다. 또한 사건의 원인을 제공한 도당 책임자와 인민위원회 간부들을 인민재판에 넘겨 처벌할 것이며, "아무것도 모르고 이용된 학생들에 대해서는 관대한 처분"을 약속하였다.

한편 28일에는 사건의 한 당사자였던 학생대표들과 간담회를 가졌다. 이 자리에서 김일성은 이 사건이 "친일파, 민족반역자를 비롯한 반동분자들의 책동"에서 기인하였으며, 학생들의 정치적 식견이 낮아 그들의 사촉에 이용당한 것이라고 말하였다. 따라서 학생들도 청년조직에 참여하여 조직생활을 통해 정치적 식견을 높일 것을 권고하였다. 참석자 가운데 일부 학생들은 이북지역이 소련의 식민지가 될 것이라는 소문을 듣고 공산당을 나쁘게 생각하게 되었다고 말하였다. 이에 대해 김일성은 자신의 항일투쟁 경험담을 들려주며 학생들을 설득하였다. 그는 "우리가 장구한 기간 피 흘리며 투쟁한 것은 우리나라를 또다시 외국의 식민지로 만들기 위해서가 아니라 조국의 자주독립을 성취하기 위해서 였습니다"라고 하여 절대 소련의 식민지가 되지 않는다고 해명하였다. 그는 자신도 "학생시절에 일제를 타도하고 조국을 광복할 뜻을 품고 혁명투쟁의 길에 나섰으며 그 길에서 공산주의자가 되었고, 많은 공산주의자들이 조국 광복을 위해 목숨을 잃었다"고 주장하였다. 그는 공산주의자를 나쁘게 말하는 세력은 친일파, 민족반역자들뿐이기 때문에 학생들은 이에 속지 말아야 한다고 하였다. 그는 또한 학생들이 항일무장투쟁시의 김금순 소녀를 비롯한 아동단원들과 공청원, 유격대원들을 따라 배워 조직생활에 적극 참가하여야 한다고 강조하였다. 김금순은 10살이 채 안되는 어린 나이에 김일성의 유격대를 도와 연락원 활동을 하다가 일제에 적발되어 고문 끝에 사망한 아동단원이었다.[1] 학생대표와의 간담회 이후 김일성은 신의주여자중학교와 용암포 일대를 돌며 동요하던 학생들과 주민들을 진정시키며 사태를 수습해 나갔다. 김일성의 발 빠른 수습과 우익들에 대한 탄압으로 사건이 더 이상 확대되지는 않았지만, 학생들이 무장을 하고 조직적으로 공산당에 반대하여 나선 일은 충격적인 사건이었다.

김일성은 사건의 배후에 비공산계의 공작이 있음을 감지하고, 청년들뿐만 아니라 학생들 모두 새로이 민주청년동맹에 가입할 것을 더욱 강조하였다. 그는 학생동맹을 민주청년동맹에 합칠 것을 주장하여 관철하였으며, 이를 통해 자신과 항일유격대 세력의 정치적 영향력을 강화할 수 있었다.

---

1) 북한에서는 1991년 9월 신의주사건에 대한 김일성의 현지지도와 김금순의 애국정신을 기리기 위하여 신의주 남송동에 소재한 신의주여자중학교의 교명을 '김금순고등중학교'로 개명하였다.

신의주 학생사건은 북한의 정치에 여러 가지 변화를 일으켰다. 먼저, 기독교계통의 민족주의자들은 더 이상 공산주의자들과 연립이 불가능하다고 판단하고 월남하기 시작하였다.

또한 조선민주당의 창립과정에서 나타난 조만식과 김일성의 합작, 기독교인 민족주의자와 공산주의자와의 합작을 양측 모두 부정하는 방향으로 전환하게 만들었던 것이다. 그동안 제2선에서 민족주의 세력과의 통일전선에 주력하였던 김일성은 이 사건을 겪으면서 정치의 전면에 등장하지 않을 수 없었다. 김일성이 이 사건에 대해 가졌던 인식은 분국 제3차 확대집행위원회에서 그가 말했듯이, "신의주에서 사회민주당이 조직한 중학생들이 무장을 하고 도당위원회를 습격"했다는 것으로 사건 배후에서 민주당계 세력이 공작했다고 하는 경계를 품고 있었다. 1945년 12월 17~18일 분국 제3차 확대집행위원회에서 김일성이 책임비서로 선출되어 당권을 장악하게 되는 것은, 해외출신 공산주의자의 증대에 따른 지지세력 확대를 기반으로 하고 있었지만, 당시 이북지역 정세의 변화에 따른 대응이기도 하였다. 이 같은 변화의 중심에 신의주 학생사건이 자리하고 있었던 것이다.

이주환 | 민주평화통일자문회의 사무처 기록연구사

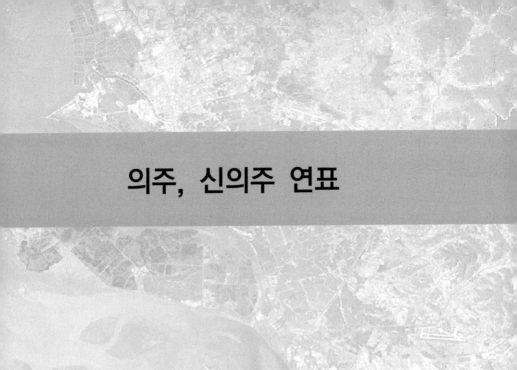

의주, 신의주 연표

B.C. 6000년	신석기문화(의주 미송리 유적 하층 문화) 형성. 빗살무늬토기 제작.
B.C. 2333년	단군왕검(檀君王儉) 고조선 건국.
B.C. 1122년	은의 기자(箕子)가 조선에 들어옴. 8조금법(八條禁法) 제정.
B.C. 10세기	요동과 한반도 북부지역에 청동기문화 형성. 고조선과 직결되는 미송리식 토기문화를 포함한 민무늬토기류 제작(실질적인 고조선 사회의 여명기).
B.C. 4세기*	요동을 중심지역으로 하며 조선후(朝鮮侯) 조선왕을 칭함.
B.C. 4세기말~3세기초	연과의 전쟁에서 패하여 요동을 상실하고 중심지가 한반도 서북부지역으로 이동되며 연을 통해 철기(주조철부)문화 유입.
B.C. 108년	한의 침략과 위만조선(衛滿朝鮮)의 멸망. 한은 낙랑(樂浪), 임둔(臨屯), 진번(眞番), 현토(玄菟)의 한사군 설치.
B.C. 75년	토착집단인 고구려족이 현토군을 공격하여 서북쪽으로 축출.
56년*	고구려의 태조대왕이 영토를 동쪽으로 창해, 남쪽으로 살수까지 확장.
146년	태조대왕이 압록강 하구 서안평을 공격.
242년	고구려 동천왕이 서안평 공격.
311년	고구려 미천왕이 서안평 공격.
313년	낙랑군 멸망.
314년	대방군 멸망.
315년	현도군 공격 점령.
342년*	11월 모용황이 남도와 북도로 나누어 침입, 남도의 고구려 방어군 대패. 환도성 함락.
598년*	2월 영양왕이 말갈 기병 1만을 이끌고 요서를 공격. 6월 수가 30만군을 이끌고 고구려 침공. 9월 고구려군이 수군을 대파함.
612년	1월 수의 침공. 2월 수군이 요동성 포위. 7월 을지

	문덕이 살수에서 수군 30만을 대파함.
613년	2월 수의 공격. 4월 수양제가 요동성을 공격하였으나 국내에 양현감의 반란이 일어나 철수.
614년	4월 수의 재침입. 7월 수양제의 군대가 회원진(懷遠鎭)에 도착. 8월 수군을 격퇴함.
631년*	2월 千里長城 수축. 당이 사신을 파견하여 경관(京觀)을 허물어 버림.
645년 4월	당이 고구려를 침입함. 6월 당군이 안시성을 포위하였으나 고구려군에 격파 당함.
647년 3월*	당의 침공. 5월 남소성(南蘇城)과 목저성(木底城)이 당의 침공을 받음.
658년 6월	당군과 요동에서 접전.
659년11월	당군과 요동에서 접전.
661년 9월	압록강에서 당군과 격전.
662년 1월	연개소문 사수(蛇水)에서 당군 대파. 2월 당군이 평양성의 포위를 풀고 철수.
667년 9월*	당군 침공. 남소성(南蘇城)·목저성(木底城)·창암성(蒼巖城)이 함락됨.
668년 2월*	당군에게 부여성(扶餘城) 함락됨. 9월 나당연합군이 평양성 포위. 보장왕이 항복, 보장왕을 비롯한 대신 등 20여 만이 당으로 끌려감. 12월 당이 고구려의 땅에 9도독부 42주 설치.
669년 2월	당이 평양에 안동도호부 설치.
698년	발해의 건국.
921년 2월	흑수말갈의 추장 고자라(高子羅) 항복해옴.
921년 4월	흑수말갈의 아어한(阿於閒)이 무리 200명을 이끌고 투항.
922년	거란에서 사신 파견.
942년	거란에서 사신 파견하여 낙타 50필을 바침. 거란사신을 섬에 귀양보내고 낙타는 만부교(萬夫橋) 아래에서 굶겨 죽임.
945년	후진에서 고려에 사신을 보내어 거란 협공 제의, 거

	절함.
947년	가을 광군사(光軍司) 설치, 광군 30만을 모아 거란의 침입에 대비.
947년	덕창진(德昌鎭)·철옹(鐵甕)·박릉(博陵)·삼척(三陟)·통덕(通德) 등에 축성.
947년	덕성진(德成鎭)에 축성.
950년	장청진(長靑鎭)·위화진(威化鎭)에 축성.
951년	무주(撫州)에 축성.
952년	안삭진(安朔鎭)에 축성.
960년	습홀(濕忽)·송성(松城)에 축성.
967년	낙릉(樂陵)에 축성.
968년	위화진에 축성.
969년	영삭진(寧朔鎭)·장평진(長平鎭)에 축성.
970년	안삭진에 축성.
972년	운주(雲州) 축성.
973년	박평진(博平鎭)·신도성(新都城)을 수축, 화주(和州)·고주(高州)·안융진(安戎鎭)에 축성.
979년	청새진(淸塞鎭)에 축성, 발해인 수만 명 귀순.
984년	압록강 연안에 관성(關城)을 수축, 여진의 침입에 대비.
993년	거란, 고려에 침입, 대도수(大道秀)가 거란군을 안융진에서 격퇴, 서희(徐熙)가 거란 장수 소손녕(蕭孫寧)과 화약 체결.
994년 2월	거란, 압록강 남쪽에 성을 쌓고 교역을 제의, 4월 거란에 사신을 보냄, 압록강도구당사(鴨綠江渡勾當使)를 둠.
994년	서희, 여진 축출. 장흥진(長興鎭)·귀화진(歸化鎭)·곽주(郭州)·귀주(龜州)에 축성.
995년	서희가 여진을 축출하고 안의진(安義鎭)·흥화진(興化鎭)에 축성.
996년	서희가 선주(宣州)·맹주(孟州)에 축성.
1010년	거란의 2차 침입.

1010년 11월	거란왕이 보병·기병 40만을 이끌고 흥화진 포위, 양규(楊規) 등 성을 고수.
1011년 1월 1일	거란군 개경에 침입, 1월 29일 거란군 압록강을 건너 퇴각.
1013년	거란 강동 6주 침입.
1014년	거란 통주(通州) 침략, 흥화진 장군 정신용(鄭神勇)이 격퇴함.
1015년 1월	거란 통주 재침략, 흥화진 포위. 장군 고적여(高積餘) 등이 격퇴함. 3월 거란 용주(龍州) 침략. 9월 거란 통주 재공격, 거란군 선화진·정원진을 함락하고 축성.
1016년 1월	거란군 곽주(郭州) 침입.
1017년 8월	흥화진에 침입한 거란군을 격퇴, 안의진·용주 축성.
1018년	거란 소배압 등 10만 침입.
1019년	강감찬, 귀주대첩.
1031년	거란에 사신을 보내 압록성교(鴨綠城橋)의 철거를 요구, 거란이 이를 거절, 이에 고려가 사신 파견을 중지.
1032년	거란사신의 입국도 거절, 삭주·영인진·파천에 축성하여 거란의 침입에 대비.
1033년	북쪽 국경에 천리장성 쌓기 시작.
1044년	천리장성 완성.
1075년 7월	요(遼)에서 압록강 이동의 국경을 확정하자는 통첩을 보냄, 고려가 압록강 남쪽에 요가 세운 성과 선교(船橋)의 철거를 요구.
1076년 8월	정융진(定戎鎭) 남쪽에 요가 세운 암자의 철거를 요구.
1088년	요에 각장 설치 계획 폐기를 요구.
1107년	윤관, 여진 정벌하고 6성 축조.
1108년	윤관, 함경도 북부에 9성 축조.
1109년	9성을 돌려줌.
1216년 윤7월	금(金)나라 사람이 의주·정주에서 은전으로 쌀을

	무역, 8월 거란군 침입, 영덕 함락, 안주·의주·귀주 포위, 인주·용주·선주 침공, 몽고에 쫓긴 거란 잔군 수만 명이 영주·삭주·정융진 침략, 이를 토벌.
1218년 12월	몽고군 1만 명이 동진(東眞)의 군대 2만 명과 합세하여 고려를 지원, 화주·맹주·순주·덕주 4성을 함락하고 강동성(江東城)으로 진군.
1219년 1월	조충·김취려 등이 몽고군과 함께 강동성의 거란 격퇴, 7월 흥화도의 모든 성을 순회하며 병기·군량을 점검.
1219년 10월	의주의 한순(韓恂)과 다지(多智)가 반란, 북계의 여러 성 함락함, 11월 반란군이 안북도호부(安北都護府) 공격.
1220년 2월	한순·다지가 금에 투항, 금에서 이들을 처형하고 고려로 보냄. 5월 의주에 병마사를 두고 후군(後軍)·중군(中軍) 철수.
1221년 3월	의주에서 반란을 일으켰던 윤장(尹章) 등 3명 체포하여 처형. 의주를 함신으로 강등.
1231년	몽골 1차 침입.
1232년	다루가치 설치, 강화 천도, 몽고군 2차 침입.
1235년	몽고군 3차 침입.
1247년	몽고군 4차 침입.
1253년 7월	몽고군, 대동강을 건너 고주·화주로 향함. 몽고군이 압록강을 건넘.
1254년	몽고 차라대군 5차 침입.
1256년	의주에서 별초 300명으로 몽고군 1000명 격퇴.
1257년	몽고 차라대군 6차 침입.
1339년 9월	의주·정주에서 중국으로 넘어가는 유민 발생.
1359년	홍건적의 난.
1363년 5월	원에서 공민왕을 폐하고 덕흥군(德興君)을 국왕으로 책봉하여 보냄.
1364년 1월	덕흥군이 의주를 공격.

1369년 8월	서경·의주·정주·이성·강계 등지에 만호와 천호를 둠.
1382년 1월	요동의 호발도(胡拔都)가 의주를 침입.
1383년 8월	이성계가 단주(端州)에서 호발도를 격파, 안변책 상소.
1388년 4월	요동 정벌 계획.
1388년 5월	5월 이성계, 위화도 회군.
1392년	고려 멸망, 조선 건국.
1393년(태조 1) 9월	서북면 방어를 위해 의주에 4익을 둠, 각 익마다 천호(千戶) 1인을 둠.
1396년(태조 3) 2월 28일	상의문하부사(商議門下府事) 최영지(崔永沚)를 안주(安州)·의주·이성(泥城)·강계(江界) 등처 병마도절제사 겸 안주목사(兵馬都節制使兼安州牧使)로 임명.
1396년(태조 3) 3월 27일	진충귀(陳忠貴)를 상의중추원사(商議中樞院事) 겸 의주 등처 도병마사(義州等處都兵馬使)로 임명.
1397년(태조 4) 7월 13일	요동 백호(遼東百戶) 하질(夏質)이 압록강에 빠져 죽음.
1398년(태조 5) 3월 7일	중추원(中樞院)의 8인을 서북면 수령을 겸임케 하면서 조숭(趙崇)을 의주에 보냄.
1402년(태종 2)	의주에 판관(判官)을 둠.
1406년(태종 6) 3월 24일	의주·이성(泥城)·강계(江界) 등지에 유학 교수관(儒學敎授官)을 설치.
1408년(태종 8)	의주에 정주(靜州)와 위원진(威遠鎭)을 소속시킴.
1409년(태종 9) 2월 12일	평양과 의주에 성을 쌓음.
1410년(태종 10)11월 1일	중국사신이 의주 도병마사(義州都兵馬使) 조비형(曹備衡)을 면관(免官)하여 우박(禹博)으로 대신하게 함.
1411년(태종 11) 1월 12일	각 위에 절제사를 둠, 의주절제사(義州節制使)에 우박(禹博) 임명.
1425년(세종 7)12월 8일	의주·삭주·이산 등 고을의 수령도 만 30개월로 체임.
1428년(세종 10)12월 9일	의주에 역학 훈도(譯學訓導)를 설치, 평양 토관(平壤土官)에 임명.

1431년(세종 13) 6월 13일 의주에서 큰비로 주택 파손 3호, 익사 6명, 소 9마리, 전지가 손실.

1432년(세종 14) 4월 13일 의주에 토관 30명을 설치함.

1448년(세종 30) 1월 28일 지병조사(知兵曹事) 정이한(鄭而漢) 보내 의주 읍성(邑城) 터 확장.

1451년(문종 1) 4월 5일 군인 4,000명을 사역 의주읍성(義州邑城)을 보수하고 해자[坑坎]를 설치.

1457년(세조 3) 3월 29일 정녕군(定寧郡)을 폐지하여 의주에 속하게 함.

1460년(세조 6) 4월 8일 의주의 기생(妓生)과 악공(樂工)을 혁파.

1460년(세조 6) 10월 22일 장맹창(張孟昌)을 의주절제사(義州節制使)로 임명.

1465년(세조 11) 3월 24일 의주 초모정(招募亭)을 조모정(鳥暮亭)이라 고침, 정자가 중국과의 국경 위에 있어서 혐의를 일으킬 것을 염려했기 때문.

1469년(예종 1) 1월 25일 평안중도절도사(平安中道節度使)를 혁파, 의주는 서도(西道)에 소속됨.

1469년(예종 1) 2월 2일 영변진(寧邊鎭)에 속하였던 박천(博川)을 의주진(義州鎭)으로 이속.

1478년(성종 9) 6월 14일 의주·위원(渭原)·벽동(碧潼)에 여진 통사 1인을 군관(軍官)이라 일컬어 차송.

1486년(성종 17) 2월 29일 평안도 의주 구룡연(九龍淵)에 장성(長城)을 쌓음.

1491년(성종 22) 9월 30일 평안도(平安道) 의주의 소곶석보성(所串石堡城)을 수축.

1492년(성종 23) 3월 30일 의주 수구(水口)의 석보성(石堡城) 수축.

1492년(성종 23) 9월 23일 의주목사를 문신 중에서 천거하게 함.

1505년(연산 11) 10월 8일 의주목사를 부절도사(副節度使)의 칭호를 겸하게 함.

1561년(명종 16) 9월 7일 의주목사 이수철(李壽鐵)이 대적(大賊) 임꺽정(林巨正)과 한온(韓溫) 등을 붙잡음.

1592년(선조 25) 임진왜란이 발생하여 선조가 몽진. 목(牧)에서 부(府)로 승격.

1595년(선조 28) 1월 3일 중국 사신의 영전하는 장소 의주·평양(平壤)·벽제(碧蹄)로 정함.

1627년(인조 5) 1월 17일 금나라가 의주를 침입.

1627년(인조 5) 1월 22일	금나라 군사가 쳐들어와서 의주·용골(龍骨) 두 성을 다 함락시킴.
1628년(인조 6) 2월 2일	의주인 전 사과(司果) 백광종(白光宗)이 별성(別城)을 축조.
1634년(인조 12)	의주부윤이 청북방어사(淸北防禦使)를 겸임.
1641년(인조 19)	의주부윤 양서운향사(兩西運餉使)를 겸임.
1678년(숙종 4)12월 6일	소모별장(召募別將)을 의주의 양하둔(陽下屯) 등지에 설치.
1696년(숙종 22) 5월 10일	사무역한 죄인 차량(次良)·수흥(守興)·조만세(趙萬世)·김기립(金起立)·개방(介方) 등 5명을 효수함.
1712년(숙종 38) 2월 26일	청나라 차사(差使) 오랄총관(烏喇摠管) 목극등(穆克登) 등이 백두산을 심사(審査)하기 위하여 의주로 옴.
1764년(영조 40) 1월 17일	김종정(金鍾正)을 봉황성참핵사(鳳凰城參覈使)로 삼아 월경인 조사.
1769년(영조 45) 7월 4일	잠상의 일에 대한 조사를 완결짓지 못한 의주부윤 조정(趙晸)을 파직.
1774년(영조 50) 8월 26일	의주 유생(儒生) 김하련(金夏璉) 등의 상소로 태조대왕(太祖大王, 이성계)의 위화도(威化島) 회군(回軍) 시에 진을 치던 곳과 선조(宣祖)가 임진왜란 시에 거쳐하던 곳에 기념비를 세움.
1788년(정조 12)11월 15일	문정공(文正公) 김상헌(金尙憲)과 충민공 임경업의 사당에 사액(賜額)하고, 이어 충민공 정려(旌閭)의 기록을 개정.
1790년(정조 14) 7월 10일	조수가 넘쳐 가산(嘉山)·박천(博川)·용천(龍川)·삼화(三和)·의주·선천(宣川) 등 7개 고을 침수.
1796년(정조 20) 6월 24일	충렬공(忠烈公) 황일호(黃一皓)를 현충사에 추향(追享).
1810년(순조 10) 7월 15일	조종영(趙鐘永)을 의주부 위유어사(慰諭御史)로 임명.
1849년(철종즉위)11월 15일	의주의 백마산성(白馬山城)에 별장(別將)을 둠.
1868년(고종 5) 5월 18일	의주에서 서양 비단을 밀매한 조중보(趙重甫), 김자전(金子甸)을 효수.

1883년(고종 20) 6월 3일　　의주에 주전소(鑄錢所) 설치.

1883년(고종 20) 6월 22일 조선·일본통상조약속약(朝日通商章程續約) 체결로
　　　　　　　　　　　　　의주와 회령(會寧)에서 100분의 5의 관세(關稅)를
　　　　　　　　　　　　　징수.

1883년(고종 20)11월 24일 의주산성(義州山城)의 별장(別將)을 위장(衛將)이 겸
　　　　　　　　　　　　　임.

1891년(고종 28)10월 21일 민병한(閔丙漢)을 의주통상사무감리(義州通商事務監
　　　　　　　　　　　　　理)로 임명.

1895년(고종 32) 5월 26일 전국을 23부(府)로 개편, 의주부는 의주군(義州郡),
　　　　　　　　　　　　　창성군(昌城郡), 벽동군(碧潼郡), 삭주군(朔州郡), 용
　　　　　　　　　　　　　천군(龍川郡), 철산군(鐵山郡), 선천군(宣川郡), 곽산
　　　　　　　　　　　　　군(郭山郡), 정주군(定州郡), 가산군(嘉山郡), 박천군
　　　　　　　　　　　　　(博川郡), 태천군(泰川郡), 구성군(龜城郡)을 관할,
　　　　　　　　　　　　　평북 도청소재지를 겸함.

1895년(고종 32) 5월 29일 3품 민치완(閔致完)을 의주부관찰사(義州府觀察使)로
　　　　　　　　　　　　　임명.

1895년(고종 32) 8월 25일 정주군수(定州郡守) 조지현(趙贊顯)을 의주부관찰사
　　　　　　　　　　　　　로 임명, 주임관(奏任官) 2등.

1896년(고종 33) 1월 20일 법부(法部)에서 고시(告示)로 의주 재판소 설치(이후
　　　　　　　　　　　　　부터 양력).

1896년(고종 33) 7월 23일 칙령(勅令) 제32호 의주 1등 전보사.

1896년(고종 33) 7월 30일 농상공부령(農商工部令) 제7호 의주에 전보사(電報
　　　　　　　　　　　　　司)를 둠을 공포.

1897년(고종 37) 6월 30일 칙령 제22호로 의주에 진위대대(西北鎭衛大隊)를 설
　　　　　　　　　　　　　치.

1904년 6월　　　　　　　　신의주 탄생.

1904년(고종 41) 9월 25일 육군참장(陸軍參將) 홍순찬(洪淳贊)을 경성(京城) 의
　　　　　　　　　　　　　주간 임시 군용철도 검찰사(檢察使)로 임명.

1904년(고종 41) 9월 26일 용천(龍川)과 의주의 개항장에 경무서(警務署)를 설
　　　　　　　　　　　　　치, 의주시(義州市) 총순(總巡) 2명, 순검(巡檢) 20
　　　　　　　　　　　　　명의 직원을 둠.

1904년(고종 41)12월 12일 칙령(勅令) 제31호로 의주감리서(義州監理署)를 둠.

1905년	신의주역과 우편국의 개설.
1905년 3월	일본인구락부 창설.
1906년 3월	진남포세관 신의주지서 설치.
1906년 7월	일본인구락부가 일본인회로 개칭.
1906년(고종 43) 9월 24일	의주, 용천(龍川)을 부윤으로 개칭.
1906년(고종 43) 10월 1일	정3품 이민부(李民溥)를 의주부윤으로 임명.
1907년 1월	통감부 이사청 설치.
1907년(순종 1) 5월 7일	서북영림창사무관(西北營林廠事務官) 서상면(徐相勉)을 의주부윤으로 임명.
1908년	영림창(營林廠) 설치.
1908년(순종 2) 1월 29일	순종이 마차로 신의주를 출발하여 의주의 임시 처소에 도착.
1908년(순종 2) 1월 30일	순종이 마차로 의주를 출발, 신의주에 도착하여 임시 처소에 도착.
1908년 2월	일본인회의 사무를 승계한 일본거류민단 설치.
1909년	평양감옥 신의주분감 설치.
1910년	진남포세관 신의주지서가 신의주 세관으로 승격.
1910년 6월	조선은행 신의주출장소 설치.
1910년 8월	한일병합으로 이사청 폐지, 신의주부청이 설치.
1911년	압록강 철교 개통, 심양과 직통.
1914년	일본거류민단 해체 학교조합 설립.
1914년 4월	행정구역 개편, 부제(府制) 실시로 신의주부로 승격.
1914년 8월	개항장으로 지정.
1917년	조선제지주식회사 설립.
1918년	식산은행 신의주지점 설치.
1919년 3월 30일	신의주 만세운동.
1920년	평양감옥 신의주분감에서 신의주감옥으로 승격.
1923년	의주에 있던 평북도청이 신의주로 이전, 신의주감옥이 신의주형무소로 승격.
1925년 6월	영림청이 신의주영림서로 확대 개편.
1925년 11월	신의주사건으로 제1차 조선공산당 조직 와해.
1929년	행정구획이 152만 평으로 확장.

1930년	부제 개정.
1938년	시가지가 대대적으로 정비.
1939년 6월	압록강 수력개발.
1941년	면적이 3천 5백만 평으로 확장됨.
1945년 11월 23일	신의주 학생사건.

의주, 신의주 관련 문헌목록

1. 자료 및 단행본

『고려사(高麗史)』(1454)

『조선왕조실록(朝鮮王朝實錄)』

『신증동국여지승람(新增東國輿地勝覽)』(이행·홍언필, 1530)

『아방강역고(我邦疆域考)』(정약용, 1811)

『호구총수(戶口總數)』(1789)

『대동지지(大東地志)』(김정호, 1866)

『택리지(擇里志)』(이중환, 1751)

『대동여지지(大東輿地志)』(1660~1674)

『관서읍지(關西邑誌)』 용만지(龍灣誌)(1871)

『여지도서(輿地圖書)』(1757~1765)

『조선지지(朝鮮地誌)』下, 新義州·義州條(釋尾春芿, 1918, 朝鮮及滿洲史出版部)

『북한의 문화재』, 서울대학교출판부, 2002

『조선공산주의청년운동사』, 평양 : 금성청년출판사, 1982.

고고학연구소, 『조선고고학개요』 원시사회·노예사회·봉건사회, 과학백과사전
　　　　출판사, 1995

국사편찬위원회편, 『북한관계사료집 1』, 1982.

김광운, 『북한정치사연구1』, 선인, 2003.

김일 외, 『붉은 해발 아래 창조와 건설의 40년 1』, 평양 : 조선로동당출판사,
　　　　1981.

김일성, 『김일성전집 2』, 평양 : 조선로동당출판사, 1992.

문화체육부, 『북한의 문화예술 행정제도 연구』(문헌자료편), 1995.

북한연구소, 『북한민주통일운동사—평안북도편』, 북한연구소, 1990.

신의주시민회, 『신의주시지』, 1969.

신의주학생의거기념회, 『신의주학생반공의거 제40주년 기념회지』, 민족문화문고
　　　　간행회, 1989.

의주군민회, 『의주군지』, 1975.

정재훈·이융조, 『북한의 문화유산』Ⅰ, 고려원, 1990.

조선과학백과사전출판사·한국평화문제연구소, 『조선향토대백과 5—평안북도』,
　　　　평화문제연구소, 2005.

중앙일보특별취재반, 『비록 조선민주주의인민공화국』, 중앙일보사, 1992.

한국법제연구원, 『북한의 문화재보호관계법제』, 1995.

2. 논문

기광서, 「1940년대 전반 소련군 88독립보병여단 내 김일성 그룹의 동향」, 『역사와 현실』 28, 1998. 6.

기광서, 「해방과 김일성」, 『한국역사연구회 웹진-북한역사보기』, 2004년 5월.

김광철, 「평양지방 미송리형 단지의 특징」, 『조선고고연구』 111, 사회과학원 고고학연구소, 1999.

金良善, 「Ross Version과 韓國 Protestantism」, 『백산학보』 3 원봉유봉영선생고희기념사학논총, 1967.

김상태, 「평안도 친미 엘리트층 성장과 역할」, 『한국기독교역사연구소소식』 제51호, 2001년 9월.

金元洙, 「露日戰爭의 발단과 義州 개방 문제」, 『韓日關係史硏究』 11, 한일관계사학회, 1999.

김원수, 「露日戰爭의 原因에 대한 再檢討-龍岩浦事件과 義州開市를 중심으로-」, 한양대 대학원 박사학위논문, 1997.

김원수, 「義州 開市를 둘러싼 露日의 角逐 : 開戰要因으로서의 開市問題」, 『論文集』 20 , 서울교육대학, 1987.

金正起, 「西路電線(仁川-漢城-義州)의 架設과 反淸意識의 形成」, 『金哲埈博士華甲紀念史學論叢』, 1983.

金貞培, 「東北亞의 琵琶形銅劍文化에 대한 綜合的 硏究」, 『國史館論叢』 88, 2000.

박진욱, 「비파형단검문화의 발원지와 창조자에 대하여」, 『비파형단검문화에 대한 연구』, 과학백과사전출판사, 1987.

변영호, 「해방 직후 북한에 있어서의 통일전선」, 『북한현대사』, 공동체, 1989.

徐榮洙·金希燦, 「미송리형 토기와 청동기시대 유물에 대하여」, 『高句麗硏究』 5, 高句麗硏究會, 1998.

孫禎睦, 「龍岩浦開港·義州 開市와 新義州·淸津開市」, 『서울산업대 논문집』 11, 서울산업대학교, 1977.

송지연, 「러일전쟁이후 일제의 軍用地 收用과 한국민의 저항-서울(용산), 평양, 의주를 중심으로-」, 『이대사원』 30, 이대사학회, 1997.

송호정, 「古朝鮮의 位置와 族屬問題에 관한 考察-미송리형 토기의 분석을 중심으로-」, 서울대 대학원 석사학위논문, 1990.

송호정, 「遼東地域 靑銅器文化와 美松里型 土器에 관한 考察-고조선의 위치 및 종족문제와 관련하여-」, 『한국사론』 24집, 서울대학교, 1991.

서인범, 「압록강하구 沿岸島嶼를 둘러싼 朝·明 영토분쟁」, 『明淸史硏究』 26,

2006.

辛太甲, 「電信線의 架設問題를 통해서 본 韓中關係」, 『고고역사학지』 5·6, 동아 대박물관, 1990.

와다 하루끼, 「소련의 대북한 정책 1945-1946」, 『분단전후의 현대사』, 일월서 각, 1983.

李章佑, 「退溪의 使行詩」, 『퇴계학연구』 2, 단국대 퇴계학연구소, 1988.

이정신, 「고려 고종대 의주민의 항쟁」, 『사총』 43, 고대사학회, 1994.

李哲成, 「18·19세기 朝鮮의 對淸貿易 展開過程에 관한 研究-帽子·人蔘貿易 을 둘러싼 譯·商間의 경쟁을 中心으로-」, 고려대 대학원 박사학위논 문, 1997.

李炫熙, 「春川 李裕弼 研究-새로 發見된 資料를 활용하면서」, 『韓國史學』 14, 한국정신문화연구원, 1994.

鄭漢德, 「嶺南地方 무문토기문화 변천에 관한 몇 가지 문제-美松里型土器 文化 의 成立을 중심으로-」, 『가야고고학논총』, 가락국사적개발연구원, 1992.

조동영, 「내가 겪은 신의주학생 반공의거」, 『북한』 1985년 8월.

趙由典, 「美松里式土器 出土 집자리에 관한 一考察」, 『石溪黃龍渾敎授定年紀念論 叢 亞細亞古文化』, 1995.

趙顯旭, 「西北學會의 關西地方 支會와 支校」, 『한국민족운동사연구』 24, 한국민 족운동사연구회, 2000.

주민영, 「신의주 반소·반공 학생운동」, 성신여대 교육대학원 석사학위논문, 2001.

河文植, 「고인돌 出土 美松里形土器(弦文壺)硏究」, 『白山學報』 56, 白山學會, 2000.

하문식, 「미송리유형토기 출토 동굴무덤의 한 연구」, 『백산학보』 48, 1997.

함석헌, 「내가 겪은 신의주 학생사건」, 『씨올의 소리』 1971년 11월.

찾아보기

374

집필자 소개 | 목차 순

주성지 | 한국고대사 전공, 국사편찬위원회 사료연구위원
「웅진시대 백제의 섬진강 수계 진출」, 최부『역주 표해록』(공역)

오경후 | 한국불교문화사전공, 동국대학교 겸임교수, 선리연구원 선임연구원
「조선후기 불교사 찬술과『大東禪敎考』」, 「조선시대 사찰사적에 관한 검토」

김병곤 | 고대 정치·사상사 전공, 한국불교연구원 전임연구원
「신라 초기왕의 성격 재고」, 『신라 왕권 성장사 연구』

장효정 | 고구려 정치사 전공, 동국대학교 대학원 사학과 박사수료
「대동강 하류일대 고구려 적석총의 분포 현황과 그 성격」, 『하룻밤에 읽는 삼국사기』

최현화 | 고대 한중관계사 전공, 동국대학교 강사
「7세기 중엽 나당관계에 관한 고찰」, 「7세기 중엽 당의 한반도 지배 전략」, 『천지서상지』(역주)

엄성용 | 한국고중세사 전공, 광운대학교 정보과학교육원 교수
나말여초 정치사

서인범 | 동양근세사(명청사) 전공, 동국대학교 교수
「명대의 한중관계사」, 「명대의 연납제」, 최부『역주 표해록』(공역)

차인배 | 조선시대 경찰사, 용인대학교 강사
「조선후기 포도청 연구」, 「조선전기 성종~중종대 '捕盜將'制 고찰」

장희흥 | 조선시대 정치사 및 궁궐 운영 연구, 대구대학교 교수
『『養世系譜』를 통해 본 朝鮮時代 內侍家의 家系繼承』, 『朝鮮時代 政治權力과 宦官』

박재희 | 조선시대 경제사 전공, 이화여자대학교 대학원 사학과 박사수료
「조선후기 물가변동 연구-미, 은가를 중심으로-」

김주용 | 한국근대사 전공, 독립기념관 한국독립운동사연구소 연구원
만주지역 일제침략 및 항일운동사

이주환 | 한국현대사(북한사) 전공, 민주평화통일자문회의 사무처 기록연구사
해방 이후 북한의 국가건설과정 연구